尧乡金湖
荷花天下

——中国·金湖首届尧文化高峰论坛文集

YAOXIANG LAKE
LOTUS WORLD

中 国 先 秦 史 学 会
政协金湖县文化文史委员会　编

宫长为　主编

中国文史出版社

图书在版编目（CIP）数据

尧乡金湖　荷花天下：中国·金湖首届尧文化高峰
论坛文集 / 中国先秦史学会，政协金湖县文化文史委员会编；
宫长为主编 . — 北京：中国文史出版社，2022.8
　　ISBN 978-7-5205-4305-7

　　Ⅰ.①尧… Ⅱ.①宫… Ⅲ.①文化史—中国—文集
Ⅳ.①K203-53

　　中国国家版本馆 CIP 数据核字（2023）第 180466 号

责任编辑：窦忠如

出版发行：中国文史出版社
地　　址：北京市海淀区西八里庄路 69 号　邮编：100142
电　　话：010-81136602　81136603　81136606（发行部）
传　　真：010-81136655
制　　版：北京方舟正佳图文制作有限公司
印　　装：廊坊市海涛印刷有限公司
经　　销：全国新华书店
开　　本：700 毫米 × 1000 毫米　1 / 16
印　　张：18
字　　数：274 千字
版　　次：2024 年 1 月北京第 1 版
印　　次：2024 年 1 月第 1 次印刷
定　　价：58.00 元

目 录

尧乡金湖
荷花天下

辉煌的中华早期文明

考古学视野的三皇五帝时代

辉煌的中华早期文明

李学勤

今天我讲的这个"辉煌的中华早期文明"，实际上是非常大的题目。大家都知道中国有着悠久的历史、深邃的文化，这是全世界所公认的。中国的文明有五千年之久，要来阐述这样的文明，即使只是它的早期阶段，这也是一个很大的任务，所以我在这里只能用我自己所能了解的一些知识，给大家介绍一下中国早期文明为什么是辉煌的，它的光辉在于什么地方。

我想从三个方面来说：第一个方面是中国早期文明的长度，所谓长度是指中国的早期文明是怎么样的久远，它又怎么样在历史长河里绵延传承下来；第二方面是中国早期文明的广度，是指这一文明的分布传播，以及对周围世界的影响作用；第三个方面是中国早期文明的高度，就是它在发展过程当中达到了怎样的高峰。我想通过它发展的长度、广度和高度这三个方面，来说明中国古代文明是真正辉煌的。

一、中国早期文明的长度

1. 中国文明的特点是从未间断

下面我们来谈第一个问题：中国早期文明的长度，或者叫中国文明起源的久远。关于这个问题，为了使大家能有一个量上的认识，最好先从世界上古代文明的比较谈起。人们常常说有四大古代文明，这个提法过去在我念书的时候，在中小学课本里都有。所谓四大古代文明就是古代埃及、古代美索不达米亚也就是两河流域、古代印度和古代中国，这是所谓旧大陆上的四个古代文明。大家可能会问为什么没有提到希腊、罗马，这是由于这四大文明都是独立起源的最早的文明。古代文明实际上很多，可是并不都是独立起源的。比如与我们最近的日本，同样也有悠久的文明历史，而且很清楚地有突出的特色。可是甚至在日本历史上的特殊时期，日本学者也没有说日本文明是完全独立发展的，因为日本文明是在中国文明以及其他有关方面的影响之下发展起来的。古代希腊、罗马的文明也是在近东一些文明的影响之下发展起来的。因此，说到旧大陆上独立发展起来的文明，主要就是刚才提到的四大古代文明。

大家都知道，这四大古代文明里面，我们中国的文明有一个突出的特点，就是从它起源开始一直绵延下来了，在这一点上，和其余的三大文明不一样，它们都没能做到像我们这样连续传承到现在。

波斯人进入埃及之后，古代埃及的文明实际上已经逐渐衰落，特别是到了希腊化时期，埃及的古代文明基本上就衰亡了，古代埃及的文字后来也没有人能够认识。欧洲中世纪时代，埃及古代的古文字由于在石刻上，人们都能看见，但是他们认为这是一种异教的符号，并不认为是古代文字的遗存。直到1823年古代埃及文字得到解读之后，人们才逐渐将埃及文明挖掘出来重新了解和认识。古代美索不达米亚文明更是如此，因为楔形文字同样早就没有人能认识了，也是经过解读才能理解那里有那么古老复杂的历史。古代印度文明也是如此，当时还不是后来的印度人，是公元前三千年左右在印度兴起的文明，后来印欧民族进入印度，那个文明就消失了。只有我们中国的文明，带着它光辉的历史流传下来，经过了许许多多朝代，说不尽的风风雨雨，一直传承到现在。今天我们所有的中国人，仍然是这个文明传统的负载者，它还将影响我们，我们还要对它进行研究。如果我们不了解、不研究中国古代的文明，我们对整个中华民族的文化传统就无法深入理解。

借今天这个机会，我们把古代埃及的年表和中国古代的年表大致对比一下，大家就能有一个印象。

前一段我们实施了一个科研项目——"夏商周断代工程"，于2000年结题，当时出版了工作报告的简本，里面有一个《夏商周年表》。这个年表只能说是我们这一批工作者，在一段时间内所能达到的最好的成果。这个成果现在逐渐被国内采用，国外也有人开始采用。古代埃及年表也是一样，有关研究及研究的发展所用的时间比我们要长得多，有了国际上较为公认的结果。下面我用的古代埃及年表是根据 1994 年牛津大学一位教授写的《古代埃及史》，具有权威性，2001 年还经过台湾一位埃及学家的校正。这个年表和我们的年表一样，越古老的年代就越不那么准确，这点可以理解，但是大家可以对大致的情况进行对比。

大家知道，古代埃及一般分为前王国时期、古王国时期、中王国时期、新王国时期，然后进入了波斯占领和希腊化时期，按埃及古书记载，其间有从第一王朝到第三十一王朝。我们的历史，根据《史记》，第一篇是《五帝本纪》，即五帝时期。大家传说的炎、黄二帝，黄帝就是五帝时期的开始。然后是《夏本纪》，夏代；《殷本纪》，商代；《周本纪》，周代……这是我们的历史。

我们看一看，牛津大学教授的那个年表，它从前王朝时代开始，也就是第一王朝到第二王朝，按现在的估计，大概是公元前 3150 年到前 2700 年。古王国时期，也就是第三王朝到第六王朝，是公元前 2700 年到前 2200 年。然后有第一中间期，是第七王朝到第十王朝，公元前 2200 年到前 2040 年。接着是中王国时期，第十一王朝到第十二王朝，大概是公元前 2133 年到前 1785 年，其后有一个第二中间期，第十三王朝到第十七王朝，是从公元前 1785 年到前 1552 年。接下来是新王国时期，第十八王朝到第二十王朝，从公元前 1552 年到前 1069 年，然后有一个第三中间期，是第二十一王朝，从公元前 1069 年到前 945 年。总结起来分成三大段，古王国：公元前 2700 年到前 2040 年，中王国：公元前 2133 年到前 1552 年，新王国：公元前 1552 年到前 945 年。如果大家现在手头有一张 "夏商周断代工程" 年表的话，你会有一个惊人的发现，就是我们的几个大朝代跟古埃及这几个时期的划分差不多，这一点是很有趣的，可能大家没有注意到。

传说中的炎帝、黄帝，按古书的记载推算，是公元前 3000 年左右。接着是夏朝，根据 "夏商周断代工程"，我们从考古学、天文学等各方面给出了一个估计数字，是从公元前 2070 年开始；夏的灭亡、商的开始，我们估计是公元前 1600 年；商的结束，也就是周武王伐纣的年代，我们把考古学、天文学、文献、古文字等各方面的资料集中起来，选择了一个最好的年份——公元前 1046 年。现在来对比一下，大家就会发现两者的共同性，埃及的古王国时期大概是在公元前 2700 年到前 2040 年，如果算上前王朝时期就是公元前 3150 年到前 2040 年，而我们的五帝时期大约是公元前 3000 年到前 2070 年，这很接近了。特别是埃及第一中间期的最后，和夏只差 30 年。再看中王国时期和夏代对比，中王国时代加第二中间期是公元前 2133 年到前 1552 年，我们是公元前 2070 年到前 1600 年，这个数字只差约 50 年。然后是新王国时代，公元前 1552 年到前 1069 年，如果加上第三中间期是到公元前 945 年，而我们的数字是从公元前 1600 年到前 1046 年，数字还是相当接近的。当然这个没有什么特殊意义，我们不是宣传历史定命论，也不是前苏联《世界通史》中的"同时代法"，只是给大家看，古代人类的文明，在不同的地方有各自独立的起源和进程，可是它们的发展还是有某种共同性的。我们的五帝时期大约相当于古代埃及的古王国时期，我们的夏代和中王国时期，商代和新王国时期大体相当。这一点只供大家参考，我不做过多的引申。

2. 中国文明的起源从何时算起

下面要讨论中国文明的起源到底在什么时代？刚才我们谈到了五帝的传说，五帝在近代很长时期被认为只是神话传说，没有真正史实的意义。看一些外国学者的书，公认的中国文明起源是从商代开始，如果是这样，就是公元前 1600 年。甚至于有人说是从发现甲骨文的商代后期开始，那么就要从盘庚迁殷来算。大家都知道，商王盘庚把首都从奄迁到了殷，也就是今天河南安阳的殷墟，此后商朝再没有迁过都，盘庚迁殷大约发生在公元前 1300 年，也就是说我们的文明是从公元前 1300 年开始的。

现在我们看起来这种说法不太公正，因为不但古书里面的记载比这悠长得多，而且考古学的客观的考察也表明商代已有很发达的青铜文化，它的文明已有非常大的发展了。以文字为例，我们现在知道甲骨文里面有多少不同的字呢？大约四千到五千之间，没有很准确的数字，因为学者对字的释读与其分合的关系没有一致的看法，可是总是在四千到五千之间。通过这个量级就可以知道当时的文字已有了很大发展。大家知道，我们学任何一门外语，认识四千个字，已经很不错了。我小时候念英语，口袋里放一本书《英语四千字》，把那些都背会了，就很过得去了。实际上我们今天报刊上的常用字，也不过五六千个字，里面还有一些字属于姓氏、地名，是不常使用的。

甲骨文里面有四千多个不同的字已经很了不起了，而这四千多个字还不是当时文字的全部。甲骨文是商王和贵族用于占卜的，内容不可能包括当时生活和文化现象的各个方面，因此它不可能把所有的字都包括在内，今天除了字典，我们任何方面的一本书也不可能把所有的字都包括在内，所以当时的字一定要在五千个字以上。从这一点，大家就可以体会到商代绝对不是一种很原始的文明，文明的起源要比这个早得多。如果再加上夏代，也不过就是再往前推四百年多一些，还未必是我们文明的起源，还要再往上推，估计说五千年文明史是有一定根据的。

当然，在这方面我们不能感情用事，一定要以科学的态度进行探索和研究。究竟我们的文明起源可以估计到什么时候，文明从起源到发展的过程是什么样的？我强调我们是在探讨当中，今天并不能给大家一个答案。

3. 文明的评判标准是什么

在这里，我想特别说明一下，什么叫作文明。文明是人类发展上的特殊阶段，是人类脱离动物界后进一步脱离了原始野蛮状态的阶段。我们从考古学上怎么来判断呢？考古学发现和研究古代的物质遗存，现在我们主要依靠考古来论证文明起源，就需要在考古方面找到文明的标志。这不只是中国考古学的问题，也是一个世界考古学的普遍问题。对于考古学中的文明标准，国际上现在有一些通行的标准，这些标准是外国学者在考古工作中提出的，是不是完全适合中国的情况，当然还需要进一步考虑，可是直到今天为止，我们国内学术界还是使用这样的标准。

我在这里向大家介绍一下这些标准是怎么出现的。这些标准得以流行是由于一本很流行的书，这本书 1968 年出版，作者格林·丹尼尔是英国学者，长期担任剑桥大学考古学系主任，他主要研究欧洲考古，而他的特点是还研究考古学的历史，担任过世界考古学史会议的两位主席之一。他写了这本书——《最初的文明》，副标题叫作"文明起源的考古学"，书虽然很小，可是很流行，成为西方国家考古学生的必读书，不单在英国出版，美国等一些地方都有版本。就是这本书把刚才说的考古学上通行的文明标准普及到了全世界。其实这些标准并不是由丹尼尔提出的，我们仔细读一下他的书就知道，这是在 1958 年美国芝加哥大学东方研究所召开的一次研讨会上提出的。

芝加哥大学东方研究所在近东考古和历史方面的研究是很权威的，这个研究所当时召开了一个"近东文明起源学术研讨会"，会上有一位学者叫克拉克洪，他提出了文明的三条标准，而后经丹尼尔补充，通过《最初的文明》一书在全世界得到了普及。

这三条标准是什么？第一条标准就是要有城市，就是发掘出的遗址中应该有城市，如果都是原始的小聚落是不行的，要有城市，也就是要有城市和乡村的对比和差别。这个标准还有量的限制，作为一个城市要能容纳五千人以上的人口。第二条标准是文字，没有文字的文明很难想象，因为没有文字的发明，人类的思想文化的积累就不可能存留和传播。第三条标准是要有复杂的礼仪建筑。什么叫复杂的礼仪建筑呢？简单来说，就是一个建筑物不是为了一般生活需要而建造的，而是为了宗教的、政治的，或者经济的原因而特别建造的一种复杂的建筑。比如说古代埃及的金字塔，任何人去参观，站在金字塔前，对着狮身人面像，都会感觉到这是一种文明，这是没问题的。你不能说它是原始的，还是处在蒙昧、野蛮的状态，因为金字塔是坟墓，如果仅为了一般需要，无论如何也不需要建造这样大的建筑。它之所以被建造，是因为要尊重法老，使法老的神可以永存，这就代表了文明时代的阶级分化和统治。

由克拉克洪归纳提出，经过丹尼尔推广的考古学上的文明标准，就是这三条。他们说，由于古代遗留的信息很少，只要有两条就够了，而在两条里面，文字是不可缺的，有了文字再有其他的一种，就可以认为是文明社会了。这个看法传到东方，不管是在日本还是中国，学者都觉得有点不够，提出来最好再加上一条，就是冶金术的发明和使用。现在在我们国内，冶金术被普遍认为是一个标准，那么我们就有四条标准了。当然，这些标准是不是真正适合我们中国古代的历史状况，我看将来还可以讨论研究。

4. 从都邑遗址看中国早期文明

在我们的考古工作中，什么样的遗址最适合用刚才所说的四条标准来考察、衡量呢？我想大家容易理解，最好是都邑的遗址，都邑最能够判断那个时代是不是符合文明的标准。中国早期的都邑，考古学上最早发现的是殷墟。1899年发现了甲骨文，1928年开始发掘殷墟，抗战以前进行了15次发掘，到 1950 年能够恢复考古工作，首先就是继续发掘殷墟，一直到今天，殷墟发掘没有停止。殷墟是商代晚期的都邑，完全符合文明条件，不需要讨论。比殷墟早的都邑就是一个很好的例子——20 世纪 50 年代发现的郑州商城。我记得自己 60 年代初经过郑州的时候，车站广播已经说它是商朝的都城，后来大家又怀疑，一直到"文革"之后，这个问题才最后确定下来。郑州是一个总面积不比殷墟小的商代都城，但比殷墟要早。再往前，前些年又发现了一座在河南偃师的商代都城，很多学者认为这是汤的首都，它的位置和时代都是合适的。商代我们不需要多讨论了，因为商代是公认的文明社会，这是没有问题的。

夏代是考古学界探寻多年的重大问题。商代已经论定了，夏代难道就一点根据也没有吗？20 世纪 50 年代末，中国科学院考古研究所的徐炳昶先生带领一批学者到传说中夏的地区进行调查，在他们的调查当中确定了一个重要遗址，就是偃师二里头。经过多年的挖掘和调查，对二里头的面积、内涵都比较清楚了，它符合文明的条件。二里头有大型宫殿，还有很多的墓葬，出土了青铜器、玉器，陶器上刻着可能是文字的符号，已经是一个文明社会了。它的时代与地理位置和我们文献记载的夏相吻合，多数学者同意二里头文化是夏文化。

还能不能再往前推，这就是现在我们要探讨的问题。大家在报刊上或许已经注意到一个重要遗址，就是山西襄汾的陶寺。陶寺遗址的时代又比二里头早，它属于考古学上龙山文化的晚期，根据现在测定的材料，其时代大概是从公元前 2600 年到前 2200 年，早于夏代。这个遗址有城，城的面积是中原地区龙山文化城址里面最大的。它有城墙，有宫殿。与此相配合，它还有大量的墓葬，其中有些较大的墓出土了很多令人惊奇的东西，最引人注意的是礼器，反映当时的礼乐制度，是文明社会的产物。比如礼器中的磬，和后来的很类似，是三角形的，挂起来可以奏乐；还有鼓，用陶土烧成圆筒形，上面用鳄鱼皮覆盖，也可以敲击。还有陶制的礼器，比如一种很大的陶盘，里面画着一条盘旋的龙，这和后来的商周青铜礼器，在构造、艺术上是一脉相承的。我们中国社会科学院古代文明研究中心就用这个龙纹作为标志，它是文明的一种象征。陶寺遗址还有文字，前几年在那里出土了一个残破的陶背壶，就像军用水壶一样，一面是扁的，一面是鼓的，可以带在身上。在这个残破的背壶上，有一个用毛笔蘸硃砂写的"文"字，这个字又大又清楚，所有人看见后都没有怀疑。陶寺又发现有金属，金属器物出土已有好几次。最近发现了一个铜环，像齿轮一样，非常规整，经过检测，这个环是砷青铜的。砷青铜在近东是相当普遍的，我国过去只在西北地区有些发现。

陶寺最近一项很重要的发现，就是有一个"观象台"，虽然其性质还不能最后确定，但可以在这里向大家介绍一下。陶寺城的中心有一个宫殿区，里面有一个部分经过发掘，是一个扇面形的建筑，前面是半圆的。这个建筑分为三层，最里面的一层有夯土柱的遗迹，排列紧密，柱与柱之间有缝。在2003年冬至那一天，发现在一个缝里面正好看见日出。大家知道地球公转在三四千年的时间里面没有很大的变化。后来在其他节气还有一些观测。如果"观象台"这一点能够确定的话，是天文考古学上的重大发现，和古书《尧典》里的观象授时是很契合的。《尧典》一项主要的内容就是观测天象，确定历法。据说当时有一年366天的历法，有闰月。尧的年代正与陶寺遗址相当，传说中的尧都平阳正在襄汾附近。

总而言之，我们通过这些材料，已经可以看到中国文明起源非常早，而且有它本身的特点，这是我今天在这里讲的第一点。

二、中国早期文明的广度

让我们接着谈第二个问题：中国早期文明的广度，这包括早期文明的分布，以及这种文明所影响的范围。

可能有些朋友已经注意到，20世纪80年代以来，历史学、考古学界出现了很重要的观点变革。在历史学方面，特别强调中国自古是多民族、多地区的国家，我们光辉的传统文化是由各个民族和地区共同缔造的。把这一点综合起来，就是费孝通先生提出的"多元一体"。在考古学方面，苏秉琦先生首先在新石器时代文化研究中提出"区系"研究的概念，得到许多学者的发挥引申，从而显示出中国文明起源和发展的多线性。

过去把中国文明的历史看成基本上是单线的，既有思想的原因，也有实际的制约。在历史上，所谓"内华夏而外夷狄"的思想根深蒂固，由之衍生出华夏中心论，或者叫作中原中心论的狭隘观点，而在早期的考古工作中，由于人力等客观限制，成果大多数也只是在中原一带以内。只是到改革开放以后，各地方的考古力量逐渐充实扩大，才使局面有很大改观，大量的发现不是以前所能够预料的。

为了说明过去看法的狭隘，不妨以长江流域，特别是长江中游地段的荆楚地区为例。清代著名学者顾栋高作《春秋大事表》，有一篇专论讲春秋时期楚国的领域不过长江。直到民国时期，还有学者认为《楚辞》里的地名都在江北，连屈原的卒地也是一样。可是地下的文物遗迹提供了相反的证据，湖南省境内不断发现商周遗物，尤以商代晚期的青铜器为多，制作还特别典雅精美，有人就说是从中原输入，甚至是近代才带去的。对此，湖南省博物馆的高至喜先生有一系列论文，以确切的考古材料加以反驳，大家可以看他的文集《商周青铜器与楚文化研究》，不过，他早在1981年发表的《"商文化不过长江"辨》一文，已经把问题讲得相当清楚了。

谈到商代的文化，20世纪80年代在长江流域有两次震动学术界的重大发现，就是四川广汉三星堆的两座器物坑和江西新干大洋洲的一座大墓。现在考古学家已经称两者分别属于三星堆文化和吴城文化了。

广汉三星堆位于成都平原，根据文献是在古代的蜀国。传统的看法，蜀地很封闭，长期不与外界交通，所谓"蜀道难，难于上青天"，传诵于妇孺之口，可是现在通过考古实践知道，那里和中原一直保持着联系的纽带，在那里能够看到中原文化明显的影响，尽管这种影响大约是间接到来的。从种种迹象看，比如三星堆的青铜器可能是受荆楚地区的影响，而荆楚地区又在中原商文化的影响之下。商文化的影响通过三峡进入四川，还可能由陕西的汉中城固、洋县一带也影响到四川。

新干大洋洲大墓所出的器物，也很容易看到中原商文化的影响，而与相邻近的湖南的关系，反而没有那么强烈和明显。估计商文化的影响是由河南、湖北直接进入江西赣水流域。

上面举的不过是个别例子。商文化的影响面非常广大，即以青铜器的出土而论，北到内蒙古，东到海，西到甘肃东部，南到广西，都有商文化类型的器物发现。如果以玉器来说，影响还远到境外的越南北部。

有人把黄河、长江说成中国的"两河"，其实中国文明的分布何止这两河？我们绝不可限制我们的视界，才能充分认识早期文明分布和传播的宽广以及其多样性。

在充分强调中国早期文明多线性、多样性的同时，断断不可低估这一文明各地区间的共同性、统一性。事实上，只有存在着共同和统一，多线、多样的各地方文化才作为中国文明的组成部分而存在。再有，在不同的历史时期，多线、多样的地方文化的发展也不是平衡的。尤其是在夏、商、周三代王朝，王朝的首都一直在中原（广义的）地区，中原地区还是全国的核心。

最近些年，不少学者指出中原文化——有些论作称之为"河洛文化"的重要性不应被忽略。这不是要恢复中原中心论，而是说明一个不可抹杀的事实，即在历史的若干关键性的当口，特定的地区会起特殊的作用。历史学和考古学的研究都表明，我们的先人真正脱离原始的状态而进入文明的门槛，正是在中原地区。从唐、虞到夏、商、周，都邑都在这一地区，司马迁在《史记》的《货殖列传》里便说："昔唐人都河东，殷（即商）人都河内，周人都河南。夫三河在天下之中若鼎足，王者所更居也，建国各数百千岁。"

中原中心论只讲中原文化对周边地区的传播影响，我们则主张文化的影响每每是双向的。中原地区之所以有其特殊地位，很重要的就是能够融合吸纳周边的种种文化因素。相信在今后的发现和研究中，这一点会进一步得到证实。

三、中国早期文明的高度

大家都知道，近些年很流行的一个学说，就是人类在古代有一个所谓"轴心时期"。这个说法是雅斯贝斯提出来的，说法的中心是，在公元前6世纪到前4世纪这一段时间，全世界出现了几个辉煌的文明高峰，出现了重要的人物。在西方有希腊的哲人时代，在印度有佛教的兴起，在中国有孔子、老子，以及后来的诸子百家，人类的文明便是从这里演变进展的。不管这个说法有多大意义，中国从春秋晚期到战国，确实有一个文明发展的高峰。问题是，我们怎么看待它的高度？它有什么特点，特别是我们从新发现的材料方面会有什么样新的认识，这就是我想在第三部分要谈的内容。

1.考古成果为中国古代文明发展的高度提供了大量佐证

这个问题也可以从考古方面得到新的认识，为什么这么说呢？因为近些年来，考古学方面有一项重大发现，有的学者甚至说是最重大的发现，就是大量的简牍帛书，简称为简帛。简是用竹子、木头编连起来，是我们中国人最早的书写载体。各国古代文明都有文字，但是文字的载体不一样。古代埃及用纸草纸，纸草这种植物咱们中国没有，他们把纸草截下来连接，然后压平，晾干后就成为类似纸一样的东西。古代美索不达米亚等在泥板上面刻画楔形文字，然后焙干，各有各的做法。中国人的伟大发明就是竹木简，用竹子、木头这些随手可得的东西，做成条状，一根一根编连起来叫册。中国人还有一个发明就是养蚕，生产出白色的丝织品叫帛，既可以写字，还可以画图，比竹木简又好多了，可是它有一个缺点，就是太贵不能普及。汉代发明纸之后（纸的发明也可能还早一点），到了南北朝完全用纸，简帛就退出了。简帛书籍的发现是非常重要的，历史上曾经有过两次，在西汉和西晋，这两次发现都在很大程度上影响了学术史，今天不在这里讨论。

现代第一次发现这种古书是 1942 年，湖南长沙子弹库这个地方，有盗墓贼挖掘一座小墓，发现了一个竹编的盒子，里面就是帛书，有一幅是非常完整的。我们一直以为只有一幅，其实还有很多，只不过已经破碎了。这些东西，被一个在那儿教书的美国人带到美国去了，现在还在华盛顿，由赛克勒基金会保存。国内原物只剩下很小的一块，在湖南省博物馆。这件帛书上面是楚文字，楚文字是很难读的，所以一直到今天仍没有完全解读，不过它的内容是数术方面的，在学术上的影响还不是很大。

重大的发现是从 20 世纪 70 年代开始，我简单说一下大家就可以知道了。1972 年，在山东临沂银雀山一号汉墓，出土了大量竹简兵书，最主要的是《孙子兵法》和《孙膑兵法》。1973 年，在湖南长沙马王堆三号汉墓出土了大量的帛书和竹木简，帛书最多，有《周易》《老子》等书籍，是汉朝初年的。1975 年，在湖北云梦睡虎地十一号墓一个小墓里面，出土了大量的秦代的竹简，这是第一次看到用墨笔书写的秦人手迹。当时我直接到那儿去，有幸看到满满一棺材的竹简，主要是秦代的法律。1977年，在安徽阜阳双古堆一号汉墓也出土了竹简，有《周易》《诗经》等。1983年，湖北江陵张家山二四七号汉墓出土了大量的竹简，主要是汉初吕后时代的法律。1993年，湖北荆门郭店一号楚墓出土了大量的战国时代的楚简，主要是儒家和道家的著作，道家是《老子》，儒家有《子思子》，还有其他的书籍。大致同时，还有一个墓的楚简被盗掘，流传到了香港，由上海博物馆在1994年收购回来，内容和郭店简差不多，也都是儒家、道家的书籍。还有很多小的发现，我在这里就不介绍了。

2. 对中国古代文明发展高度的新认识

这些应该说是现代学者的眼福，有的连汉代的人也没有看过，我们居然发现了，能够进行研究，不能不说是我们的幸运。这些材料出现后，很多学者公认，确确实实是要重写我们的学术史，因为跟我们过去的想法大不一样。传统的想法，特别是从晚清以来的疑古思潮，对很多古书是怀疑的。当然，疑古思潮在政治、文化史上是进步的、有很大成绩的，可是它也有一种副作用，就是否定太多，古代历史变得好像没有多少内容了。现在我们发现这样大量的材料，给我们带来了新的认识，我个人意见，主要表现在以下两点。

第一点，当时的学术思想，不但是繁荣发展，百家争鸣，而且我们想象不到其影响的深远能达到新发现材料所告诉我们的那种程度。例如，过去常说，儒家的传播西不到秦，南不到楚。孔子周游列国，可能还不如我们今天开着汽车在高速公路上转一两天所到的范围。孔子往西没有到秦国，去晋国实际上也只是到了边上，往南只到了今天的河南信阳，没有到楚国的腹地，所以儒家的影响似乎就是在中原一些国家的范围。但现在来看不是这样，至少在孔子之后，他的弟子、二传、三传，儒家思想的影响已经非常广泛。我们刚才谈到的出土大量战国儒家竹简的地方，是楚国首都的郊区。当时楚都在郢，也就是现在的江陵纪南城遗址，周围可以看到大量楚国墓葬群，有的墓很大，到现在还保存着很大的山包。出土这个简的郭店一号墓只是一个不起眼的小墓，经考证墓主可能是楚太子的一位老师，时代是公元前300年或者更早一点，这个人带走了这么多书籍。其中有《老子》，《老子》在楚国出现是容易理解的，老子原本是陈人，陈被楚所灭，他也可说是楚人。可是没想到儒家竟有这么大的影响，郭店简里面有子思一派的著作，而且是非常高深的、具有很强哲理性的作品，居然在楚国太子的一个老师的墓里出现，所以当时儒家学术影响已经远到了楚。楚国不是华夏，乃是所谓荆蛮的国家，是被排斥在中原文化之外的，可是它居然有这么高的儒家文化，这在以往很难理解。

最有意思的是，上海博物馆的简也是在这一带出土的，其中有一篇《武王践阼》，后来收录在汉朝人整理的《大戴礼记》里。在 20 世纪 70 年代的时候，考古学者在河北平山发现了一个大墓，是战国时的中山王墓，中山国也不是华夏，是狄人的国家。中山王的随葬铜器的铭文就引了《武王践阼》的话。这个墓是公元前 307 年左右所建，和郭店墓的年代相差不多。一篇很普通的儒家学术著作，往北传到了河北中部山区里面的中山国的王墓，往南传到了湖北荆门一带楚都郊外的墓葬，可见当时的学术影响有多么广泛。主要的学派道家、儒家作为一种共同的学术思想，流传如此广远，超乎我们的想象。诸子百家当时如此兴盛，影响如此巨大，以至形成了中国传统文化的基础，现在看来就不足为奇了。

第二点，就是通过发现这些书籍，从战国时代一直到汉初的，我们看当时的学术发展究竟是怎样的呢？首先要看这些书都是什么书。当然，里面也有一些日常用书，比如《日书》等，用来择吉、算卦之类的，没有多高的文化价值，可是占相当大的比例是高级学术，不是一般的作品。比方说郭店简，其中有些是子思的著作，如《五行篇》，子思和孟子讲"五行"是战国晚期的荀子提到过的，荀子和子思、孟子学派的观点不一样，对此进行了很尖锐的批评。《五行篇》久已佚失了，现在在马王堆帛书里发现了，在郭店竹简里也发现了，可见当时非常通行。这篇著作非常难读，它讲的是人的性和德之间的关系，这是很深奥的问题，不是一般的民众所能够理解的。在郭店简与上博简里面还有一种《性情论》，讲的完全是抽象的范畴。过去我们看《论语》说夫子之言性与天道，不可得闻，好像孔子是不讲性和天道的，其实不是这样。《性情论》作为孔门学者的作品，过去我们根本不知道，它讨论的完全是天道、性命、情性等，可以说宋明理学所讨论的一些哲学概念，这里面都讨论到了，这些绝对不是当时一般民众所能够理解的。《老子》也是一样，不但有《老子》本身，而且还有解说《老子》的一些作品，例如上博简的《恒先》，同样非常富有哲理性。不管是儒家还是道家，给我们展示的是一个哲学的世界，让我们看到当时哲学思想是高度发达的。

过去由于疑古思潮的影响，我们对很多古书不相信。比如在20世纪20年代，梁启超就说过研究孔子和孟子之间的思想应该看《礼记》，然而有人说这些都是后人写的，甚至说是汉朝时作的，不能相信。现在只要一看竹简就明白了，《礼记》中许多内容就是当时的著作，就可以研究儒家孔子到孟子之间的演变。更重要的是，我们能识别孔门七十子或者七十子弟子的著作，比如子思、子游等人的著作，我们也就更接近孔子，因为他们本来就是最接近孔子的。对于道家，也可以看到老子到庄子，甚至《淮南子》之间的演变。我们认识了《老子》以下道家著作的面貌，也就更理解老子的本意了。这在学术史上，特别是哲学思想研究上，就和过去不同了。

通过这些，我们进一步看到了中国古代文明的高度。中国古代文明不只是社会上普遍的文化，它上升到系统的哲学理论，这是一个非常重大的特点。

我今天只有这样短短的时间，让大家从中国古代文明的长度、广度和高度这三方面看到中国古代文明的悠久、博大和辉煌。

第三点，我再用两分钟时间讲一个想法。现在很多人说中国考古学已经处于黄金时代，我想最好说处于黄金时代的开始阶段。中国的现代考古学，如从中国人自己主持田野工作算起，至今还不到80年，比起约200年的世界考古学史，我们是很短的。相对于古代埃及、古代美索不达米亚等地的考古工作，我们的土地比它大，我们的历史比它长，我们考古的时间却短得多。我们没做的还有很多，我们的前面大有希望，至少还可以做200年，可以预期21世纪、22世纪甚至到23世纪，我们都可能有重大的发现，所以，今天我们不宜对中国古代文明的辉煌程度作太多的推论。

谢谢大家！

（作者单位：清华大学历史系教授）

考古学视野的三皇五帝时代

李伯谦

追溯中国远古时代，重建中国上古史体系，探究中国古代文明化进程，都不能不提到在中国古代文献中多有记载的三皇五帝时代。在中国历史上，自战国直至清末民初，在长达两千多年的时间内，三皇、五帝是神圣的化身，只可顶礼膜拜，不可有丝毫怀疑。然而，20世纪初在新文化运动影响下兴起的疑古思潮，又对三皇五帝彻底否定，好像他们都是毫无根据的杜撰。将三皇五帝加以神化，固然不可取，但对文献中的这些记载彻底否定，也不是实事求是的科学态度。我们认为，时代在前进，学术在发展，采取历史主义的态度，从社会发展角度考虑，将考古材料和文献史料加以整合，进行综合分析，是有可能对在中国历史上占有重要地位的三皇五帝时代做出正确解读的。

一、"三皇五帝时代"是在我国绵延两千多年的传统古史的开篇

"自从盘古开天地，三皇五帝到于今"，是距今80年以前中国人头脑中固定的古史观。这种古史观不是天上掉下来的，也不是人们头脑中所固有的，除了一代一代口耳相传，还缘于古代文献的记述。

在先秦文献中，三皇分别见于《易经·系辞下》《庄子·盗跖》《山海经》《左传》《竹书纪年》《韩非子·五蠹》《列子》等。五帝分别见于《国语》《竹书纪年》《山海经》《吕氏春秋》等。不过，各书所记并不完全相同。许顺湛先生大作《五帝时代研究》①对此作过系统梳理，在其第一章第二

① 许顺湛：《五帝时代研究》，中州古籍出版社，2005年。本文写作时主要参考了该书，以下不再一一注出。

节中，对三皇共列出 8 种说法，即伏羲、神农、燧人；伏羲、神农、祝融；伏羲、女娲、神农；伏羲、祝融、神农；伏羲、燧人、神农；燧人、伏羲、神农；伏羲、神农、黄帝；燧皇、伏羲、女娲。在其第二章第一节中，对五帝列出 5 种说法，即黄帝、颛顼、帝喾、唐尧、虞舜；少昊、颛顼、帝喾、唐尧、虞舜；黄帝、颛顼、帝喾、唐尧、虞舜、禹；轩辕、少昊、高阳、高辛、陶唐、有虞；黄帝、少昊、帝喾、帝挚、帝尧。这种情况，既可能缘于后人有不同的古史记述系统，更可能是当时存在着众多类似"三皇""五帝"那样的族氏及其领袖人物的反映。例如，除了"三皇""五帝"，见于古代文献的尚有"有巢氏""太皞氏""共工氏""蚩尤""三苗"等。司马迁对上述记述当然是看到过的，在他整理资料撰写《史记》的过程中，按照从严掌握的标准，舍弃了许多他认为"不雅训"的史料，仅保留了有关"五帝"的记载，而对于"五帝"的不同说法，也仅采黄帝、颛顼、帝喾、唐尧、虞舜一说撰成《五帝本纪》，作为他创建的中国古史体系的开篇，而保留下来，流传至今。

运用历史主义的观点，从社会发展的角度来看待这些传说，我认为都可以将"三皇""五帝"作为历史发展的不同阶段来看待。关于"三皇"，我比较倾向伏羲—燧人—神农的排序。所谓伏羲，按照《易经·系辞下》的说法，伏羲氏时"结绳而为网罟，以佃以渔"，应该是指历史上的渔猎时代。所谓燧人，按照《韩非子·五蠹》的说法，燧人氏时"钻燧取火，以化腥臊"，改变了以往"民食果蓏蚌蛤，腥臊恶臭，而伤害腹胃，民多疾病"的状况，是指历史已发展到了学会用火的时代。所谓神农，按照《易经·系辞下》的说法，神农氏时"斫木为耜，揉木为耒"，已经发明了农耕，但"民知其母，不知其父，与麋鹿共处，耕而食，织而衣"（《庄子·盗跖》），是已经发明了农业学会了农耕，但仍处在母系氏族社会的发展阶段。关于五帝，我认可司马迁的排序。从《史记·五帝本纪》的记载来看，五帝是基于血缘关系的传承关系，五帝时代已是父系家长制社会；五帝时代有着众多的或服或叛的"诸侯"国族；五帝时代有着筑宫室、制嫁娶、做舟车、做弓弩、做棺椁等众多发明创造；五帝时代社会已发生分化，争斗激烈，战争频仍；五帝时代已有凌驾于社会之上的管理机构，有了国家的雏形……

二、疑古思潮对传统古史体系的破坏
与走考古学之路重建中国上古史体系任务的提出

在中国古代典籍中有众多记述，且由大史学家司马迁经过整理而形成的"三皇五帝夏商周"古史体系，在中国绵延两千多年，经久不衰。但随着西学东渐，在其影响下，20世纪初在中国开始兴起了新文化运动，作为新文化运动的有机组成部分的疑古思潮，将矛头直指两千多年以来形成的中国古史体系。疑古学派的代表人物是顾颉刚，他的有力支持者和后盾是当时北京大学教授胡适和钱玄同。顾颉刚，江苏吴县人，1912年入北京大学预科，后入哲学系，1920年毕业留校，到图书馆做编目工作。在胡适影响下，他由疑古书进而疑古史，他提出的"层累地造成的古史"观，可谓是当时疑古思想的代表和核心。所谓"层累地造成的古史"，主要是说"时代愈后传说的古史期愈长"，顾颉刚说，"周代人心目中最古的人是禹，到孔子时有尧舜，到战国时有黄帝、神农，到秦有三皇，到汉以后有盘古等"；"时代愈后传说中的中心人物愈放愈大"，顾颉刚说，"如舜在孔子时只是一个'无为而治'的圣君，到《尧典》就成了一个'家齐而后国治'的圣人，到孟子时就成了一个孝子的模范了"。显然，在顾颉刚看来，传统的三皇五帝、夏商周的历史都是后来一层一层叠加上去的，是靠不住的。1926年顾颉刚把他们辨别古史真伪的论文和来往信函编辑成《古史辨》第一册公开出版[①]，至1941年，《古史辨》共出版了七册。在《古史辨》第一册里，顾颉刚写了一篇序言，洋洋洒洒有5万多字，详细地叙述了他的疑古思想的由来和对有关古书古史的观点。《古史辨》第一册的出版，在学术界犹如扔下一颗重磅炸弹，反对者有之，拥护者更多。一时间，传统的古史体系成了被质疑的物件，成了一堆沙漠。

古书多伪书，由古书抽绎出来的古史当然就靠不住，那么，怎样才能把从远古到上古这么长的一段历史搞清楚呢？这是当时摆在学术界面前一个十分严肃又十分紧迫的问题。1924年末，李玄伯在《现代评论》一卷三期发表

---

① 顾颉刚：《古史辨》第一册，上海古籍出版社1982年版。

《古史问题的唯一解决方法》一文，提出"要想解决古史唯一的方法就是考古学。我们要想解决这些问题，还要努力向发掘方面走"。顾颉刚看到李玄伯先生文章之后，即于第二年即 1925 年初在《现代评论》一卷十期上发表《答李玄伯先生》，他说"读到李玄伯先生的《古史问题的唯一解决方法》，非常高兴。李先生所说的'用载记来证古史，只能得其大概……要想解决古史，唯一的方法就是考古学；我们若想解决这些问题，还要努力向发掘方面走'，确是极正当的方法"。为什么当时大家会不约而同地把解决古史问题的目光投向考古学？这是因为运用考古手段挖出来的遗迹和遗物才是研究历史真实的史料。这里说的考古学，并不是宋代以来形成的金石学，而是指19 世纪中叶随着工业革命在欧洲兴起的以田野调查、发掘为特征的现代考古学。现代考古学于 20 世纪初传入中国，1921 年瑞典人安特生在河南渑池仰韶村的发掘，1926 年李济在山西夏县西阴村的发掘，1928 年中央研究院历史语言研究所考古组的成立及于当年开始的河南安阳小屯殷墟的发掘，可以作为现代考古学传入中国的标志。

由于疑古学派对传统古史体系的破坏和以田野调查、发掘为特征的现代考古学的传入，走考古学之路遂成为当时学术界的共同认识，成为史学研究的必由之路。

三、考古学重建中国上古史体系的历程和取得的成果

以田野调查、发掘为特征的现代考古学传入中国以后，1926 年李济在山西夏县西阴村遗址的发掘是中国学者主持的第一次野外发掘，过去都是外国人在做。1928 年中央研究院历史语言研究所成立考古组，由李济任组长，当年即到安阳小屯发掘殷墟，这是中国的专业学术机构主持的第一次发掘。这两次发掘目的都很明确，西阴村的发掘是想寻找文献上记载的黄帝时代的遗迹，小屯的发掘是想寻找甲骨文和商朝的遗迹，都是为了重建中国的上古史。小屯殷墟的发掘，从 1928 年至 1937 年抗日战争爆发连续进行了 15 次，一直没有停顿。殷墟的 15 次发掘，发现了商王的宫殿基址、商王的陵墓、甲骨文和青铜器、玉器。1949 年新中国成立以后，迅速恢复了殷墟的工作，至

今仍在继续。在以往工作的基础上，发现了更多的遗迹和遗物，建立了殷墟年代分期尺规，弄清了遗址的范围和规模。这些工作以铁的事实证明了《竹书纪年》"盘庚迁殷至纣之灭，二百七十三年更不徙都"的记载是正确的，商朝后期的历史是实实在在存在的，已不再是所谓的传说时代。而且也以大量的无可辩驳的材料证明商代后期已是具有相当发展高度的文明社会，已经有了国家。

继中央研究院历史语言研究所考古组之后成立的北平研究院史学研究会考古组，于1933年至1937年由徐旭生主持、苏秉琦具体实施，对陕西宝鸡斗鸡台遗址进行发掘，揭开了探索先周文化的序幕。

1937年至1945年抗日战争期间，虽然考古工作基本停止，但在抗日最艰苦的年月，中央研究院历史语言研究所考古组的石璋如还于1943年到西北作了周人遗迹的调查。

1949年，新中国成立，很快成立了中国科学院，组建了考古研究所。考古所成立后的第一件工作就是派郭宝钧先生恢复殷墟的发掘，发现了武官村大墓。武官村大墓中大量殉葬人的存在，成为当时商代社会性质讨论中最为引人注目的材料。周人都城遗址周原、丰镐的调查、发掘50年代也已开始，迄今不仅建立了丰镐西周文化，周原先周文化的年代分期尺规，还基本明确了各自的规模，发现了宫殿建筑基址和贵族大墓，出土了周人甲骨文和青铜器、玉器等文物，证实了周王朝的存在，周王朝是比商王朝文明发展程度更高的国家。

从1950年开始，我们国家经过时间不长的恢复便开始了较大规模的基本建设。在这段时间内，一是全国各地不断有新的考古发现，使人们的眼光由过去只盯着中原地区开始投向更广阔的地域，开始思考中国古代文化的复杂性和分区问题；二是主动为重建中国古史而开展的考古工作有了进一步的加强，发现了郑州商城和二里头遗址。

郑州商城发现于1955年。在此之前，1950年在郑州发现的二里岗遗址，经过研究已被确认为是早于殷墟的商代遗址，不久就发现了郑州商城。当时发现的郑州商城周长约7000米，在城内东北部有宫殿建筑基址，在城外东北部和南关外有铸铜作坊遗址，城内城外还都发现有中小型的墓葬，且有铜器窖藏出土。后来又发现了外廓城，其规模之大更是当时世界其他文明古国所不及。经过对出土遗迹、遗物的研究，不仅对郑州商代文化遗存进行了分期，而且还结合有关文献记载探讨了其性质。当时主要一种意见是主持发掘的安金槐先生提出来的，认为是商王仲丁所迁的隞（嚣）都。后来，又经过讨论，北京大学邹衡先生提出来的郑州商城"亳"都说越来越成为主流的认识。按照文献记载，"亳"是商汤灭夏前最重要的基地，灭夏后又回到亳地建为都城。亳都说也好，隞都说也好，它都早于殷墟，因此郑州商城的发现和被确认具有重要意义，它表明，不仅商代后期的历史是可信的，商朝前期的历史也是可信的，整个商朝的历史都是可信的。

二里头遗址位于河南省洛阳市偃师区（原偃师县）。二里头遗址的发现，是夏商考古的又一重大突破。1959 年，年届古稀之年的徐旭生先生，带着他的助手赴豫西晋南调查夏墟，发现了这处遗址，当年就开始了发掘，至今仍在继续，并不断有新的发现，不仅有青铜器、玉器，还有宫殿基址、贵族墓葬和宫城等遗迹和遗物。最初徐旭先生认为二里头遗址可能是文献中提到的商汤所建的西亳，并得到了许多学者包括主持或参加过二里头遗址发掘的各位先生的支持。后来又经过多年的发掘和研究，特别是 1983 年偃师商城发现以后，人们的认识开始有了很大的改变。现在，以二里头遗址为代表的二里头文化是夏文化，二里头遗址是夏都斟鄩的意见已为多数学者所认可。二里头遗址的发现和其性质的被确认，证明商朝之前确有一个夏朝，司马迁《史记·夏本纪》所记载的夏史是可信的历史，夏为传说史的说法在大量事实面前被彻底否定了。

20 世纪从 70 年代开始，考古工作经过"文革"的暂时停滞又逐步进入高潮。这时期，围绕重建中国上古史体系，登封王城岗龙山文化城址、密县新砦遗址、山西襄汾陶寺遗址的发现和发掘具有重要意义。

1977 年，在登封王城岗龙山文化城址发掘现场专门召开了一次夏文化讨论会。会上，主持发掘的河南省文物研究所所长安金槐认为王城岗龙山文化城址可能即文献上讲的"禹都阳城"的阳城，并以附近发现的战国城址中出有"阳城仓器"陶文为证。但多数人觉得王城岗龙山文化城址太小，仅有10000 平方米的面积，不大可能是禹的都城。究竟何种考古学文化是夏文化，会上形成了几种不同的意见，一种意见认为二里头文化一、二期是夏，三、四期是商；一种意见认为二里头一期是夏，二至四期是商；还有一种意见认为二里头文化一至三期是夏，四期是商；邹衡先生提出郑州商城亳都说，认为早于郑州商城的二里头文化一、二、三、四期都是夏。此次讨论会，虽未对何种考古学文化是夏文化形成共识，但夏文化研究的对象被锁定在河南龙山文化和二里头文化，夏鼐先生在会上提出的夏文化应是指"夏王朝时期夏族创造和使用的文化"的定义得到了大家的认同，应是夏文化研究的重要收获。

1979 年中国社会科学院考古研究所赵芝荃对密县新砦遗址进行了试掘，发现了时代上介于河南龙山文化晚期与二里头文化一期的新砦期遗存，为探索早期夏文化提供了重要线索。但因试掘面积太小，遗物不太丰富，未能引起大家足够的重视。

陶寺遗址位于山西襄汾县崇山北麓，当时发现有贵族墓地，出土了许多像陶鼓、背壶、双耳罐等彩绘陶器和玉器。由于襄汾和临汾距离很近，而临汾即文献上讲的"尧都平阳"的平阳，所以不少学者认为襄汾陶寺遗址或即"尧都平阳"的所在地。

当然，王城岗遗址、新砦遗址和陶寺遗址的发现和初期发掘，只是对探索禹都和早期夏文化及尧都提供了重要的线索。限于当时的情况，依据当时的材料还不能对其性质做出明确的结论。真正对其有了明确的认识那还是1996 年启动的"夏商周断代工程"和紧接其后的"中华文明探源工程"以来继续工作的结果。

1996 年启动的国家"九五"重大科技攻关项目"夏商周断代工程"，目标是通过人文社会科学与自然科学相结合的综合研究提出一个有科学依据的夏商周年表，这不仅涉及历史文献学、古文字学、天文学，还涉及考古学和 14C 测年等技术学科。考古学的任务是找到并确认夏、商、周时期的遗迹，采集系列可供测年的含碳样品进行测定，提出年代范围，以与其他学科研究结果相整合。正是出于这样的研究需要，王城岗遗址、新砦遗址以及探源工程预研究阶段启动的陶寺遗址等的重新发掘便作为重要任务提出来了。

王城岗遗址的重新发掘最重要的收获是龙山文化晚期大城的发现。这座城址虽然破坏严重，但基本上仍然可以弄清其范围。现知其北城墙和城壕长约 600 米；西城墙经钻探，由西北城角往南尚存 100 多米，再往南已被颍河冲毁；东城墙未见；南城墙和西城墙南段一样亦毁于颍河的泛滥。如果复原的话，这座城址应在 34 万平方米以上，是迄今发现的河南龙山文化古城中面积最大的。大城的北城墙打破了原来发现的小城的西北城角，时代晚于小城，始建年代属于王城岗龙山文化分期的第三期，根据 14C 测定，其年代在公元前 2000 年左右，正与据文献记载推定的夏的始年相一致。由此，王城岗龙山文化大城即文献所记"禹都阳城"之阳城，已为多数学者所接受。

根据文献记载，夏初曾发生过"太康失国""后羿代夏"政治事件，至"少康中兴"，夏王朝才真正开始了比较稳定的发展局面。过去田昌五和我都写过文章，认为二里头文化是"少康中兴"至夏灭国时期的夏文化，但当时考古学上还没有很过硬的证据。1999 年开始的新密新砦遗址的重新发掘，解决了这个问题。1979 年赵芝荃先生首次对新砦遗址试掘，虽然发现了介于河南龙山文化晚期和二里头文化一期之间的遗存，并建议命名为新砦期二里头文化，但其与河南龙山文化、二里头文化的关系究竟怎样，其为什么性质的遗存，尚未明朗。

新砦遗址的重新发掘，可以分出明显的三期，一期是河南龙山文化晚期，三期是二里头文化一期，二期即是赵芝荃先生所说的新砦期。新砦期遗存中，令人印象深刻的是有相当数量的来自东方的文化因素，正好与"后羿代夏"有相当数量的来自东方的夷人入主中原相印证。而根据 14C 测年，新砦期遗存约为公元前 1850—1750 年之间，也与根据文献记载估定的"后羿代夏"至浇、豷被少康、杼所灭这一时期的年代相一致。这样一来，夏文化经过了禹、启、太康的河南龙山文化晚期阶段——"后羿代夏"至浇、豷被灭的新砦文化阶段——"少康中兴"至"夏桀灭国"的二里头文化阶段的发展全过程便清晰地摆在了人们的面前。

陶寺遗址的重新发掘，和王城岗等遗址的重新发掘一样，同样取得了突破性的进展。其主要发现是面积达 280 万平方米的陶寺龙山文化中期的大城、与之同期的随葬有铜器、玉器、彩绘陶礼器的贵族大墓、墙壁上绘有彩绘的大型房基和观象台遗址。观象台遗址是最重要的发现，由于它的发现证明了《尚书·尧典》关于尧时曾派人观太阳运行以制定历法的记载确有其事，而且经对采集的木炭进行 14C 测定年代约为公元前 2300 年前后，从而更增加了有些学者曾经推测的其为"尧都平阳"可信性。

继"夏商周断代工程"之后，经过三年预研究，"中华文明探源工程"已于 2004 年正式启动。"探源工程"以夏为起点，将进一步追索中华文明的起源和形成的过程。可以认为，陶寺遗址为尧都平阳的确认，已对探讨在中华文明形成过程中占有重要地位的"五帝时代"，提供了一个定点，并且有说服力地昭示大家，考古学上的龙山时代和早于龙山时代的仰韶文化晚期阶段遗存应是研究"五帝时代"最主要的物件。而早于五帝的所谓"三皇时代"，则不仅要将眼光前扩至仰韶文化早期裴李岗文化，甚至要瞄准旧石器时代的遗存了。

其实，回溯一下中国考古学的历程，就会看到，在与上述可以与文献上提到的夏、商、周三朝相对应的诸多遗址发现、发掘的前后或同时，也有许多大体相当于所谓三皇五帝时代的旧石器时代新石器时代遗址被发现和发掘。

就旧石器时代来说，重庆巫山龙洞坡巫山人遗址、云南元谋人遗址、安徽繁昌人字洞遗址、山西匼（kē）河遗址、陕西蓝田人遗址、北京房山周口店北京人遗址、安徽和县人遗址、山西丁村人遗址、辽宁营口金牛山人遗址、广东马坝人遗址、陕西大荔人遗址、河南荥阳织机洞遗址、北京山顶洞人遗址、田园洞及王府井遗址等分别代表了旧石器时代早、中、晚期的遗存。

就新石器时代来说，江西万年仙人洞遗址、湖南道县玉蟾岩遗址、广西桂林甑皮岩遗址、北京门头沟东胡林遗址、河北阳原虎头梁遗址、徐水南庄头遗址、浙江上山遗址、跨湖桥遗址、裴李岗文化、后李文化、磁山文化、老官台文化、城头山文化、高庙文化、仰韶文化、北辛文化、大汶口文化、兴隆洼文化、咸头岭文化、大溪文化、河姆渡文化、崧泽文化、良渚文化、红山文化、屈家岭文化、石家河文化、马家窑文化、龙山文化、石峡文化、虎头埔文化等分别代表了不同地区新石器时代早、中、晚期的遗存。

在对这一系列重要发现进行个案分析的基础上，加以梳理整合，综合研究，便不难看出，走考古学之路重建中国上古史体系取得的成果是极其丰富又极其全面的。概括说来，可以分为5个方面。

1. 发现了旧石器时代早中晚期遗址和人类化石、石器工具的比较完备的标本，建立了其发展演变序列和谱系；

2. 确立了新石器时代和早期青铜器时代考古学文化的区系类型体系，为探索中国文明化进程奠定了基础；

3. 确认了中国古代文明起源本土说；

4. 建立了中国古代文明起源、形成、发展的多元一体模式；

5. 阐明了古文化——古城——古国——王国——帝国社会结构演进的基本框架。

四、考古学重建的古史体系与传统史学的中国古史体系的对应

考古学重建的古史体系是在对考古发掘出来的遗迹和实物深入研究基础上，用纯粹考古学术语构建起来的，即上面已经提到的旧石器时代—新石器时代—青铜时代—早期铁器时代四个大的发展阶段。对于考古学上构建的这一发展系列，可否与传统史学的古史体系相对应，历来就有争论。兴起于20世纪20年代的"古史辨"疑古思潮在对传统古史体系彻底破坏之后，相信的人很少了，"三皇五帝夏商周"古史体系几乎与伪史画上了等号。但从社会发展的角度考虑，我认为它包含有合理的内核，考古学构建的古史体系不仅应该和传统史学的古史体系相对应，也是能够对应起来的。

根据我自己的理解，两者的对应关系可表列如下：

考古重建中国古史体系与传统史学中国古史体系的对应表

考古学的中国古史体系	传统史学的中国古史体系	年代（B.P）	社会形态	主要经济生活方式
旧石器时代早期	有巢氏、伏羲氏	约公元前二百万年至前二十万年	游围	采集、渔猎
旧石器时代中期	伏羲氏	约公元前二十万年至前四万年	原始群	渔猎、采集
旧石器时代晚期	燧人氏	约公元前四万年至前一万二千年	氏族	渔猎、采集
新石器时代早、中期	神农氏	约公元前一万二千年至前七千年	氏族·部落	渔猎、农业、畜牧业
新石器时代晚期	炎帝、黄帝	约公元前七千年至前四千五百年	部落联盟、古国	农业、畜牧业、手工业
新石器时代末期	颛顼、帝喾、尧、舜、禹	约公元前四千五百年至前四千年	王国（初级）	农业、畜牧业、手工业
青铜时代	禹、夏、商、周	约公元前四千年至前二二一年	王国（高级）	农业、手工业、商业
铁器时代	秦—清	公元前二二一至一九一一年	帝国	农业、手工业、商业

　　尽管两个系统使用的符号不同，也不敢说表列的对应关系没有一点差错或存在前后游移的余地，但从人猿揖别、人类社会出现以来，两者由低级到高级的发展规律基本相同，每个大体相对应的阶段所表现出来的特征基本相同，从而决定了无论是考古学构建的古史体系还是传统史学的古史体系都具有自己的合理性。考古学构建的古史体系固然是科学有据的，没有或甚少文字记载或仅有通过口耳相传的神话、传说形式流传下来的古史体系也不能说全是子虚乌有，正如尹达先生所言，这些神话、传说都有史实的素地，都在一定程度上反映了历史的真实。拂去附着其上的荒诞不经的尘垢，便可揭示出其合理的内核。

五、文献与考古所见的"三皇五帝"社会

　　从以上所列的对应表，我们可以看出，传统史学的"三皇"时代大致对应于考古学上的旧石器时代至新石器时代早、中期；"五帝"时代大体对应

于考古学上新石器时代晚期和末期。无论"三皇"还是"五帝",尽管文献中都以独立的个人出现,但从文献所记其年寿来看,大都偏高,如《竹书纪年》说伏羲氏"在位一百一十五年",炎帝神农氏"在位一百四十年",黄帝在位"一百年"等等。目前所知新石器时代出土人骨经年龄鉴定最大的也就是五六十岁,当时生活条件十分艰苦,能活一百多岁是不可能的。学术界一般将所谓"三皇""五帝"看作一个时代的代表、一个时代的符号是比较符合实际情况的说法。

《庄子·盗跖》说,有巢氏时"禽兽多而人少,于是民皆巢居以避之,昼拾橡栗,暮栖木上,故命之曰有巢氏之民";《易经·系辞下》说,伏羲氏时"结绳而为罔罟,以佃以渔";《韩非子·五蠹》说,燧人氏时"钻燧取火,以化腥臊,而民说之";《易经·系辞下》说,神农氏时"斫木为耜,揉木为耒,耒耜之利,以教天下"。可见伏羲、燧人时代,人民过的是茹毛饮血的采集、渔猎生活,是典型的掘取经济,只是后来到燧人氏时才学会用火,能够熟食、取暖。而早于"三皇"的所谓有巢氏时代,人类可能刚刚脱离动物界,过的是更为原始的生活。神农氏时,虽然发明了农业,开始了生产经济的新阶段,但正如《庄子·盗跖》篇所言,人民仍然"卧则居居,起则于于,民知其母,不知其父,与麋鹿共处,耕而食,织而衣",还处在母系氏族社会阶段。

考古学发现的旧石器时代早、中期遗址,主要是洞穴遗址,发现的生产工具,主要是用于挖掘植物块根、砍伐树木、猎击野兽的打制的大型砍砸器、尖状器、石球、刮削器等,是和文献记载的有巢氏、伏羲氏时代人民的生活状况相对应的。大约在旧石器时代中、晚期之交人们受自然火的启发,开始学会取火和保存火种,能够用火取暖和熟食,从而大大改善了生活条件,增强了体质和脑的发育,这正是文献上讲的燧人氏钻木取火的情景。当旧石器时代向新石器时代转化和新石器时代早期,农业发明了,石制工具有了较大的改进,不仅出现了磨制的石器,而且石器有了较多的分工,出现了复合工具和专门用于加工谷物的工具。这时期陶器也已发明,可以用陶器炊煮和盛放食物;原始的宗教信仰也已产生,山顶洞人在骨架上涂抹赤铁矿粉和用兽牙作装饰,是爱美意识,也是原始信仰产生的标志,而这正是文献上讲的神农氏时代的特征。

《吕氏春秋·慎势》说"神农十七世而有天下"，《尸子》则说"神农七十世而有天下"。不管是十七世还是七十世，总之神农氏是代表农业发明以后一个相当长的发展阶段。神农氏末期进入炎帝时代，按照文献对炎帝的描写，炎帝和"五帝"之首的黄帝曾有过交往，《国语·晋语》甚至说两个人是兄弟，即所谓"少典娶于有蟜氏，生黄帝、炎帝。黄帝以姬水成，炎帝以姜水成。成而异德，故黄帝为姬，炎帝为姜"。不过，比较起来，司马迁《史记·五帝本纪》的说法可能更接近实际，"轩辕之时，神农氏世衰，诸侯相侵伐，暴虐百姓，而神农氏弗能征。于是轩辕乃惯用干戈，以征不享，诸侯咸来宾从"。

按照前面的对应，传统史学的炎黄时代相当于考古分期的新石器时代晚期，约距今 7000 年至 4500 年。而考古学上的这个阶段，正是社会经济有了较大发展，农业、手工业出现分化，社会开始分层，宗教祭祀盛行，艺术品有了专门的生产。专职祭祀大权的巫师成为凌驾于社会之上的首领，部落与部落之间为争夺财富和领地而经常发生冲突，部落联盟应运而生，神权国家开始出现，社会正处在大动荡大分化的转型时期。北方的红山文化、长江下游的良渚文化、黄河下游的大汶口文化、黄河中游的仰韶文化庙底沟类型是这一阶段的典型代表。

从文献记载可知，黄帝战胜炎帝、蚩尤之后代神农氏成为部落联盟的首领，从而开启了黄帝、颛顼、帝喾、尧、舜的"五帝时代"。"五帝时代"，经济更为发展了，发明也更多了，冶金术出现了，但人与人的矛盾也更为突出了。《商君书·画策〉中说黄帝之时"以强胜弱，以众暴寡""内行刀锯，外用甲兵"。《韩非子·扬权》中说，黄帝之时"上下一日百战"。《淮南子·兵略训》云"颛顼尝与共工争矣。共工为水害，故颛顼诛之"。《左传·昭公元年》云"昔高辛氏（笔者按：即帝喾）有二子，伯曰阏伯，季曰实沈，居于旷林，不相能也，日寻于戈，以相征讨"。《淮南子·本经训》云"逮至尧之时……猰貐、凿齿、九婴、大风、封豨、修蛇（按：指以不同图腾为标志的诸部族）皆为民害。尧乃使羿诛凿齿于畴华之野，杀九婴于凶水之上，缴大风于青丘之泽，上射十日而下杀猰貐，断修蛇于洞庭，禽

（擒）封豨于桑林"。《史记·五帝本纪》云，舜"流共工于幽陵，以变北狄；放驩兜于崇山，以变南蛮；迁三苗于三危，以变西戎；殛鲧于羽山，以变东夷：四罪而天下咸服"。

文献中的"五帝时代"和考古学上的新石器时末期至青铜时代初期大体相当，大体处在距今4500年至4000年这个阶段。考古学界将这一阶段以山东章丘龙山镇首先发现的龙山文化为标志，称为龙山时代。龙山时代重要的特征是设防的城堡像雨后春笋般拔地而起，大的如陶寺龙山文化中期大城，面积达280万平方米，登封王城岗龙山文化大城面积达34万平方米，小的如平粮台、郝家台龙山文化城等也有几万平方米。有的城址，已有明显的功能分区，例如陶寺龙山文化中期大城，有宫殿区、贵族墓葬区、以烧陶为主的手工业作坊区以及专供观太阳运行以制定历法的观象台设施：平粮台龙山文化城形制规整，城门外有门卫房，城内有大型宫室建筑和排水管道，显然是经过周密设计而建成的。与前相比，城墙内和大型房基下面作为建筑奠基用的以及灰坑中被肢解后随意丢弃的人体骨骼有更多的发现，在河北邯郸涧沟一座龙山文化水井中，还发现了多具被剥去头皮以制作饮器的人头骨的遗骸。石器中，斧、钺、镞、矛等武器成为数量相当可观的器类，在陶寺发现的一座贵族墓葬中，竟然在墓壁的两侧竖放着6把带柄的玉钺。种种迹象表明，在这一时期，以军权为支撑的王权超过独霸祭祀大权的神权而进入了王国阶段。尽管在文献所称的"万国"之间还保留着"联盟"的形式，但在各"国"之内已是阶级尖锐对立、由酋长一人说了算的酋邦社会，在"万国"之上已涌现出了像"五帝"那样的王国国王。

综观三皇五帝社会，无疑可明显分为前后两大阶段，"三皇"时代是经济尚不发达、社会尚未分化、人无相害之心的和谐平等社会。对这一阶段《礼记·礼运》篇作了这样的概括："大道之行也，天下为公；选贤与能，讲信修睦；故人不独亲其亲，不独子其子，使老有所终，壮有所用，幼有所长，矜寡孤独废疾者皆有所养；男有分，女有归；货恶其弃于地也，不必藏于己；力恶其不出于身也，不必为己；是故谋闭而不兴，盗窃乱贼而不作，故外户而不闭。是谓大同"。"五帝"时代经济、文化均有了较大发展，社会出现分层，凌驾于社会之上的政权组织开始形成，整个社会处于急剧的动荡之中。《礼记·礼运》篇对此也有十分贴切的概括："今大道既隐，天下为家，各亲其亲，各子其子，货力为己；大人世及以为礼，城郭沟池以为固，礼义以为纪，以正君臣，以笃父子，以睦兄弟，以和夫妇，以设制度，以立田里；以贤勇知，以功为己；故谋用是作，而兵由此起，禹、汤、文、武、成王、周公，由此其选也……是谓小康。"

六、借鉴与启示

我们研究"三皇五帝时代"，像研究历史上任何问题一样，都不是坐而论道，发思古之幽情。历史是一面镜子，历史会给我们以启示。在我们为建设社会主义和谐社会、为伟大的民族复兴而努力拼搏的今天，我们会从研究中得到哪些认识和启示呢？

1."三皇"时代建立在"天下为公"基础上的平等和谐社会是原始的和谐社会，也就是过去我们常说的原始共产主义社会。原始共产主义社会，生产力十分低下，无论物质生活还是精神生活都极为贫乏，并不是所谓的"黄金时代"，也不是我们追求的目标。但原始共产主义社会，人人平等，和睦相处的基本原则对我们建设社会主义和谐社会又具有启发意义。

2.由"三皇"时代氏族部落的"大同"社会到"五帝"时代酋邦古国的"小康"社会是社会发展不可抗拒的规律，是社会发展的一个进步，经济较过去有很大发展，物质和精神生活较过去有很大提高。但贫富分化、阶级矛盾、掠夺战争却日益激烈，整个社会时时处在对抗状态。"五帝"时代以后的三代及其后继各王朝，虽不断有有识之士为改变社会的不公和各种弊病大声呼吁，奋力抗争，在一定程度上抑制了当权者的无度贪欲和暴政，并在一定时间和一定范围内出现过一些和谐景象，但总体上并未改变压迫剥削制度的本质特征。这只有今天共产党领导广大人民群众彻底推翻旧的制度之后，才能开启新的和谐社会的建设。

3.回顾中国历史进程，汲取历史经验教训，继承发扬中国传统文化中的和谐思想，进行现代社会主义和谐社会建设需要牢牢把握如下各点：

社会财富的极大丰富是建设社会主义和谐社会的经济基础，大力发展生产力是时刻牢记的首要任务；

　　建立完善公平合理的分配制度，缩小城乡差别、贫富差别、东西部差别，努力消除事实上的不平等；

　　加强社会主义法制建设，为建设社会主义和谐社会提供法律保证；

　　推进社会主义民主政治建设，为广大民众参政议政提供机会；

　　加强以"八荣八耻"为中心的道德规范建设，为建设社会主义和谐社会提供思想保证。

（作者单位：北京大学考古文博学院教授）

尧乡金湖
荷花天下

论寻访尧帝文化南方故里的价值意蕴

——兼论金湖文化形象塑造

李学功

论及尧帝和尧帝时期，过去学界多将注意力集中于中原。近年来随着对地方性文化叙事的关注，以及各地考古发掘所带来的新发现，人们开始重新审视、解读包括尧帝在内的文献典籍中关于"五帝"等的传统知识构建问题。

一、从《容成氏》看尧之前古史叙事建构的地方性特征

从学术的角度言之，对新材料的渴望，永远是学术研究的兴奋点和动力源。自 20 世纪 90 年代迄至 21 世纪 10 年代，随着郭店楚简、上博简、清华简等的发掘、发现，不断刷新、改写了人们对先秦历史及先秦思想的认识。楚竹书《容成氏》即是如斯。兹据李零先生考释，引第 1、2、35B、4 号简如下：

［昔者讼（容）城（成）氏、大庭氏、伯皇氏、中央氏、栗陆氏、骊畜氏、祝融氏、昊英氏、有巢氏、葛天氏、阴康氏、朱襄氏、无怀氏、尊］庐氏、赫胥氏、乔结氏、仓颉氏、轩辕氏、神农氏、混沌氏之有天下也，皆不授其子而授贤，其德酋清，而上爱下，而一其志，而寝其兵，而官其才……

……氏之有天下也，厚施而薄敛焉。身力以劳百姓。

……于是乎不赏不罚，不刑不杀，邦无食（饥？）人，道路无殇。

不难看出，上博所藏楚竹书《容成氏》记载的尧以前上古帝王序列与中原五帝说系统不同。即以容成氏为例，其在不同文献中的身份、面貌不一。

据《庄子·肤箧》篇，容成氏乃上古传说中的十二君王之首；《吕氏春

秋·勿躬》记载却是："容成作历"；《史记·历书》索引引《世本》则作：
"黄帝使羲和占日……容成综六律而著调历"；《汉书·艺文志》著录有《容
成阴道》等。① 齐思和先生亦认为：

> "容成本上古帝王，而抑之为黄帝之臣，畀之以历法之发明权，已不可
> 解。至修炼家以容成氏为'房中术'之祖，则尤令人不可思议已。"齐思和
> 先生的思考，实际上回答了大一统思维定式下国家话语对地方性知识记忆的
> 改造路径。

可以看出楚竹书《容成氏》尚未有明确的如后世所论帝王世系之五帝系
统，但却与同为楚地文化的《庄子》所述古帝王系统有着密切关联，这从一
个侧翼表明了古史叙事的地方性知识建构特征。由此案例，旨在说明上古时
期包括尧帝文化在内的华夏文化之先祖文化均带有一定的地域文化特征。

二、史志所见尧帝文化地理分布与金湖遗响

随着秦汉大一统局面的实现，以及大一统文化的浸淫，尧帝文化叙事，
也经历了一个从地方性知识建构，到大一统文化建构的过程。由此也影响了
后世对包括尧帝在内的文化先贤故里、地望，甚或葬地的归属论争。

就尧帝传说的流布范围而言，大体上形成了以今山西临汾、长子、翼
县、绛县；山东菏泽、定陶、曲阜，河北唐县、顺平、张家口，江苏金湖、
高邮、宝应，浙江兰溪，湖南攸县、桃园、常德为中心的地理文化圈。

不难看出，尧帝文化的地理分布带有由点及面的扩散性特点，通过尧帝
文化的迁移过程，不妨思考其所建构的知识链和历史认识的价值判断。一如
司马迁《史记·五帝本纪》所云："学者多称五帝，尚矣。然《尚书》独载
尧以来……孔子所传宰予问《五帝德》及《帝系姓》，儒者或不传。余尝西
至空桐，北过涿鹿，东渐于海，南浮江淮，至长老各往往称黄帝、尧、舜之
处，风教固殊焉，总之不离古文者近是。予观《春秋》《国语》其发明《五
帝德》《帝系性》章矣。顾弟弗深考，其所表见皆不虚。"

---

① 齐思和：《黄帝的制器故事》，《中国史探研》，中华书局 1981 年版，第 210 页。

就尧的出生而言，最早谈论这个问题的当推晋皇甫谧《帝王世纪》。《隋书·经籍志》载："《帝王世纪》十卷。皇甫谧撰，起三皇，尽汉魏。"该书内容唐宋时仍见于《初学记》《北堂书钞》《太平御览》《艺文类聚》等类书，《直斋书录解题》《遂初堂书目》《宋史·艺文志》对其书皆有著录，其亡佚大致在元以后，迄清始有辑佚本。目前较具权威性的版本，当属中华书局1964年出版的徐宗元《帝王世纪辑存》。

翻检《帝王世纪辑存》，其中有关尧帝出生地金湖说，原文载录如下：

尧初生时，其母在三阿之南，寄于伊长孺之家，故从母所居为姓也。[①]

《史记索隐》引皇甫谧《帝王世纪》，亦持尧生于三阿之南说。其文谓：

皇甫谧云，尧初生时，其母在三阿之南，寄于伊长孺之家，故从母所居为姓也。

按，三阿即今江苏省金湖县东南平阿西村，《读史方舆纪要》《大清一统志》亦作北阿镇，东晋时曾侨置幽州于此。联系尧帝出生金湖说及其前引各说的不同说辞，究其实乃是文化认同在各地历史传播过程中泛起的文化遗响。针对华夏文化先祖故里、地望问题的归属之争，甲骨学家、先秦史学家孟世凯先生曾提出"先祖大家祭"的著名观点。愚以为，孟师世凯先生超越名人归属地争论，倡导从文化现象的视角，研究上古区域历史文化，不失为解决各地争抢中华先祖"户口"问题的一个富于智慧的折中之法。

通过尧帝文化在南方遗迹的探讨，深感史学研究当下的一大课题或任务应该是：在何种意义上或何种层面上，理解已经被改造、修饰过的、传流于今的地方性知识，以建构历史认识和文化叙事的新范式。

三、尧帝文化的价值认识

作为中国上古部族时代人们对"人文初祖"时代的集体记忆（das kollektive Gedächtnis），尧帝信仰自进入初民的历史记忆系统，及至书于竹帛，千秋百代以来尧帝成为中华民族贤人政治的楷模，受到上至统治者下至

---

① 皇甫谧著，徐宗元辑：《帝王世纪辑存》，中华书局1964年版，第35页。

黎民百姓的称颂和礼赞。

司马迁《史记·五帝本纪》总结了尧帝文化所附丽的精神价值，兹引录如下：

其仁如天，其知如神。就之如日，望之如云。富而不骄，贵而不舒。黄收纯衣，彤车乘白马，能明驯德，以亲九族。九族既睦，便章百姓。百姓昭明，合和万国。

司马迁以史家之笔，刻画出一位具有如日、如云般仁爱、宽和品德和"富而不骄，贵而不舒"，九族和睦与"百姓昭明，合和万国"的上古圣王形象，为后世树立了一座典范人格的道德丰碑——尧帝信仰。

著名史家常金仓先生曾研究、关注中国古代的"典范政治"[①]问题。典范政治无疑是传统社会阐扬、表彰的价值目标，而尧帝文化，可以说在一定意义上集中反映了华夏文明文化英雄的典范政治色彩。于此进行讨论和反思，有益于从新的视角审视传统与现代的关系。

众所周知，中国政治传统或者说中国文化的本色、要旨：不在"规范"而在"示范"，不在"命令"而在"教化"。即传统社会是以树立道德标杆和榜样，追求建立贤人政治、典范政治为其基本的价值诉求。在典范政治目标的影响、作用下，古代中国形成了"法先王"的重要政治和文化传统，形成了"述往思来""鉴往知来"的历史思维特点。具体到尧帝文化，通过对尧帝文化信仰的爬梳、分析，立基于华夏民族伦理思想的原点，重新认识、开掘元典伦理思想的质素、要义，应当是别有积极意义的。杨升南先生曾论说："全国各地都有尧活动的传说遗迹，说明尧时的部落联盟已具相当的规模，成为华夏民族的核心，今日各地展开对他的纪念，也是弘扬华夏文明、增强民族凝聚力的有益活动。"[②]

---

① 常金仓先生认为，"所谓典范政治，就是社会首先要给它的成员树立一个或一些模范、表率或者榜样，然后由其他社会成员亦步亦趋效法这个榜样的行为，从而使整个社会的行为协调一致。"参见常金仓：《穷变通久——文化史学的理论与实践》，辽宁人民出版社1998年版，第179页。
② 杨升南，朱玲玲：《远古中华》，上海书店出版社，2015年版，第150—151页

作为一种历史的传承、文化的延续，尧帝文化记忆[①]所凝聚的伦理价值观念、典范政治要义，中经孔子阐扬发展为儒家伦理价值观和贤人政治观，迄今仍存在于我们的生活和现实之中，存在于人们的头脑和思想中，它承载着历史，表达着一个民族的文化认同和知识重构。这样一种以先贤为表，"以身作则"，教化人心，注重风化芳臭的政治传统和文化思维，使得尧帝信仰的文化意象经由工具伦理的诠释，臻至高山仰止的德性伦理层面，在道德践行的广域内得到了极大的阐扬与发挥。这是颇具典型的传统贤人政治模式，是典范政治的伦理主义宣示。

四、尧帝与尧帝文化形象塑造

众所周知，文化形象是一个地方外在面貌和内在性格互为表里的统一。它既有一个地方历史文化个性的印证，也是一个地方文化理念、行为和景观的外在表现。一般意义上说，文化形象包含三个层次。

——第一层次形象，是物质层面。它包括各类建筑的布局及其建筑风格、基础设施的状况和水平、经济实力及社会公共秩序状况等。

——第二层次形象，是社会治理层面所展示的服务水准及其所透射出的管理水平。

——第三层次形象，是文化层面。主要是指居民言行、人际关系、社会风气等所折射出来的民众素质和观念。

尧帝作为金湖历史文化传说的地标性人物和文化形象，在地方精神与文化品牌塑造方面，在上述第一层次和第三层次都有诸多工作要做。

第一层次方面，如传说中尧帝的生母居所。这些传说中的遗迹的挖掘、恢复、再建或保护性开发建设等，均是在物质层面厚实金湖地标文化的重要因素。

[①]　德国学者扬·阿斯曼提出了"文化记忆"的概念，认为，它是"每个社会和每个时代所特有的重新使用的全部文字资料、图片和礼仪仪式……的总和。通过对它们的'呵护'，每个社会和每个时代巩固和传达着自己的自我形象。它是一种集体使用的，主要（但不仅仅）涉及过去的知识，一个群体的认同性和独特性的意识就依靠这种知识。"参见哈拉尔德·韦尔策：《社会记忆：历史、回忆、传承》，北京大学出版社，2007 年版，第 5—7 页。

第三层次的精神文化层面，应当说这是金湖作为尧帝文化圈提升文化影响力的关键所在。尧帝之于金湖，应当成为金湖人文精神的渊薮，它赋予了金湖文化精神的基本色调，其本身就是无形的文化资本，是金湖文化经济资源不可替代的整合器。

金湖以尧帝为品牌，无形中构建起一座文化精神的界碑，即金湖的品牌识别（CI）系统。其以尧帝文化为支撑，同时兼容工商业，布局文旅融合发展设计，形成为不可替代的地理视觉识别系统。

金湖实施尧帝文化品牌 CI，在操作过程中，首先应注意处理金湖形象定位，要能充分反映金湖的地域性、文化性和时代性特点。

其次根据文化定位，进行概念的图式化、文本化处理。特别是在文化形象的标志物和标志图案、标志色方面，做到整体思考、统筹协调、合理布局。金湖的标志是尧帝，由此决定了应当用尧帝形象引导金湖文化结构的建设布局。这方面，可以参照在城市风格信息和识别系统（CI）方面做得较好的国内一些一线、二线城市，如浙江绍兴市内的道路、街区、路标、路灯、门牌、垃圾箱和各级政府机构、公司、商店、广场、医院等公共设施，均纳入到景观设计视野，故而在名称、标志、符号等方面均有特殊样式的要求。

需要指出的是，尧帝文化品牌的塑造，应当大胆借鉴当代传播理念，不仅要利用多种传播途径，而且要将政府公关、媒体宣传，关注自媒体和小红书，以及广告效应、教育引导等多种传播方式组合利用，以求达到最佳的传播效果。政府可以通过网络、电视、广播、报刊等形式，宣传、传播金湖尧帝文化品牌的理念、风格和形象。可以利用多种活动，吸引、集聚国内乃至世界的目光。建议使用"江苏金湖——尧帝文化南方故里"为文化品牌的推介语、宣传语，扩大金湖的知名度、美誉度。

综上而论，作为中国古代思想文化重要来源之一的尧帝文化能够传承数千年而不衰，内中自有诸多原因，但传统伦理文化中以典范政治为旗帜，"智通乎大道"具有人类共同价值意义的优秀文化因子，当是支撑其五千年而生生不息的一大主因。一如《毛诗》所云："得贤则能为邦家立太平之基。"如今，尧帝文化早已成为中华民族文化和民族精神的象征。江苏金湖作为中国南方"尧迹"中与尧帝息息相关的文化传承地，具有先天的文化注意力品牌基因优势。认识、挖掘金湖尧帝文化内涵，使之形成金湖独特魅力的"文化注意力资源"，将金湖打造成为中国南方尧帝文化辐射中心、中国南方尧帝文化祭祀中心和中国南方尧帝文化研究中心，既是时代的要求，也是提升金湖文化竞争力的历史必然。

（作者单位：湖州师范学院教授）

古史传说文化价值的新认识与
金湖发掘尧文化传说的现实意义

王　健

一、金湖地理历史文化概述

运西地区鱼米之乡

金湖地区自古就是著名的水运通道，航运业发达。邗沟是大运河最初河道，有"邗沟十三变"之说。明末第十二变之后，运河才退出高邮湖、宝应湖（津湖、氾光湖、清水湖、洒火湖汇合而成）、白马湖等天然湖区，结束途经金湖地区的近两千年历史。南三河（淮河入江水道）上承全国第四大淡水湖洪泽湖、下通全国第六大淡水湖高邮湖，境内水网密布，实乃鱼米之乡。

金湖地势西高东低，三河以南、利农河以西地区为缓坡丘陵区。约占全县陆地面积的27%。地面起伏8—35.4米。东、南、北均为湖荡相间的沿湖圩区，约占73%。地面起伏4.5—8.5米。陆地以冲积、湖积平原为主。水域面积占30%，达63万亩，420平方公里，有宝应湖、白马湖、高邮湖。河流有三河、老三河、利农河。县域属水网地区，湖河沟渠众多，水面面积占总面积30.1%，水生动植物资源十分丰富，水禽（鹅、鸭）饲养具有得天独厚的条件。特种水产品有大银鱼、淡水小龙虾（克氏原螯虾）、河蚬、螃蟹、中华鳖、鳝鱼、泥鳅、青虾、鳜鱼、白鱼等，产量占淮安市一半以上；金湖小白鹅久负盛名，高邮麻鸭为省推广良种；荷藕、菱角、芡实、蒌蒿、双黄鸭蛋是金湖名产。金湖土地肥沃，绝大部分为湖积土壤，盛产粮棉油、林桑果，是全国商品粮生产基地之一、平原绿化先进县。境内金湖凹陷、三河凹陷等特殊地质构造，地下蕴藏石油资源。

金湖境内主要航道：

1. 入江水道：洪泽湖—蒋坝—三河闸—三河入江水道—观音寺镇—戴楼镇—黎城镇—塔集镇—闵桥镇—高邮湖—扬州三江营。

2. 金宝线（80.22 公里）—通大运河淮扬段。

3. 金宝北线通白马湖—宝应湖。

独立成县晚，历史传说悠久

历史上，江苏境内的江淮以南地区，水网密布，河道纵横，大运河以西，地势相对较高，开发较运东早，善道所经之地，为通往淮河流域的交通要道。金湖地区一带，早期为淮夷之地，春秋末曾为吴国疆域，后为越地，延至战国为楚地。秦统一前的秦王嬴政二十四年（前 223），打败楚国，夺得江淮以南，置东阳县（县治在今盱眙境内，主体在今金湖境内）。西汉元狩三年（前 120），置平安县，治所在今涂沟镇东北部湖滩。真正建县比较晚，两汉今地分属东阳、平安、高邮诸县。东晋谢玄指挥"三阿之战"，乃军事要冲，为淝水之战之前的一次战役。南北朝，大多时候属宋齐梁陈南方政权所辖，后为北方北齐北周占领。

邻近的高邮，秦时置邮驿。"三阿"，今名塔集镇。"塔集"，晋时曰"三阿"，宋时称北阿。

皇甫谧《史记·索隐》言"尧初生时，其母在三阿之南"中的"三阿"，即此。县政府驻黎城镇，按"黎城"，亦是古老地名，山西有古黎国，周文王攻灭，以剪商。此黎，为北宋高黎在此筑城。

隋置安宜县，今宝应，原金湖境内的石鳖县并属之。唐代初，其地分属高邮宝应。从唐到 1940 年，长达一千多年，历史不甚清楚。1940 年，新四军在此建立抗日民主政府，三河以南，属高邮县（天高、高宝），三河北属淮宝县。1949 年，苏北行政公署与皖北分界，仍分属高邮、宝应。总之，金湖县域，主要在淮河以南，历史上独立建县少，一般分属高邮、宝应。直到 1959 年 10 月建县（一说 1960 年 4 月），才独立设立金湖县，将宝应湖及以西地区为行政区。1983 年后属淮阴（淮安）。

二、尧传说及尧文化的重新认识

我过去对传说历史的到处开花蔓延比较消极，讲死理，单纯从学术角度看问题，总想考证排除，追求所谓唯一性。写过《所谓"尧出生高邮"新说献疑》一文，对高邮的尧传说进行研究。今天看，虽然学术上可以研究，但忽略了其文化影响所孕育的深厚文化价值。今天要重新认识，抛弃狭隘的史实考证观念，走出故纸堆。

五帝文化是中华优秀传统文化的重要部分

今天看，"五帝"传说是中华优秀传统文化的重要组成部分，也是华夏的人文始祖。五帝是中国文化的政治道统，也是中华传统文化的根脉，尧都是重要的一环，孔子高度评价，乃有《论语·尧曰》。尧，五帝是中国历史上"统一"的政治共同体的首领，黄帝、颛顼、帝喾、唐尧、虞舜，或伏羲、神农、黄帝为三皇，以少昊、颛顼、高辛、唐尧、虞舜为五帝。早期国家形成时期的传说，刘起釪先生有综合考证。

五帝传说的文化价值

有利于论证五千年文明史。增强中华文化凝聚力，提高文化认同感。发掘开发地方历史文化资源，提高地方的知名度、存在感。尧，文祖，《史记·五帝本纪》："帝尧者，曰放勋。其仁如天，其知如神。就之如日，望之如云。富而不骄，贵而不舒。黄收纯衣，彤车乘白马，能明驯德，以亲九族。九族既睦，便章百姓。百姓昭明，合和万国。""信饬百官，众功皆兴。"《尚书·尧典》等可靠文献可参考。

尧的传说事迹具有积极意义。尧时势力影响范围已经比较大了，东西南北，四方，有万国。巡狩天下。肇十有二州。顺应天时，敬重天命。尊重自然规律。警钟天授时，"自黄帝至舜、禹，皆同姓而异其国号，以章明德。"

尧的贡献在于管好百官和贵族。精心培养接班人。禅让贤能，考察官员；团结"九族""百姓""万国""四岳"；最高统治者要管好自己的下属和亲属，惩罚犯法的臣属，流放共工、鲧、驩兜、三苗"四凶"，用今天的话就是"党要管党"；教育儿子丹朱，发明围棋，成为中华智慧文化的象征。尧死后，"百姓悲哀，如丧考妣"。

尧地传说，在山西、河北传说较多。江苏境内的先秦古史传说，梳理、考古发现印证，两重证据。先秦传说在江苏，上古的相对比较少，集中在西周以下，特别是春秋战国，但并非没有。常熟的"尚湖"，舜、鲧、禹等在江苏都有传说。如何看待，包容心态看待"可信性"。史学与文化既相关又可以衍生发展。传说，仅仅史学化不行。史学，越来越文化化，过去观点的变化。如国家文化认同，传说文化的非常重要。不是什么都有文字记载的，世界其他各族，大多都是口耳相传，没有文字记载，不能忽视这种文化现象。"漂移说"，从传播学的角度，有价值。"高邮说""金湖说"，其实地望大致相同。

金湖研究尧文化积极有为

金湖弘扬尧文化，努力挖掘尧传说历史文化资源。信史与传说不全是一回事，信史中有传说；但文化则不同，可以范围广泛。尧的历史，基本上为传说时代历史，其中有真的历史，也有纯粹的传说，甚至穿凿附会，如黄帝传说，到了浙江缙云，那里的黄帝文化搞得风生水起，我们对此要抱有开放包容的心态。

史学研究，要考证，排他性、唯一性；但传说，搞不清楚的，孟世凯先生提出"有祖大家祭"。

相关传说主要在北方，但南方也有，虽然少，反映了五帝文化势力影响范围的扩大。相关古史传说的流传，是一个地区已经纳入了主流文化的范围，或成为核心文化区一部分的标志。要研究这个传说流传的时间，与本源地的关系。

三、金湖在大运河文化带建设等国家规划中的地位

金湖的地位是淮河入江水道主通道、南水北调清水走廊、大运河沿线核心城市，正打造水清、地绿、天蓝的经济带，融入大运河文化带建设和大运河国家文化公园建设。

抢抓机遇，迎接挑战。根据国家《大运河保护传承利用规划》，大运河文化带建设功能区划分为核心区、拓展区和辐射区，金湖在运河城市淮安的

拓展区范围内。核心区：淮阴区、清江浦区、淮安、洪泽区、盱眙县，拓展区涟水县、金湖县，淮扬运河，美丽中轴线上。扬州市全域为大运河核心区，宝应县、高邮市、江都区、广陵区、仪征市、邗江区。划分标准，仅仅以是否临近运河主线，"三湖一河"，"邗沟西道"应当都在这个范围内。建设美丽中轴，金湖应有担当。

2018年，国家发改委《淮河生态经济带发展规划》。淮河生态经济带以淮河干流、一级支流以及下游沂沭泗水系流经的地区为规划范围，包括江苏省淮安市、盐城市、宿迁市、徐州市、连云港市、扬州市、泰州市，山东省枣庄市、济宁市、临沂市、菏泽市，安徽省蚌埠市、淮南市、阜阳市、六安市、亳州市、宿州市、淮北市、滁州市，河南省信阳市、驻马店市、周口市、漯河市、商丘市、平顶山市和南阳市桐柏县，湖北省随州市随县、广水市和孝感市大悟县，规划面积24.3万平方公里，2017年末常住人口1.46亿人，地区生产总值6.75万亿元。

淮河水系通航里程约2300公里，京杭大运河、淮河干流及主要支流航运较为发达。淮河入江水道是淮河干流重要航道。

在新农村建设、生态文明建设中，金湖县要发挥重要作用。有为担当；打造绿色生态走廊，完善基础设施网络，畅通高效淮河水道。加快淮河航道整治与疏浚工程建设，推进航道船闸升级扩容，提升航道等级；加快淮河干支线、京杭运河航道航运开发，推进引江济淮工程建设。

四、几点对策建议

一、主动融入大运河文化带和大运河国家文化公园建设，建设好江苏大运河淮扬运河"美丽中轴"的侧翼。搞好淮河生态经济带建设、江淮生态走廊建设，保障南水北调清水廊道，保护好"三湖一河"；挖掘"治淮精神"，做好"水文章"。

二、大力发展特色经济，创建品牌产品，大力发展"四水（水稻、水禽、水产、水生蔬菜）农业"，努力打造华东地区优质农产品基地。

三、加强基础研究，充分发掘利用中华优秀传统文化重要资源人文始祖尧及尧文化传说，如尧教子、发明围棋相关执政经验，同时加强与相关尧文化地区的联系沟通，发扬"有祖大家祭"的文化共赢精神。

四、扩大宣传，主动出击，举办有影响的节庆活动，提高金湖在省内外的知名度和影响力。金湖已经搞了"尧帝古城""尧想国"等文化景点，但影响还需要扩大、提升。

（作者单位：大运河文化带建设研究院研究员）

金湖尧帝文化遗产的当代价值与传承发展

谷建祥

中国古史传说时代的"三皇五帝"时期通常被认为与考古学所称谓的"龙山时代"的晚期相当，尧为五帝之一，系黄帝嫡裔、帝喾之子，号陶唐，姓伊祁，名放勋，史称唐尧。

一

三皇五帝的次序大致是古史系统的一种架构，其间或为并列发展的地域文化关系，更可能的则是按照华夏早期文化不同代际兴旺发达的先后顺序而排列的发展史，所谓的"皇"与"帝"的名号也许确有其人，也许只是族群或族群联盟首领的人格化称谓，或一代一称谓，或数代一称谓。

《夏商周断代工程 1996—2000 年阶段成果报告（简本）》公布的《夏商周年表》，夏朝始年为公元前 2070 年；"中华文明探源工程"成果提出，在距今 5100 年到 4300 年前，一些文化和社会发展较快的地区相继出现了早期国家，跨入了文明阶段；[①] 而学界主流观点视五帝为黄帝、颛顼、帝喾、尧、舜，既然夏朝距今约 4100 年，尧与夏的建立者禹之间又隔着一位舜，那么将尧所处的时代定在"中华文明探源工程"所提的早期国家的后段则较为合适，即距今 4300 年上下。

"五帝时代"是否为信史仍在广泛而深入的探讨之中，探讨过程中的地域性色彩则成为一种普遍的现象，有关五帝之一尧的研究亦然。关于尧活动

---

① 王巍：《"中华文明探源工程"及其主要收获》社科院考古所中国考古网，2022-05-29 18：15 发表于北京。

地域的研究，可以细分为出生地、活动区域、尧都、发祥地、葬地等多个问题，20 世纪 90 年代以来，学术界先后形成了一个对尧出生地研究的高潮、一时尧的出生地超出 10 个以上，可谓众说纷纭。探索与争鸣的热点，引起社会有关方面的高度关注①。

这期间，诸多学人认为，皇甫谧注《史记·五帝本纪》曰"尧初生时其母在三阿之南"；《舆地纪胜》载"高邮有北阿镇，离城九十里，即晋时三阿"。晋时三阿，宋朝称北阿，后改为塔阿镇，俗称塔儿集、依地望即今金湖塔集。②而且，金湖境内多处新石器时代晚期文化遗址的发现为上述尧帝故里的记载提供了相应的佐证。金湖地处淮河下游地区，距今4300—7000 年，新石器时代的先民就在此繁衍生息，境内的衡阳河一带新石器时代遗址比较密集，有窑墩、獾墩、郑岗、三河滩遗址等；另有金南镇的时墩、抬饭墩，淮河入江水道内的稺圩遗址等；尤其是塔集镇夹沟荡出土的良渚文化玉琮、玉璧及石斧等文物，为进一步探究尧帝故里提供了重要线索③。

二

《尧典》叙述尧的功德为："克明俊德，以亲九族，九族既睦，平章百姓，百姓昭明，协和万邦"。尧建立了中国历史上第一个真正意义上的国家，实行禅让制，使天下成为公天下；制定法律的同时确立了以祖先崇拜、以孝为先的道德伦理规范，以法治国，以德治国；确定四季、治理水患为农业发展奠定了坚实的基础；任人唯贤、思贤纳谏为国家的安定局面创造了和谐的环境；尊重人才、鼓励创新为国家的全面进步营造了良好的氛围。其勤俭勤政、谦恭好学的风范更是成为千古佳话。

陶寺遗址发现"观象台"，而《尧典》有观测日月星辰，制定历法指导

---

① 黄爱梅：《近二十年来唐尧研究成果综述》，《历史教学问题》2010 年第 2 期。
② 孙铎：《关于尧出生地——"三阿之南"的探索与争鸣》，《中国地方志》2007 年第 11 期。
③ 金湖博物馆（图书馆）资料。

农业生产的记载，由此，专家们认定尧定都于陶寺。

尧帝的成功不仅体现出传统贤人政治（明君）的典范意义，而且更多地体现出政治伦理的教化意味，其丰功伟绩蕴涵着深厚的精神遗产：民主、法制、包容、团结、勤俭、创新……所有这些既是以身作则的严格自律，也是道德践行的高度自觉，从而弥久益新，具有积极的当代价值和正面的现实功能——其与社会主义核心价值观相融，与创新理念相融，与金湖人的时代精神相融，与建设美丽金湖相融。新时代的"金湖精神"是传承、融会、创新、超越，今天金湖人民创造的累累成就与传承弘扬尧文化的优秀传统不能不说有着千丝万缕的联系，仅举两例。

治理水患，经济繁荣。1959年金湖建县之时正值全国三年困难时期，水害连年，交通闭塞。穷则思变，不屈不挠的金湖人民经过60多年的艰苦奋斗，变水害为水利，因水而安、因水而兴，实现了安居乐业、百业兴旺。多年来，金湖县坚持大兴水利，修复河道生态系统，增强水系蓄排能力，保障水系的灌溉与泄洪效能，改善水系及周边生态环境，实现了"水清、河畅、岸绿、景美"的宜人风貌。更是把淮河入江水道金湖段建设成集水利科普、滨水游憩、运动休闲、生态度假等多功能于一体的生态、文化、经济长廊。①

综合治理，社会安定。多年来金湖重抓现代治理能力提升。围绕县域社会治理现代化"示范区""标杆地"目标，以提档升级县域治理现代化指挥中心为牵引，优化整合社会治理、网格治理、城市管理、应急管理等力量资源，以全国文明城市创建为抓手，实施城市治理品质提升行动，持续增强群众的"共同家园"意识，引导群众依法依规解决问题，打好维护安全稳定主动仗。抓好常态化疫情防控，推动各项防控举措落细落实落地。目前，金湖全县人民富足而安康，社会安定而和谐。

鉴上，与其说尧的精神遗产具有跨越时代的现实意义，不如说社会主义的核心价值观深深地植根于中华优秀传统文化的沃土之中。

---

① 李洁 丁文峰：《江苏金湖：建县六十载砥砺奋进水患变水利》，中国水利网站2019年9月3日。

三

面临新时期大力弘扬中华优秀传统文化的大好局面，对尧帝文化不仅需要创造性地挖掘，更需要创新性的发展。

其一，深入系统地做好史料的挖掘与整理。目前关于帝尧出生地的文献依据主要为以下三种：1.战国魏人的《竹书纪年》，2.西汉司马迁《史记·五帝本纪》，3.魏晋人皇甫谧作《索隐》。论者从这三种文献中发掘出四句话，即"斗维之野""三阿之南""观于三河""生于丹陵"，再结合地方志记载，得出种种推测，结论难免不尽如人意。

在"中华文明探源工程"大课题的背景下，随着考古工作的不断发展，尤其是山西临汾地区陶寺遗址的发现和研究，以及对新出土资料《唐虞之道》《容成氏》等的深入解读，再加上各地对于当地传统文化资源的重新开发，传说中的圣帝唐尧及其文化得到了极大的关注，学术专著层出不穷，与尧相关的研究论文更是达百篇以上。他山之石，可以攻玉。认真系统地梳理现有学术成果，必将给尧出生金湖说提供新的思路和借鉴。

其二，由上可知，目前从有限的文献资料入手，大有"巧妇难为无米之炊"之嫌，由此，必须加大考古学的调查与发掘力度，这一问题的最终解决还得靠"手铲"。

李伯谦先生认为，"三皇五帝到底是谁，学者的意见并不统一。关于三皇，我比较倾向伏羲、燧人、神农的排序，关于五帝，我认可司马迁的排序，也就是黄帝、颛顼、帝喾、唐尧、虞舜。将三皇五帝加以神化，固然不可取，但对文献中的这些记载彻底否定，也不是实事求是的科学态度。大体说来，传统史学的三皇时代大致对应于考古学上旧石器时代至新石器早、中期，五帝时代大致对应于考古学上新石器时代晚期和末期。"①

在把尧帝的年代与考古学文化的年代进行对比研究中，结合古史记载的三皇五帝世系，尧帝的时代应该在距今 4300 年上下，大体相当于良渚

---

① 李伯谦：《古史传说的考古观察：三皇五帝能否求证》，《美成在久》2019 年第 4 期。

文化晚期或龙山文化时期。如果在金湖有这一时期遗址的发现，将有助于我们把考古学文化与古史传说相结合来研究金湖的尧帝文化。目前金湖域内发现的最晚的新石器时代文化遗存属良渚文化，虽在大的"龙山时代"的范畴内，但考虑到包括尧在内的"五帝"当与中原龙山文化关系更为密切，所以努力发现龙山文化遗存对于尧出生于金湖说则显得尤为重要。诚然如此，金湖地处江淮东部的西缘，在新石器时代的文化面貌可与江淮东部视为一个整体。

地势低洼、水网密布、地下水位偏高是江淮东部地区最突出的特点，由此造成发现的史前遗址数量少而发掘难度大。迄今为止，江淮东部发现的含有良渚文化遗存的遗址有：涟水三里墩及笪巷，海安青墩，兴化蒋庄，东台开庄，阜宁陆庄、东园、老管，高邮周邶墩，淮安青莲岗、城头村，阜姜堰单唐河，宝应水泗等。金湖夹沟也出土良渚文化玉器。截至目前，江淮东部发现的含有龙山文化遗存的遗址有：兴化南荡，高邮周邶墩、龙虬庄，东台开庄等。①

阜宁陆庄一类良渚文化遗存和兴化一类南荡龙山文化遗存的时代不同，是先后到达江淮东部这一文化走廊地带的不同考古学文化遗存。学界对陆庄良渚文化遗存早于南荡龙山文化遗存，而南荡文化遗存的时代不早于龙山文化晚期阶段已无疑问。

南荡类型的文化遗存则与山东龙山文化的王油坊类型面貌大致相同，当中原的河南龙山文化的势力强大之时，位置邻近中原的王油坊类型留下了由西向东迁徙的足迹，在迁徙过程中受其他文化的影响较多，但文化要素的主体始终未变，并作为广富林文化的重要来源而在江南地区生根开花。

良渚文化与龙山文化王油坊类型的来源不同，时代有异，去向有别，虽先后出现于江淮东部这一文化走廊中，但原因迥异，良渚文化实属强盛之时的主动地往西往北的扩展，而王油坊类型则是受中原龙山文化挤压后被动地往东往南的迁徙。假设"三皇五帝"是真实的历史，那么江淮东部"龙山时

---

① 崔英杰：《江淮东部史前文化与社会研究》，山东大学博士学位论文。

代"的考古学研究成果则为中华祖先之一的尧出生于江淮东部地区提供了最为有力的支撑。至于尧后来又如何重返中原并成就一番事业定都陶寺，那将是又一篇更宏大的叙事了。

值得提出的是，目前仅仅依靠文献资料探讨尧的出生地，全国诸多省市县甚或乡镇都可以各说各话并自圆其说，却终难一锤定音；而依据考古学资料则很大程度上提高了尧出生于江淮东部地区的可信度，至于是否要具体到今天的金湖、还是宝应或者是高邮，其实已并不重要，因为在距今4300年前的尧出生的年代，并无后来历史时期的行政区划，三者本为一体，更何况金湖设县迟至1959年，与宝应及高邮的历史渊源可谓剪不断、理还乱。

其三，加强民间传说资料（非遗）的搜集与传承，注重与尧帝相关的地名、传说、风俗的调查与记录。虽然民间口口相传的信息不一定是史实，但其表象的背后早已成为当地人民的集体记忆而根植于他们的心灵深处。从某种意义上而言，如果某一古史传说被当地世代相传其实证作用并不逊于文献记载甚或考古发现。譬如：有一种说法，传说尧的故里在河北顺平县。河北顺平县，位于太行山北麓，历史上曾以曲逆、北平、蒲阳、完县等为县名千百年来，民间一直有着祭祀尧的活动，直至今天，顺平现在仍有许多关于尧的民间传说。

帝尧是上古传说中的五帝之一，经过历代统治者的宣扬，加之儒家传统的圣化与神化，其精神意义已远超史实意义，所谓的尧天舜日更成为中国古代理想政治生活的追求目标。如果一个地方欲将尧帝传说视为本地的传统资源，对文献资料的梳理、相关遗址的发掘固然重要，而将传说与地方风物、山水遗迹、风俗传统相结合，形成帝尧文化的区域特色，也许显得更为重要。

上述三点可以归结为创造性的传承，也是一个文化再生产的过程。

其四，在保护继承的基础上，在做好创造性传承的同时努力做好创新性发展。用文旅一体的新思维进行合理的开发与利用，打造尧帝故里名片、铸就湿地风貌品牌，创设水乡风情形象；以生态文明建设与高质量发展为引领，筑巢引凤，创造金湖更加美好的明天！

（作者单位：南京博物院研究馆员）

弘扬尧文化的当代价值

华广平

1998 年商务印书馆编辑出版的当今中国最权威的地名全书《中华人民共和国地名大词典》载：金湖为中华民族的先祖、五帝之一的尧帝诞生地。由此可见，在金湖这块古老而神奇的土地上孕育生发了中华民族的传统文化——尧文化。

如果说文化是人类物质文明和精神文明的总和，那么尧文化就是上古时期尧带领先民创造的物质财富和精神财富的总和。就经济方面而言，包括当时的生产工具、生产方式、畜牧驯养以及经济制度等；在政治方面，包括官员的设置、军事的运作、刑法的设立等；在文化方面，既有思想观念、伦理道德、礼仪教育，又有天文历法、科学技术，还有诗歌绘画和音乐舞蹈等。可以说，尧文化是我国最早形成体系的观念形态文化，是中华传统文化的主源。

尧文化是上古时期的文化结晶，也是农耕文化的结晶。当今世界已经由农耕时代进入工业时代，又由工业时代跨入信息时代、高科技时代。以农耕文化对应高科技时代的文化，无论怎样说尧文化也只能是落后的文化。但是，这只能是从外部形态观察尧文化。如果引申一个层次，我们进入尧文化的内部核心，就可以感知尧文化不凡的当代价值。

站在人类的视角看，尧文化是世界文明中的先进文化，对于可持续发展有着无可估量的意义。

要了解尧文化在世界文明进步中的价值，必须对当今世界的趋势有所认识。当今世界的趋势可以概括为两个发展、两个危机。所谓两个发展，是发展中国家快速发展，发达国家持续发展。所谓两个危机，是环境危机和精神危机。两个危机是在两个发展中出现的新问题。只有解决了两个危机，才能进一步推进人类发展。环境危机是世界发展的难题，人类利用越来越高的手段向自然索取财富，导致资源枯竭，环境污染，环境质量的下降威胁到了人类的生存。而精神危机更是世界进步的难题，腐败问题、吸毒问题、艾滋病问题，发达国家尤其严重。因此，当今世界正在谋求新的发展出路。

也就在这时，越来越多的国内外有识之士，把目光移向东方，注视在和合文化上。和，是指异质事物的共存；合，是指异质事物的共生。和合文化也就是和谐人和自然、人和社会、人和人等多种关系，使世界在平和自然的状态中发展，使发展成为更持久、更持续的进步。和合文化是中国传统文化的核心，和合文化是以尧文化为重要源头而生长起来的。如果细细思考一下，就会体会到尧帝钦定历法，正是认识自然，顺应自然，而不是改造自然，征服自然。这当然是和谐了天地人的关系，这可以说是最早的天人合一的实践。帝尧设立诽谤木，和谐万邦，正是调整人和社会的关系以及人和人的关系，也就是以精神文明来推进物质文明。这在世界大多数地区还处于蒙昧野蛮，甚而不少地方还处在茹毛饮血的上古时代，自然是了不起的奇迹。更为有价值的是，尧文化提请当代人注意，既要向自然索取，也要保护自然；既要注重物质利益，更要注重精神文明。否则，人类必然在倾斜的发展中走向困境。由此可见，尧文化是人类可持续发展的和合文化之根。张扬尧文化具有源远的历史意义，更具有重要的现实意义。

站在中国的视角看，尧文化是华夏民族最具凝聚力的寻根文化，对于祖国统一大业有着重要的意义。

近年来，世界各地华人正在兴起"寻根热"，有按区域寻根的，有按姓氏寻根的，也有按时序寻根溯源的，但是如果要寻5000年的根，则要到尧帝诞生地——江苏省金湖县。到金湖寻根至少可以从两个层次上寻到它的深根。

第一个层次，是血缘寻根。据考证，帝尧的父亲帝喾是黄帝的四世孙，母亲庆都是炎帝的裔孙女。帝尧的血脉中，流淌着炎黄的血液，可谓嫡系的炎黄子孙。追索姓氏的河流，我们可以从现存许多古老的家族宗谱查寻到，百余个姓氏都是尧的后人，且多为大姓，可以涵盖华人世界的大部分。因而，炎黄子孙来金湖，是回家，是回自己最古老的家，在这个家里可以寻到自己的血脉所依。

第二个层次，是精神寻根。精神寻根也是最高层次的寻根。帝尧带领先民钦定历法，理顺了时序；凿井引水，抵御了旱灾，有效推进了农耕。这可以视为最古老的科学。尧将帝位传给舜，开启了禅让，而此之前，帝位更迭一直是在血亲中传续的，若是非血亲继位，断然少不了血雨腥风。因此，尧舜禅让早被视为千古美谈，它表现出的是一种无私的民主作风。由此可以看出，尧文化的两个重要方面：一方面是无私的民主作风；一方面是求实的科学精神。科学和民主是20世纪"五四"运动曾经高举的两面旗帜，据说，还是从国外进口的德先生（民主）和赛先生（科学），岂不知在我们古老的祖先尧帝那里就已经萌生了。当今世界的发展，进入了一个新的时期，要调整和改善生产关系，必须依靠民主；要推进社会经济发展，必须依靠科学。到尧帝诞生地——金湖来寻精神之根，感受古老的民主作风的传统和科学求实的精神就更意义非凡了。

现今，海内外华人尤其重视寻根祭祖，尧帝诞生地——金湖乃炎黄子孙之根，尧的传人之根，中华文明之根，必然是众望所归，令人向往的地方。在金湖举办寻根祭祖活动，让炎黄子孙感受古老深远的文明，体味中华民族辉煌的历史，增强民族自豪感，荣誉感，必然会推动祖国统一大业。如今，香港、澳门已回归，剩下的仅有台湾问题，在金湖寻根祭祖就有了新的历史意义。

站在本土的视角看，尧文化是金湖发展的资源文化，对于早日建成全面小康的新金湖有着引领的意义。

纵观发达地区和发达国家，在现代化建设中无不依托两种资源：自然资源和人文资源，尤其是重视人文资源。近年来，山东唱的是孔子戏，西安唱的是秦皇戏，运城唱的是关公戏，这些地方都依托人文资源带动了经济社会发展。因此，没有人文资源的地方也纷纷效仿，搭台编戏。比如，大连搞的西游记宫、深圳搞的锦绣中华，都是自造人文景观。与这些地方相比，金湖有着帝尧故里的明显优势，遗憾的是，过去金湖的发展只重视了自然资源，却忽略了人文资源，忽略了尧文化的开发利用。金湖要快速发展，早日建成全面小康的新金湖，一个明智之举是把张扬尧文化的当代价值作为一个引擎，大张旗鼓地借助尧文化这一人文资源，吸引外部资金、技术、人才来开发金湖。

笔者建议，当前，金湖要建立尧文化研究开发委员会，聘请全国史学界著名的专家学者担任顾问或会长，聘请有一定社会影响的学者为学会研究委员，扎实开展尧文化研究、宣传、开发、传承工作，不断推出尧文化研究成果，并积极创造条件，尽可能地将之转化为经济效益和社会效益。金湖可以把发展旅游业的建设目标定位为华夏寻根祭祖圣地和古文化集中展示地，采取谁投资、谁受益的基本政策，启动以尧庙为龙头的旅游发展总体规划，建设尧庙文化游览区，其核心部分包括：观瞻祭祖区、祭祀集会区、尧文化康乐区、婚嫁习俗区、古代工业区、淮河农耕区、商业购物区、古别墅区等；建立帝尧文化艺术团对内承办祭祀帝尧的演奏任务，逐渐形成每周乃至每日一次的祭祀演奏活动，对外演奏尧都各种鼓乐和尧时期的歌舞，供游人观赏和参与，扩大尧文化的影响；在每年尧的诞生日——3月29日（农历二月二十四日）举办以拜祖祭尧为内容的尧庙庙会和尧文化寻根祭祖节，让没来过金湖的人心驰神往，来过金湖的人流连忘返，从而把金湖的人文资源、自然资源优势转化为旅游资源，形成新的经济增长极。

金湖只要思路清晰，目标坚定，努力不懈地张扬尧文化的当代价值，尧文化的氛围就会越来越浓，了解尧文化的人就会越来越多，海内外人士特别是华人到金湖的人就会越来越多，到金湖投资经商办企业的人也会随之越来越多。由此，金湖经济社会将会全面更快地发展，全面小康的新金湖将会早日建成。

（作者单位：金湖县融媒体中心编播部主任）

尧乡金湖
荷花天下

金湖一带尧文化历史传说初论

彭邦本

以尧为代表的五帝乃中华远古传说中的圣王，历代盛称不绝，成为我国优秀传统文化的神圣象征。学界多认为，源于黄河流域中原的这一传说，包含有古老的史实素地，反映了距今5000—4000年前中国文明起源、形成之际的社会历史。

那么，怎样认识江淮流域同样流传已久的苏北金湖一带关于尧出生等历史传说呢？

把这一传说置于中国古代文明起源、形成和发展的宏观历史文化背景加以考察，就会发现其同样具有珍贵的史实信息。

首先，从《史记·五帝本纪》等中原早期文献系统的记载可知，早在战国秦汉时期，包括尧等五帝以及大禹的历史传说，就已经盛传于长江流域甚至更南的广大地区。

其次，一个时期以来不断取得重要进展的考古工作揭示，反映北方黄河流域地区新石器时代晚期文化向整个长江流域南渐的资料日益丰富。尤其引人注目的是，其中包括长期以来被许多学者视为黄帝族群追踪对象的仰韶文化庙底沟类型等资料，说明以黄帝、尧为首领的族群集团，尤其是其中的若干支系，确实在距今四五千年之际出现了向南互动、迁徙的持续趋势。

金湖、高邮一带地处长江以北的江淮地区，地理上与北方黄河流域相近相接，是中原华夏族群及其文化南向长江流域互动的方便之地，亦即首先或先期到达之地。同时，互动包括联姻、贸易、迁徙甚至战争等多种形式，因此，其地长期流传"尧初生时，母在三阿之南，寄于伊长孺之家，故从母所居为姓（伊祁氏）"一类传说，并非偶然，应包含古老的历史信息。

（作者单位：四川大学历史文化学院教授）

关于金湖县尧帝出生地问题的几点思考

荀德麟

第一，传说时代名人行迹诸说纷纭是共同特点。包括他们的出生地、建功立业地，甚至这类人物是否存在过，都有人怀疑，因而还出现过所谓的"疑古学派"。关于中国史前史，中国人习惯于称其源始于"盘古开天地"，而继之以"三皇五帝"。关于"三皇"（天皇、地皇、人皇）之所指，其说则五花八门，总之，到了距今两千多年前的西汉时期，关于伏羲氏、神农氏等的事迹，史圣司马迁先生就已经不敢轻易下笔了，而径直以黄帝为开端，以帝舜为结尾的《五帝本纪》作为《史记》的开篇。其实，在司马迁时期，包括尧帝在内的"五帝"行迹，大都写得比较笼统。如记述帝尧："帝尧者，放勋。其仁如天，其知如神。就之如日，望之如云。富而不骄，贵而不舒。黄收纯衣，彤车乘白马。能明驯德，以亲九族。九族既睦，便章百姓。百姓昭明，合和万国。乃命羲、和，敬顺昊天，数法日月星，敬授民时。分命羲仲，居郁夷，曰旸谷。敬道日出，便程东作。日中，星鸟，以殷中春。其民析，鸟兽字微。申命羲叔，居南交。便程南为，敬致。日永，星火，以正中夏。其民因，鸟兽希革。申命和仲，居西土，曰昧谷。敬道日入，便程西成。夜中，星虚，以正中秋。其民夷易，鸟兽毛毨。申命和叔，居北方，曰幽都。便在伏物。日短，星昴，以正中冬。其民燠，鸟兽氄毛。岁三百六十日，以闰月正四时。信饬百官，众功皆兴。"（《史记·五帝本纪》）此乃当时之见闻所限，搞不清所致。这包括尧帝以后的虞舜、夏禹等。譬如禹的出生地，就有北川说、禹州说等等。所以，关于尧帝出生地等问题的诸说纷纭，史实与传说杂拌，实乃史前史之"常态"。

然而，在《史记·五帝本纪》中，在"帝尧者"下，有引用于皇甫谧《帝王世纪》的注文："皇甫谧云：尧初生时，其母在三阿之南，寄于伊长孺之家，故从母所居为姓也。"皇甫谧（215—282），魏晋间的饱学之士，是著名的医学家、史学家，著有《甲乙经》《帝王世纪》《高士传》《列女传》《玄宴春秋》等医学、史学著作。后世学者所以选用皇甫谧《帝王世纪》中的相关记载作为注文，就在于它是出于严谨的饱学之士之手，定有其足够的根据，更可征信，对《史记》可以起到补缺略、纠讹误的作用。

关于"三阿"，宋王象之《舆地纪胜》云："高邮有北阿镇，离城九十里，即晋时三阿。"这一记载进一步将皇甫谧的"三阿"进行了具体定位：晋时皇甫谧笔下的三阿，就是宋代高邮的北阿镇，离高邮城九十里。然而，"离城九十里"，究竟在高邮城的什么方位？这在历代众多的《高邮州志》《扬州府志》《扬州营志》《天长县志》等舆地图志中，均标载于高邮城西北方向。所以，以《中国古今地名大辞典》等为代表的权威工具书径直说："三阿在高邮西北，离城九十里。"考今日之地望，正在今金湖县境内夹沟、塔集、卞塘一带。

第二，从文献学的视角分析，金湖县境内古三阿之地作为尧帝出生地更令人信服。首先因为，"三阿"在西汉高祖时就立有城廓，并置广陵县于此。再向前追溯，早在春秋战国时期，就有一条叫作"善道"的古老交通干道，经过古邗城（扬州）、三阿、东阳、盱眙，过淮后，由今泗洪县境内临淮头等地直趋中原。"三阿"最迟在春秋时期就已经出现了。

沿着"三阿"的话题，我们再继续讨论：汉代以后，"三阿"见载于史籍的，首先是晋太元三年（378）东晋、前秦淮阴之战。在这一战役之中，东晋名将谢玄首败前秦大将俱难、彭超于三阿，再败之于盱眙君川（今盱眙官滩附近），以及淮上要塞淮阴（故城在今淮安市淮阴区码头镇）附近，终将前秦南犯之大军逐出古淮河以南地域。

接下来，是300年后的唐睿宗光宅元年（684），唐将李孝逸与徐敬业叛军之决战，也是在以三阿为中心的地域展开的。是年九月，徐敬业在扬州起兵讨伐武则天。次月，武则天命李孝逸率三十万大军进讨。徐敬业屯兵下阿溪（即三阿），并分兵进逼淮阴，屯兵都梁（盱眙），以御唐军。李孝逸奋力渡淮，先下盱眙，继克淮阴，接着南下攻击徐敬业主力固守的下阿溪（即三阿）。由于叛军占据有利地势，唐军多次交战失利。后老天帮忙，西风骤起，李孝逸以火攻一举取胜，终于全部平定叛军。可见在唐代，三阿之地依然是城堡坚固的江淮要塞。

到了南宋时期，由于黄河夺泗夺淮，时常泛溢，淮南水患渐趋频繁。此后，由于保证漕运的需要，里运河由单堤变为双堤，河堤又逐渐加固加高，里运河以西洪涝下泄困难，原先的小湖洼水位升高，遂潴积为硕大的高邮湖、宝应湖，最终将包括"三阿"在内的很多古文化遗址淹没，古地名也逐渐难以确指。然而，从汉晋时期皇甫谧的《帝王世纪》，到南宋王象之的《舆地纪胜》，再到清范祖禹的《读史方舆纪要》，以及宋元明清时期众多的方志舆图，乃至现当代权威的地名学书刊，"三阿"（北阿、下阿溪）记载的专指性是一脉相承的。

还有一点需要说明：从历史典籍的记载习惯来看，"三阿之南"，距离"三阿"不可能太远。就如"权乘墓在淮阴故城南二百步"，是比较准确的记载；如果无法准确，也就只能表述为"在淮阴故城南"。尽管"三阿之南"表述不够准确，但考《高邮州志》等方志舆图，北阿镇以南有下阿溪，故"三阿之南"理应在下阿溪之北，考其地望，应位于今金湖县塔集镇境内。

第三，从地名学的视角来考察。"三阿"这一古老的地名，远比"尧山"地名早。这是因为：早在汉高祖筑三阿城、置广陵县之前，三阿就已经是古善道上的一个重要节点。三阿地名在前，汉高祖筑城在后。而"尧山"则是在汉代才命名的。这应当是皇甫谧《帝王世纪》不采用"尧山说"的一个原因吧！

古地名是重要的历史文化符号、历史人事载体。例如，金湖县邻县盱眙县以及安徽明光市境内，至今尚存上百个叫作"某某郢"的古地名。这些古地名中，隐含着非常丰富的战国时期楚国由今湖北荆州迁都到淮河中游，古郢都老百姓大规模随同迁移的历史影像。显而易见，与"某某郢"地名相比，"三阿"古地名隐含着更为久远、更为重要、更为丰富的历史文化信息。正因为这些缘由，它得到现当代地名学权威书刊的认定。

第四，从考古学的视野来考察。在尧帝以前、尧帝时期和稍后的时期，金湖县境内的古遗址呈一线两片（即古衡阳河一线，塔集、衡阳黎城两片）密集分布。再放开视野来看，地处长江下游、黄河中下游之间的淮河流域，古文化非常灿烂。从中国目前最早的距今4600多年的淮阳平粮台古城遗址，到距今8300多年的泗洪顺山集城堡聚落遗址；从伏羲庙到太昊、少昊之墟；乃至金湖周边县区的盱眙县范家岗、淮安区青莲岗、黄岗，高邮县龙虬庄、周邱墩，安徽天长市石梁河遗址等，都足以佐证"金湖县三阿尧帝出生地"的历史合理性。

"苍璧礼天，黄琮礼地"。三阿遗址所在地金湖县夹沟、塔集一带的高邮湖滩，曾经出土黄琮、苍璧等重要的同时期（良渚文化）代表性文物。这对于"帝尧生于三阿之南"的观点，似乎也有一定的注脚意义。

谈到考古，这里顺便说一说本人对于与"三阿"相关的一些历史推测：汉高祖于三阿置广陵县，而三阿以南约 120 里的古邗城（扬州）作为吴王刘濞王都，同时保留了秦置县东阳县，在三阿以西近 60 里。由此而联想到：西汉江都王刘非墓在金湖县西缘、盱眙县东缘的大云山（在三阿以西约 60 里、东阳县城北六七里）。由此本人认为，第一代江都王刘非、第二代江都王刘建在位（前 154—前 121）的 34 年间，其王都如若不是在东阳（郡），就一定在三阿（县），而不太可能是在相距 170 里以外的古邗城。此前，古邗城是吴王刘濞的王都；此后，则是汉武帝之子、广陵王刘胥的王都。1982 年，在距离扬州东北方向仅数十里的天山，出土了广陵王刘胥夫妇的陵墓，就是很重要的佐证。同时，也反衬出"三阿"之地未来的考古学价值。

第五，从上古时代王位禅让、贤能铨选制度来看。史载：帝尧将王位禅让于毫无血缘关系的舜，舜又将王位禅让于毫无血缘关系且出生于边远少数族群的禹。这是上古禅让制度的重要历史文献佐证。禅让制度与察举制度是一对孪生兄弟。所以《孟子》曰："舜发于畎亩之中，傅说举于版筑之间，胶鬲举于鱼盐之中，管夷吾举于士，孙叔敖举于海，百里奚举于市。故天将降大任于是人也，必先苦其心志，劳其筋骨，饿其体肤，空乏其身，行拂乱其所为，所以动心忍性，曾益其所不能。"（《孟子·告子下》）由此，也可以认定，尧帝出生于金湖境内的古"三阿之南"，还存在当时政治制度上的合理性、地域上的可能性。

第六，从文化地理学的视野来考察。淮河流域作为长江文化、黄河文化系统的撞击融合区，其文化包容性强，认同度高，是出领袖人物的地域。从伏羲庙到太昊、少昊之墟，从汉高祖故里，魏武帝故里，宋、齐、梁、陈帝王故里，再到朱明王朝的龙飞之地等，都在淮河流域。"三阿"，位于淮河流域，帝尧出生于三阿之南，可以说，也绝不是偶然的。

（作者单位：淮安市政协原副主席、文史专家）

传承帝尧功德　光大华夏文明

——帝尧生于金湖考略

李义海

1994 年 6 月，本人撰就的《尧与塔集》的考证文章在《江苏地名》第三期上刊登；同年 11 月，《人民日报·海外版》以《尧出生地是金湖县塔集镇》为题报道。继而《报刊文摘》《苏州晚报》《新华日报（内参）》《淮海晚报》《淮阴社会科学》等报刊纷纷报道或刊载。淮阴邱振兴、泗阳谈嘉德亦分别在《中国方域》《中国地名》等发表支持本人观点的考证文章。1995 年 11 月，《中国地名》第六期将本人的《尧帝出生地考》与持反面观点奔流的《尧出生在"三阿"辩》同时刊出，在社会和学术界引起广泛关注。1998 年商务印书馆出版的《中华人民共和国地名大词典》，将本人"尧生金湖"的观点写进金湖县、塔集镇条目。2007 年出版的《江苏政区通典》，在金湖县、塔集镇的条目中也承袭《中华人民共和国地名大词典》中尧生金湖的内容。

今天，在金湖举办"尧文化高峰论坛"，这是挖掘、光大帝尧文化的高层次论坛，是非常难得的学术交流盛会。在此，本人将自己及相关同好关于帝尧出生地的研究作一汇报。

一、帝尧生地，"三阿"靠谱

帝尧是中华民族的先祖，是三皇五帝中之一帝。帝尧生于何地，司马迁写《史记》时众口异词，见著于典籍的有几多说法：宋《太平御览》引汉《春秋纬·合城图》说：尧天帝，母庆都，有名于世，盖火帝之女，生于斗维之野。明范钦传抄流行的《竹书纪年》中说：有母曰庆都，生于斗维之野。唐司马贞为《二十五史·史记》作注时，引用魏晋史学家皇甫谧《帝王世纪》中言：尧初生时其母在三阿之南。三国魏《皇览》载："尧甲申岁生于三阿南"等。

《春秋纬·合城图》和《竹书纪年》均言及"斗维之野"。斗维之野是一个较大的区域范围，是人为地将天上星空区域与地上地域互相对应的分野法，共有牛、斗、女、虚、危等28宿。西汉《地星志》说：吴地，斗分野。明《嘉靖宝应县志略·天文志》曰：周礼春官保章氏，以星土辨九州，地皆有分，以观妖祥；扬州斗一度。康熙《高邮州志·星野志》曰：高邮在天官南斗十二度内。是说：扬州、宝应、高邮均属斗维之野。《竹书纪年》言：庆都生于斗维之野。因尧初随母居，亦可言尧生于斗维之野。

斗维之野是一个区域。尧生斗维之野，是说尧生于这个区域范围之内。具体是什么地方，没有明确。

《皇览》和《帝王世纪》说"尧生于三阿南"。《皇览》为三国魏文帝时由桓范、王象等所撰。

《帝王世纪》由皇普谧编修。皇甫谧为魏晋间史学家，著有《甲乙经》《帝王世纪》《高士传》《烈女传》《玄晏春秋》等，是当时稀有之饱学之士。《皇览》先于《帝王世纪》成书，是皇甫谧认可承继《皇览》"尧生于三阿南"的说法。

二、"三阿"，非金湖塔集而莫属

明柳瑛撰《中都志》说："汉高祖于高邮三阿东立城郭，置广陵县。"说明"三阿"这个地名汉高祖时就有了，地属高邮。是目前发现的最早记载"三阿"的典籍。

查1931年商务印书馆香港分馆出版的《中国古今地名大辞典》（以下简称《辞典》），《辞典》中有"三阿"词条，词条释文曰："三阿，在江苏省高邮县西北。《舆地纪胜》云：'高邮有北阿镇，离城九十里，即晋时三阿'。《高邮州志》云：'东晋尚侨置幽州，太元四年，符秦将句难、彭超围幽州刺史田洛于三阿，去广陵百里，即此'。"《辞典》除给三阿下了定论——"在江苏高邮西北"外，还引用了《舆地纪胜》和《高邮州志》中的话来补叙三阿，点明三阿是晋朝时的三阿，以及三阿相对于高邮城的方位和距离，为确定三阿的具体位置奠定了基础。《辞典》中三阿仅此一条。

金湖与高邮为毗连县市，金湖县在高邮市西北，历史上三阿属于高邮。以这样的方位和距离定位，三阿应在今金湖县境内夹沟、塔集、卞塘这一弧形地带。

《嘉靖扬州府志》在解释何为三阿时云："三阿者，镇之南有平阿湖，又南有下阿溪也。"清朝顾祖禹编著于1692年的地理名著《读史方舆纪要》，在注释三阿时曰："三阿者，镇南有平阿湖，又南有下阿溪也。"清道光二十五年（1845）重修的《高邮州志》的《州境总图》上就标注有塔儿集、闵家桥、卞塘和平阿中村、平阿西村、运河等名称。

南宋权威的地理总志《舆地纪胜》云："高邮有北阿镇，即晋时三阿。"《中国古今地名大辞典》云："北阿镇，在江苏省高邮县。即晋时三阿也。"《辞典》中"北阿"仅此一条。嘉庆《高邮州志》云："北阿镇，在州治西北八十里，亦曰三阿。"在1572年明朝的《高邮州志》的州境图上，在今塔集处标有塔的图形和塔儿头、北阿镇两个地名。《高邮州志》云："北阿镇在州治西北八十里，亦曰三阿。"《舆地纪胜》是南宋的地理总志，由王象之编著，成书于1227年，距今近800年，是我们目前已知最早记载"北阿就是三阿"的全国性典籍。

为了厘清塔集与北阿的关系，1982年5月，笔者与同事曾约请塔集镇上老居民翁正、陈友山、吴承志、杨淇、杜平等座谈，请他们介绍、追溯塔集名称的由来及演变。老先生们谈到塔儿集、塔阿集、北阿镇等。言他们在孩提时，前辈在农历腊月送灶神时，灶符上落款的地址有的还叫"高邮西北北阿镇吴大庄"；新集镇初叫塔阿集，由北阿镇古塔和镇名内各取一字组成；由于"阿""儿"在方言中音近，因而常传呼为"塔儿集"；后由于传呼和文字记载的缘故，将"儿"字逐渐淡去，才成为两个字的"塔集"等等。众人所述，将塔集名称的由来和演变交代得清清楚楚、明明白白、环环相扣。姜燕先生1988年发表于《淮阴志林》的《前秦、东晋三阿之战地点小考》云："1986年在金湖塔集镇北首发现一块明代地券，券上镌有'维大明国直隶扬州府高邮州昌平乡□□□□见寓平阿西村北阿镇'。"这就以出土实物佐证了北阿镇的存在和它大概的地理位置。典籍记载，出土地券的镌文，塔集镇翁正等一班老者口述的内容可谓是殊途同归，他们从不同的侧面验证了一个共同的结论，那就是塔集就是古北阿镇。这不是偶然的巧合，这是历史的真实。

为了验证上述结论的准确性，本人又查阅了一些其他的历史资料，以期从不同方位、不同角度作进一步佐证。其中中华地图学社 1975 年出版的《中国历史地图集》提供的信息，既增加了证据的种类，又提高了结论的权威性。在《图集》第四册的《东晋》图上，在高邮城西北（今金湖县境内）标有幽州、兖州和三阿这三个地名，其中三阿是聚落名，幽州、兖州是政区名，时二州侨置于三阿。在第七册的《明·南京图》上，在上图三阿的位置处标着北阿镇。这就说明今金湖境内的这个地方历史上先后确实分别叫过三阿和北阿。查遍全套图集，没有发现第二个三阿，也没有发现第二个北阿。这就说明在全国范围内够资格上图册的三阿和北阿仅此一个。这和《中国古今地名大辞典》中提供的信息完全一致。

为了提供实物证据，2009 年四五月，我们约请县文博馆人员，带着航测地图、GPS 卫星定位仪等工具，在当地知情人指引下，多次到淮河入江水道探寻"三阿"古遗址。拨开丛草和浮泥，我们发现了大批大面积的自汉代以来各个朝代的砖、瓦、罐、盆、碗等残片。数千年的古镇落、古遗址就在我们的身边，就在我们的脚下。塔集镇西首的塔集闸是我们寻找三阿遗址的参照物，它的坐标是东经 119 度 09 分 08.2 秒，北纬 32 度 56 分 53.1 秒。北阿镇宝塔遗址的地理坐标是东经 119 度 08 分 58.7 秒，北纬 32 度 56 分 43.3 秒。宝塔遗址周边就是三阿、北阿遗址。

以上文字说明：塔集就是北阿，北阿就是三阿，则塔集就是三阿。

塔集，历史上属高邮州（县），1958 年划属宝应县；1959 年金湖由宝应析出置县，塔集隶属金湖县。

金湖地在斗维之野，三阿又是金湖之塔集。金湖包含帝尧生于斗维之野、三阿之共说，金湖是帝尧的生身之地，当属确切无疑。

三阿原是高邮所属之小镇，至于"三阿之南"中的"南"，因是小范围的三阿之南的某个地方，当在三阿南边的不远处，可忽略不究其实。如果是三阿之南较远处的某地，当以三阿之南的平阿湖或三阿东南方的高邮城为坐标。

三、帝尧生于三阿，符合历史文化背景

从大范围讲，随着中国考古事业的发展，更多的新石器时期聚落遗址被发现，证明黄河、长江、淮河、珠江、黑龙江等流域均是中华民族的发祥地之一，多元论颠覆了一元论。金湖地处淮河、长江下游，为东夷部落。著名学者王国维在《观堂集林》中说："古昔称尧都平阳，舜都蒲坂，禹都安邑，此不足信。尧舜之前如神农、黄帝、太昊、帝喾皆居东方。"王国维认为，三皇五帝等基本不是中原人，而是东夷部落的。著名历史学家吕思勉也认为，中国文化发端于长江中下游，发达于中原地区。

在金湖以西百里之遥的洪泽湖西岸的下草湾，是距今5万—4万年的旧石器时期遗址，金湖地区在下草湾先人活动辐射范围之内。在数万年的漫长岁月里，下草湾人对金湖地区产生了多大影响，当不言而喻。

分布于山东、江苏、浙江一带的青莲岗文化，是1951年在淮安青莲岗发现的，金湖地域属于其中，该遗址是约公元前5400—前4400年间的事。1989年出版的《江苏市县概况》中的江苏省情概述云："距今六七千年至三四千年前，北至徐海、南至太湖的广大区域内，分布着许多原始的氏族部落，从淮安青莲岗文化遗址发现的炭化小米……江苏境内古人类创造的文化位居当时其他地区的前列。"在金湖东南50多公里的高邮市一沟乡、龙奔乡境内的龙虬庄、周邱墩遗址，是距今6000—4500年前的两处新石器时期的文化遗址，出土有很多新石器时期先民的生产、生活用具。

从金湖境域的小范围来讲，以下事实也足以证明，起码在新石器时期就已有先民在金湖地区繁衍生息了。塔集西南淮河入江水道内稽圩，金南镇境内时墩、抬饭墩，戴楼街道办境内獾墩、新塘等都是新石器时期聚落遗址；1974年在塔集东10公里的高邮湖边夹沟荡出土新石器时期的玉琮、玉璧、石斧，现这些文物完好无损地收藏在淮安市博物院；1985年金南镇抬饭墩出土

新石器时期的石锛、鼎、罐等；1957 年在吕良区张集圩处出土战国时期的楚国金币"郢爰"，该金币现收藏于南京博物院；1984 年在陈桥镇渔池涧出土战国时期的青铜剑等等。如果没有先民在此生存、活动，哪来这些遗址和文物？新石器时期开始于距今 8000—7000 年，帝尧的生存年代距今约 4000 年以前，说他生于"三阿"，是符合历史文化背景的。

四、三阿之南的沧桑巨变

从南宋开始，黄河逐渐全河夺淮，昔日的鱼米之乡金湖地区逐渐成为水乡泽国，特别是清朝实行"蓄水济运"政策，让上游洪泽湖蓄水；又在高宝湖东开挖运河大堤，大幅抬升下游宝应湖、高邮湖的水位，金湖地区就成为洪水走廊。清末民初《高邮州志》对三阿一带湖田坍塌入湖多有记载。

中华人民共和国成立后，党中央、国务院高度重视淮河的治理工程，地方政府也多次组织人力在三阿一带开挖水利工程，减轻水患。特别是 1969 年国家调集扬州、六合、淮阴三地 20 个县 20 多万民工，在塔集附近大规模施工，挑筑出能泄洪上万流量的淮河入江水道，大大改变三阿一带地形地貌。参与挑筑入江水道的老同志们普遍反映，施工中发现大量古迹遗存，但因当时人们普遍缺乏文物保护意识，现场都被急着赶工期的民工们无知地破坏了，留下千古遗憾。

尧是伟大的历史人物，关于尧生何处自古就争论不已，司马迁写《史记》时就感到困惑，他感慨道："余曾西至空桐，北过涿鹿，东渐于海，南浮江淮矣，至长老皆各往往称黄帝、尧、舜之处。"东周史书《竹书纪年》说尧母"生于斗维之野"，西晋皇甫谧说"尧初生时，其母在三阿之南"，将尧出生地指向了江淮间的金湖，可谓有根有据。

考证帝尧的出生地，是一个科学、严谨的学术问题，没有雄厚的专业知识而不能胜任。本人是从事地名工作的，考证帝尧生地，纯属偶然。今天不揣深浅，无忌直陈，谬误之处，敬请各位专家、学者批评、指正。

（作者单位：金湖县地名委员会地名办公室原主任）

附（一）：

尧帝出生地考

李义海

在长江、淮河之间的江苏省中部，在盱眙山地东伸为缓坡丘陵的边缘地带，有一个古老的小集镇——塔集镇。据有关"史""典""志"等记载，这个东晋时叫"三阿"，后易名为"北阿"，现称"塔集"的地方，乃中华民族先祖之一尧帝的生身之地。

一

尧是中国古代传说中父系氏族社会后期部落联盟的领袖，是中华民族的先祖，是"三皇五帝"之一。他虽是传说中的人物，但却早为民间所传颂、历史所记载，他不仅在国内家喻户晓，在国际上也享有盛誉。由于尧是史前人物，史书所记载的只能是民间传说经收集综合而就的成果。关于这一点，当首归功于伟大的史学家司马迁和他的不朽名著《史记》。后代各种书籍有关尧的记述均越不出《史记》。1986 年 12 月上海古籍出版社影印出版的《二十五史》，是"正史"《二十四史》加"清史稿"缩印而成的。它记载了我国从上古到清朝几千年的历史，是研究中国历史的重要史料。关于尧出生地的记述就出自该《二十五史》的《史记·五帝本纪》的《索隐》中。《索隐》云："尧，谥也；放勋，名。帝喾之子，姓伊祁氏。案：皇甫谧（215—282 年，魏晋间医学家，今甘肃平凉西北人，著有《帝王世纪》《高士传》等）云：'尧初生时，其母在三阿之南，寄于伊长孺之家，故从母所居为姓也'。"这段话的关键是"尧初生时，其母在三阿之南"一语，它点出了尧的出生地是三阿之南。既然以"三阿"为基准定方位，则"之南"应是距"三阿"不远处的某地，故以三阿叙之。只要弄清楚"三阿"是何时之三阿、何地之三阿就行了。

二

　　关于三阿。查 1931 年商务印书馆香港分馆出版的《中国古今地名大辞典》（以下简称《辞典》），在第 32 页有"三阿"词条，词条释文云："三阿，在江苏高邮县西北。《舆地纪胜》高邮有北阿镇，离城九十里，即晋时三阿。《高邮州志》东晋尝侨置幽州。太元四年，苻秦将句难、彭超围幽州刺史田洛于三阿，去广陵百里。即此。"这里《辞典》的作者除给"三阿"下了定论"在江苏高邮县西北"外，还引用了《舆地纪胜》和《高邮州志》中的话来补叙三阿，点明了三阿是东晋时的三阿（至于名称始于何时，此文从略。但起码起始于与此相关的有重大影响的那些大事件的同时。实际上按常规讲，名称应该始于事件之前。因为一个地方并不因为这个地方是否有重大事件而才有名称。地名是为地理实体的指称指位用的，它并不与重大事件有直接的因果关系。由于一个有重大影响的事件，而使一个名不经传的小地名出名，那是顺理成章的事——作者注）以及三阿相对于高邮县城的方位和距离，这就为我们确定三阿具体的地理位置奠定了基础。同时又指出在三阿处所发生过的一些大事，说明三阿是有相当影响的地方。但词条中没有言及尧与三阿的关系。至于这点笔者认为可能有两种情况，一是可能还有第二个"三阿"；二是可能是《辞典》作者的疏漏。可查遍整个《辞典》没有第二个"三阿"，既然没有第二个"三阿"；那么，疏漏的可能性就比较大了。或许有人质疑云："《辞典》上没有，难道就不能有第二个'三阿'吗？难道其他的三阿就不能是尧的生身地吗？"对此，笔者不予否认。问题是必须有充分的证据，说明其他"三阿"的存在，并且该三阿就是皇谧所言及的"三阿"。否则，笔者不能苟同。

　　关于三阿名称含义问题，塔集地处缓坡丘陵的边缘地带，高丘与洼地并存，以阿名地符合先民的命名规则和习惯，该地域历史上多有以阿名地者。《嘉靖扬州府志》云："三阿者，镇之南有平阿湖，又南有下阿溪也……《读史方舆纪要》云："三阿者，镇南有平阿湖，又南有下阿溪也……或云，平阿湖侧有平阿村，村有故平阿县……此三阿也。"关于平阿、下阿这些名称，经查《高邮州志》《扬州府志》《扬州营志》内的有关地图，好多图上在塔儿集的以南地区都标有"平阿湖""下阿溪""平阿村"等名称，这就把塔集与平阿、下阿联系到了一起，而且塔集相对于高邮城的方位、距离，非常相近上文提到的三阿相对于高邮城的方位和距离。

这里需要指出的是：《中国古今地名大辞典》引用《舆地纪胜》中的话来叙述三阿，是因为《舆地纪胜》是南宋时权威性的地理总志，它所记载的南宋时期的事内容丰富，翔实可信。《舆地纪胜》又云："高邮有北阿镇，即晋时三阿。"这就点出了起码是南宋时，三阿已经不叫三阿了，而改为北阿了。

关于北阿镇。《中国古今地名大辞典》中北阿镇仅有一条（见第 184 页），其注释云："北阿慎，在江苏省高邮县西。即晋时三阿也。《高邮州志》云：'北阿镇，在州治西北八十里，亦曰三阿，以镇有平阿湖，又南有下阿溪也。'"《读史方舆纪要》第 1080 页云："北阿镇，（高邮）州西八十里。一曰三阿。"查《乾隆高邮州志·州境总图》在塔儿集周围有平阿西村、平阿中村等地名。平阿这一专名近代又移用于乡名称，叫平阿乡（见高邮县第八区乡镇名表。第八区地今全属金湖县）。从以上这些引文不难看出，北阿镇就是晋时三阿。

塔集镇与北阿镇。1982 年 5 月底 6 月初，笔者为编辑《金湖县地名录》，就塔集名称来历、含义等问题，曾同在地名办帮助工作的殷鸿华同志一道去塔集调查，我们约请了翁正、陈友山、吴承志、杨淇、杜平等老同志座谈，他们谈到了北阿镇的情况，而且对北阿镇这一名称记忆犹新，言他们在孩提时大人在农历腊月送灶神时灶符上落款地址有的还叫"高邮西北北阿镇吴大庄"。并言，现在的塔集是北阿镇迁来后兴建的，此地原叫吴大庄，在原北阿镇东北一里多地。原北阿镇地势较吴大庄低，因常遭水灾而迁此。新集镇兴建后，初叫塔阿集。因原北阿镇内有一古塔（塔在今塔集西南一里多地，已于 1966 年 8 月拆毁），所以从古塔和北阿镇内各取一字组成了新集镇名。以上虽是口碑资料，但是实实在在的。再者，1986 年在塔集北首出土的地券清楚地说明了这一问题，地券上文曰"维大明国直隶扬州府高邮州昌平乡见□□□□寓平阿西村北阿镇"。塔集就是原北阿镇，这是毋庸置疑的历史。由于"阿""儿"在方言中音近，因而常传呼为"塔儿集"。清道光年间重修的《高邮州志·州境总图》中标注的就是"塔儿集"。再后，为了传呼的方便，由三个字减为两个字，为塔集。塔集原为乡村，1987年改置为塔集镇。塔集原属高邮县，1958年划归宝应湖西工委，1959年金湖建县后隶金湖县至今。

为了进一步核准"三阿"的具体位置，本人又查检了有关中国历史地图。在《中国历史地图集·东晋图》上，在今塔集位置处明明白白、清清楚楚地标着"三阿""幽州""兖州"三个地名。其中三阿是聚落名，幽州、兖州是政区名，当时二州侨置于三阿。这和以上诸多文字叙述的方位、距离等都非常吻合，而且此图上没有第二个"三阿"。

从以上这些文字可以看出："北阿镇""塔集镇"虽在地域上略有差异，但所指却是一镇，即塔集镇就是原北阿镇也。

三

尧生于塔集之南，符合历史文化背景和地理生存环境。从大范围讲，分布于山东、江苏、浙江一带的青莲岗文化是1951年在淮安青莲岗发现的，金湖县域属于其中，该遗址是约公元前5400—前4000年间的事，属母系氏族公社时期（见《中国古代历史地图集》）。1989年出版的《江苏市县概况》中的江苏省情概述云："距今六七千年至三四千年前，北至徐海、南至太湖的广大区域内。分布着许多原始的氏族部落。从淮安青莲岗文化遗址发现的炭化小米……江苏境内古人类创造的文化位居当时其他地区的前列。高邮市运河以东一沟乡、龙奔乡境内的龙虬庄遗址、周邱墩遗址是距今6000—4500年前的两处新石器时期的文化遗址，出土了很多新石器时期先民的生产、生活用具（见1990年版《高邮县志·文物古迹》）。以上这些遗址都在京杭运河以东。从地理位置上讲，金湖在淮安、高邮一线的西侧，也就是说相对而言，淮安、高邮两市离海近，而金湖则离海较远。按照目前的"成陆"学说，金湖应是先于运河以东成陆的。历史文化也是由西向东推进的。既然在6000年前在金湖以东地区就有人类，则金湖地区也应该有人类存在。从金湖县域的小范围来讲，以下事实也足以证明起码在新石器时期就已有先民在金湖地区活动了。1974年在塔集以东近10公里的高邮湖边夹沟荡出土了新石器时期的石斧、石琮、石璧（见《金湖县地名录》）。现这些文物完好无损地收藏在淮阴市博物院。塔集西金南乡境内的时墩遗址、抬饭墩遗址、戴楼乡境内的獾墩遗址都是新石器时期遗址（见 1994 年版《金湖县志·文物古迹》）。如果没有先民在此活动，哪来这些遗址和文物？！新石器时期开始于距今 8000—7000 年。此时先民已定居生活，广泛使用磨制石器（见《辞海》）。尧是传说中的史前人物，他的生存年代距今约 4000 年以前（见《中国历史大事纪年》），说他出生于此地是完全符合历史文化背景的。

综上所述：塔集镇就是北阿镇，而北阿镇就是三阿，则塔集镇就是三阿也。《史记》中"尧初生时，其母在三阿之南"，今应言之为"尧初生时，其母在塔集之南也"。塔集是金湖县下一镇，故尧出生于金湖，金湖是尧的故乡。故赘述上文以志之，祈仰品评。

（原载《中国地名》1995 年第 6 期）

附（二）：

尧与塔集

李义海

尧是名扬海内外的中华民族先祖，塔集是长江下游苏北平原上一个名不见经传的水乡小镇。过去谁也不知道这二者之间有什么内在联系，也没有对他们进行过研究、考证。可近日为编纂《中华人民共和国地名大词典》在查阅有关史料时得知"尧初生时其母在三阿之南"，而该三阿竟是我县今之塔集，如获至宝，欣喜万分。然欣喜之余更觉心悸，因此事影响深远广大，非一方一地圈内之小事，当慎之再慎，不宜草率定论。将所见之文一一摘录于下，祈仰史家评点定夺。

《史记·五帝记》载："陈锋氏女生放勳。《正义》：放音方往反。勳亦作勋，音许云反。言尧能放上代之功，故曰放勳。谥尧，姓伊祁氏。《帝记》云：帝尧，陶唐氏，祁姓也。母庆都，十四月生尧。"

《索隐》又说："帝喾之子，姓伊，祁氏。案皇甫谧云：尧初生时，其母在三阿之南，寄于伊长孺之家，故从母所居为姓也。"皇甫谧（215—282），魏晋时人，著有《帝王世纪》，索隐所记，即出此书。

但三阿是何方之三阿、何时之三阿，必须弄清楚，决不能张冠李戴、牵强附会。一种无名的责任感，驱使着我，我倾其所有，尽其所能，翻遍了自己、友人身边的所有的资料。在1931年商务印书馆香港分馆出版的《中国古今地名大辞典》中查到了关于三阿的一些记载，《大辞典》载云："三阿，在江苏高邮县西北，《舆地纪胜》'高邮有北阿镇，离城九十里，即晋时三阿'，《高邮州志》'东晋时，尝侨置幽州。太元四年，苻秦将句难、彭超围幽州刺史田洛于三阿，去广陵百里，即此'。"（见三十二页）。又曰："北阿镇，在江苏高邮县北。即晋时三阿也。"（见一百八十四页）。此二释文中的"三阿""北阿镇"，均指今金湖县所属的塔集镇。

塔集在历史上一直是高邮县（今为高邮市）的属地，1958年划归属宝应县，1959 年之后再由宝应县改隶金湖县。塔集位于金湖县东南部，地处缓坡丘陵的边缘地带，濒于高邮湖，是高邮湖西北的古老集镇，由于地处江（长江）淮（淮河）之间的特殊地理位置，是先民休养生息的理想之地，也是历代兵家相争的战略要地。三国时是曹魏与东吴抗衡的前沿阵地，据传曹植在此驻兵扎寨时兴建北阿镇和宝塔（塔于 1966 年拆毁），至清同治时始以塔名镇，叫塔阿集、塔儿集、塔集、塔集镇。北阿镇一名久传未衰，当地现年在九十岁上下的老人仍有称北阿镇的记忆，原地方民众在农历腊月送灶神时，在灶符上落款的地址就是"高邮西北北阿镇"，是确凿无疑的。再者，从《中国古今地名大辞典》中述及的与高邮、广陵的方位和距离，也和塔集相吻合。

塔集地处缓坡丘陵的边缘地带，高丘与洼塘并存，以阿名地亦属常事。除北阿以外，尚有下阿溪、平阿湖等地名。就此而论，三阿可能是北阿、下阿、平阿这一地域的总称。但更可能的是三阿中之首阿——北阿的代称。总称也好，代称也罢，所指当即塔集周围一带。

塔集即北河，北阿即三阿，尧初生时，其母在三阿之南，又史有所记，令人讶然。是以志之，企望教正。

（原载《江苏地名》1994 年 3 月）

尧出生在"三阿"

邱振兴

金湖县地名办公室李义海同志研究诸多资料认为，五帝之一的尧出生在"三阿"之南，在今金湖县塔集镇附近。笔者利用手头资料进行考证，写成几点粗浅见解。

一、尧的出生地是《史记》后的研究成果

尧是中国古代传说中父系氏族社会后期部落联盟的领袖，虽系传说中人物，却早为历史所记载，民间传颂至今。由于尧系史前人物，史书所记载的只能是民间传说的收集综合成果。这功劳当然要首归于伟大的史学家司马迁和他的不朽名著《史记》。《史记》有关尧的记述是比较简单的，特别是尧的出生地无记载。其出生地和活动地，均是后人根据民间传说反复研究的成果。

关于尧的出生地，据手头已有的资料是两种说法：（1）《史记·索隐》说："尧谥也，放勋名，帝喾之子，姓伊祁氏。"按皇甫谧云："尧初生时其母在三阿之南，寄于伊长孺之家，故从母所居为姓也。"关键词是"初生时""从母所居"与"三阿之南"。既然以"三阿"确定方位，那一定在其附近，即可以理解为尧的出生地在"三阿"。（2）宋人郑樵在其所著的《通志》中说得十分肯定："陈锋氏女曰庆都，孕十四月生尧于丹陵"。说尧出生在"三阿"的是魏晋间人皇甫谧，唐人司马贞在为《史记》作《索隐》时，引用皇甫谧的话予以确认。而作为后人的宋人郑樵却说尧生于"丹陵"。

二、"三阿"的位置

据《中国古今地名大辞典》载:"三阿在江苏高邮县西北。"《舆地纪胜》说:"高邮有北阿镇,离城九十里,即晋时三阿。"《高邮州志》说:"东晋时尝侨置幽州。太元四年,苻秦将句难、彭超围幽州刺史田洛于三阿,去广陵百里,即此。"

《方舆胜览》记载:"三阿,即今北阿镇,在晋时为三阿。"《嘉靖扬州府志》亦云:"三阿者,镇之南有平阿湖,又南有下阿溪也,东晋尝侨置幽州于此。"《康熙天长县志·地理志》载:"三阿今高邮北阿镇,是在晋时为三阿,唐为下阿,徐敬业屯兵下阿即此地。"

"三阿"唐代易名为"下阿",以后又易名为"北阿镇"。后因洪水为害,古镇居民逐步搬迁。到清同治末年,新的集镇在古镇东北约1.5里的吴家庄上逐步兴起,镇名也改了几次,先称塔阿镇,再称塔儿镇(以附近有塔得名),现为塔集镇。塔集镇原属高邮县,1958年划归宝应县属湖西办事处;1959年之后析宝应县湖西地区置金湖县,塔集镇又属金湖县至今,1987年改镇建制。

《中国历史地图集》第4册第5—6页《东晋》图上标明"三阿"在高邮湖西北,其方位即今金湖县塔集镇,并标注为幽州、兖州侨置处。地名典籍中无第二个"三阿",那这个"三阿"即是《史记·索隐》中所说的"三阿"了。

"丹陵"是宋人郑樵在《通志》中所述及的地名。查地名典籍,无此地名。

三、金湖县境内古遗址众多

金湖县,由县名可知其是水面比较大的水网地区。李义海认为:"塔集地处缓坡丘陵的边缘地带,高丘与洼塘并存,以'阿'名地亦属常事。"

金湖县境内有许多古遗址,如位于县城南20里金南乡时墩村的时墩,俗称仙墩。原墩已平整,剩留之墩呈长方形,高3米许,面积3000多平方米。

据专家考证，系新石器时期居民生活遗址。还有戴楼的獾墩，1974 年在金湖县高邮湖边的夹沟荡出土了新石器时期的玉斧、玉琮和玉璧，现在均收藏在淮阴市博物馆。

西周时期居民生活遗址——磨脐墩，位于县城西南 25 里官塘乡小集村。遗址在两墩之上，呈椭圆形，以形似磨脐得名，总面积 16000 多平方米。县城南还有春秋战国时期遗址——祭神坛。

金湖县现有 262 个村民委员会，其中有黎城镇的响墩，金南乡的抬饭墩、时墩、宋墩，卞塘乡的窑墩、墩塘，金北乡的管墩等七个村民委员会的村名都沿用了古遗址名称，可见历史之久远。尧出生地代代相传，"三阿"这个地名早已使用。被魏晋间人皇甫谧收录并写进其《帝王世纪》内。唐人司马贞加以确认，收入《史记·索隐》，又代代相传。今人又出版了《二十五史》，对此仍采用《史记·索隐》之说。我们应该以地名典籍和地方史志的记载来认定尧的出生地，"三阿"即今金湖县塔集镇。

（作者单位：淮阴市地名办原主任）

尧出生地刍议

谈嘉德

关于尧的出生地，历来说法纷纭，莫衷一是。似皆有所据，很难确指。要想弄清这个问题，得首先弄清当时中原地理疆域概况。据《史记·殷本纪》引《汤浩》说："古禹、皋陶久老于外，其有功于民，民乃有安。东为江、北为济、西为河、南为淮，四渎已修，万民乃有居。"所说之"北为济"，即今山东济南的改道夺济的黄河，古称济水，故济南因而得名；"西为河"，指流经当时地处中原西部的河南省境之黄河；"南为淮"即今淮河流域；至于"东为江"，有人误以为今长江，而不见当时中原东部、淮济二水之间的南北流向的"江水"，考其实，就是古沂泗二水。吕思勉《先秦史》说："古所谓江，不必指今长江，"且当时长江还处化外荒远之地，黄帝如何能封其长子于此呢？据《风俗通·山泽》释"江，公也，诸水流入其中所公共也，"凡有多水汇入之河，皆可称江，如淮阴之清江，泗阳之柳江，扬州之曲江等等。今淮北之泗水，古有沂、沭、汴、睢等多水汇入、合流，宜其时称江水。黄帝灭淮夷之蚩尤后，占据淮海大地，为镇抚淮夷，而封其长子玄嚣于江水青阳地方，是非常合理和势所必然的。尧之父帝喾乃玄嚣之孙，居地当不会离青阳太远。其所娶之陈锋氏之女庆都，也不致在远隔千山万水之陕西处。说在苏北"三河东南"，倒很切近情理。

据宋《太平御览》（卷八十）引《春秋纬·合城图》说："尧天帝，母庆都，有名于世，盖火帝之女，生于斗维之野（按：斗维属吴越之区，古之淮南属吴，故称斗维之野——引者注）。尝在三河（阿）之东南，天大雷电，有血流润大石之中，生庆都。长大，形像火帝，常有黄云覆盖之，梦食，不饥。及年二十，寄迹伊长孺家，无夫。出观三河……奄然阴风四合，赤龙与庆都合昏，有娠，龙消不见。既乳（生）尧。"古代传说，往往神话与史实混杂，我们不能因其夹杂有神话便概斥为之虚妄。这里说到"斗维之野""三河（阿）东南"，准之地望，以尧生于今之金湖县境，虽不中不远矣。难道除此还有其他地方是"斗维之野""三河东南"吗？

至于黄甫谧（215—282）注《史记》说："尧初生时，其母在三阿之南。"致有人怀疑三阿地名始见于黄甫谧死后九十年才出名的东晋三阿，似乎他能预知未来，是不可想象之事。这种怀疑，未免不尽合理。据《高邮县志》载："东晋明帝、成帝时期（323—342），高邮湖西三阿曾置三阿县，属南兖州。"南宋王象之《舆地纪胜》说："高邮之北阿镇即晋时三阿。"清乾隆《御批通鉴辑览》载："三阿今在北阿镇，在扬州府高邮州西北。"明《天长县志》亦说"东北高邮、天长县界有三阿"。《读史方舆纪要》说："北阿镇，高邮州西八十里，一曰三阿。"可知今金湖县境内的北阿镇遗址处，确曾置过三阿县。置县而定名三阿，可知三阿之名早已有之。三阿主要地望既在北阿镇，那么，北阿镇究竟在何处呢？据姜燕《前秦、东晋"三阿之战"地点小考》（载《淮阴志林》1988 年第 2 期）称：1986 年，在金湖塔集镇北首，发现一块明代《地券》载："维大明国直录扬州府高邮昌平乡□□□□见寓平阿西村北阿镇。"这就为北阿镇坐落的指认提供了依据。塔集镇北既是三阿治所的北阿镇，则尧"母在三阿之南"，非今之塔集镇而何？至于说一个地名的始见于书时间，不等于是这个地名建立的上限时间。如果不能确定其地名成立的上限时间，便不宜说其以前这里不称三阿，只不过没有重大历史事件发生而可资记载罢了。例如，北魏郦道元《水经注泗水篇》记："晋永兴三年（306）安东将军琅邪王睿置金邸阁于宿豫。"宿豫之名始见于书。却不可以说宿豫这名刚刚成立，可知是宿豫地名早已有之。后来，晋安帝（397—405）于此置县，县名即袭用原先已有的宿豫之名。

尧的出生地三阿，从行政区划名称的沿革看，清及民国时期，今金湖县境内有平阿乡（民国《高邮县志》）。1930 年版《乡土表解》说："平阿乡改属十区广沛乡，区公所驻塔儿集。"《读史方舆纪要》说："三阿者，镇南有平阿湖，又南有下阿溪也""或云平阿湖侧有平阿村，村有故平阿县……此三阿也。"《中国古今地名大辞典》中"北阿镇"下注："北阿镇，在江苏省高邮县西。即晋时三阿也。"可知所谓三阿者，盖含平阿、下阿及北阿三个"阿"的地名总称之意。再从三阿的地理条件看，三阿必须具备称"阿"的地理条件。所谓阿者，是大陵或水陆曲处之称。据《金湖县农业区划·总论》中说："三河以南，入江水道以西，为西南缓坡丘陵地带，是金湖县南境西高东低的缓坡丘陵地形。低处有许多湖洼曲折沟通，古有三十六陂之称。可谓陵谷毗连、水潴曲串之区。多阿群集，宜有三阿之称。"又晋皇甫谧《帝王世纪》说：庆都"孕十四月而生尧于丹陵。"可知尧的出生处原本丘陵之地。宋人张君房汇辑的《云笈七签》卷六三说："丹者，南方之异名"。时三阿地处中原之东南隅，故或称之为丹陵。退一步说，也不过是土呈红色的丘陵罢了。而金湖县境恰有红土之丘，又何必与丹陵一词作概念上的牵附？若说尧出生地不是金湖的三阿，还有什么地方的三阿可以取代呢？

或说皇甫谧身患风痹，不能走动，所居远距金湖数千里，不可能知道今之金湖县境内有三阿，更不可能知道"在他死后九十七年才出名的东晋三阿"。这种推论未必允当。古语说：秀才不出门，能知天下事，不必皆身临其境。司马迁写《史记》，涉及"南越""朝鲜"等许多国外列传，难道他都到过那里吗？显然没有。而皇甫谧青年时"游荡无度"，或许到过东方也未可知。后又"勤力不殆""带经而农"，成为饱学士，著述颇丰。可见其知识之不狭，是当时稀有之学者，故"晋武帝屡次征召他出来做官"而未得。他在著述《帝王世纪》中说：尧"母在三阿之南"。可见三阿之名早有，而非在皇甫谧死后九十多年才出名的。况在其死后五十年左右已置三阿县了，怎么能说"九十七年才出名"？

或引《尚书·五子之歌》中"惟彼陶唐，有此冀方"，以为尧"在今河北唐县一带"，亦欠精确。这是前人对"冀方"这一孤立地名的理解而产生谬误所致。我们要有分析，不可盲目信古。窃以为，"冀方"乃记述要求人们的行为准则之板牍，而非地理名称，只需理解其上下文义，便可知古训之不当。此与本题无涉，这里不拟详论，容后另文发挥。

（作者单位：泗阳县县志办退休干部）

再说尧生金湖

戴之尧

五帝之一的尧帝，姓伊祁，名放勋。因封于唐，又称"唐尧"。大约生于原始社会末期，公元前 2377—前 2259 年。黄帝第五代孙，父帝喾，母庆都。尧帝功勋卓著，贤达四方，被尊为古代圣贤君主。关于他的出生地问题，因历史久远，至今未有定论。对于这一问题，只有依据相关史料和专家的认定，才是确定帝尧出生地的关键。其中主要是"三阿""三河""斗维之野"与"东夷民族"四个要点。

（一）三阿

关于帝尧出生于"三阿"的记载，源于《史记·索隐》："尧初生时，其母在三阿之南，寄于伊长儒之家，故从母所居为姓也。"此句出于皇甫谧《帝王世纪》。皇甫谧是魏晋人，他讲的"三阿"应该是晋代的一个地名。晋时的"三阿"到底指什么地方呢？

宋代《舆地纪胜》云："高邮（金湖当时隶属高邮）有北阿镇，离城九十里，即晋时三阿。"说得多么清楚啊！ 1931 年香港出版的《中国古今地名大辞典》也说："三阿在江苏省高邮县西北。"

以上史实已明确指出，三阿在现在的金湖境内。20 世纪 70 年代笔者搞民俗调查时，采访过塔集老人。他们说塔集古称"北阿"，与周边的"下阿""平阿"合称三阿。这就充分说明，三阿就在金湖县的塔集镇附近。

有人说"其母在三阿之南"，这就不在塔集，而南到高邮神居山去了。听起来好像有点道理，其实牵强附会。三阿之南是以三阿为中心偏南的地方，如果远到神居山，为何不说高邮之西呢？高邮这一地名非常古老，秦王嬴政于公元前 223 年在此筑高台置邮亭，故名"高邮"。名声可比三阿响亮得多，难道晋代的皇甫谧会不知秦邮而知三阿吗？

（二）三河

战国时魏人的《竹书纪年》记载："（尧）母曰庆都，生于斗维之野，常有黄云覆其上。观于三河，一旦，赤龙感之，孕十四月而生尧于丹陵。及长，有圣德，封于唐，天下归之。"意思是说：尧帝的母亲名叫"庆都"，她去三河游玩，与赤龙（帝喾）结合而怀孕，十四个月之后生下了尧帝。文中"赤龙感之""孕十四月"等词语是对古代帝王的溢美之词，有皇权神授的意思，我们姑且不论；但三河是帝喾与庆都相爱而孕尧的地方。这"三河"就非常重要了！

三河是淮河下游河段，"三"是多的意思。淮河经常泛滥，下游被冲刷成多道河流，至今仍有"老三河""新三河"之说。它上接淮河，向东流经金湖境内。说明尧母庆都"观于三河"，其家离三河不远。

有人说，三河今已成为淮河入江水道，古三河口的位置在今高邮湖北侧，距古高邮的三阿城约 7 公里。这种说法似乎缺乏一点历史知识。古三河的流向是一直向东，当时无运河大堤阻挡，泛滥于今里下河地区。而高邮湖是明代才逐渐形成，引淮入江工程更是现代人所为，古三河口怎会在今高邮湖北侧呢？

史料证明，三阿在金湖，三河也在金湖。两个地名出现在同一个区域，三阿恰恰就在三河边上，世上哪有这等巧合？由此可见，尧母家住在塔集附近是毋庸置疑的！

（三）斗维之野

接上文《竹书纪年》中有"庆都生于斗维之野"一说。只有弄清庆都家在何处，尧从母所居也就有了出处。"斗维"出于《诗经》"维南有箕，不可以簸扬""维北有斗，西柄之揭"。这里的"箕"和"斗"是指天上的星座。"之野"是"分野"的意思，分野是我国古代天文地理中的一个专门术语。古人认为天上的星座与人间的地域分布是相对应的。《汉书·地理志》中的"斗维之野"，泛指淮南与江东广大地区。西汉《地星志》说："吴地，斗分野也"。隋《地理志》云："扬州在天官南斗十二度。"金湖古属扬州，"庆都生于斗维之野"，尧母有了着落，尧"从母所居"，当然就出生在金湖了。

有人认为尧帝是华夏族黄帝的子孙，应当出生在中原地区。所以山西临汾、保定唐县、河北顺平、山东菏泽都说自己是尧帝的出生地。可是，以上地区分别位于角宿分野、张宿分野和危宿分野，都不在斗维分野。尽管他们能找出许多古迹与地名来引证，但他们忘记了一点，尧帝出生于南方，而发迹于北方。伟人往往出生平凡，只有在建功立业的地方才能留下更多的印迹。古迹也好，地名也好，都是中原人为缅怀尧帝功德而创造出来的。历史不可篡改，文献中已经记载得清清楚楚，你争是争不去的！

（四）东夷民族

我国古代民族可分为华夏、东夷、苗蛮三大集团。关于尧出生地的争论主要集中在"华夏说"与"东夷说"之间，在这两种争论的内部还各有不同说法。前文已经证实中原地区不属"斗维分野"，与斗维分野相对应的应是江淮地区。根据"庆都生于斗维之野"的记载，证明尧母不是华夏族人，而是东夷族人。

《说文解字》说："夷，东方之人也。从大从弓。"东夷是一个崇尚武艺的民族，战神蚩尤便是东夷民族的最早祖先。东夷人生活在两淮、山东及沿海地区，东夷又称"淮夷"。《史记·周本纪》中"召公为保，周公为师，东伐淮夷"和《鲁周公世家》中"管蔡武庚等率淮夷而反，周公乃奉成王命，兴师东伐，宁淮夷东土"，都有关于淮夷的记载。到了西周夷王时期，《禹鼎》复见淮夷与东夷并举，而淮夷居前。由此可见，古淮夷人是东夷民族的主要分支。

由于淮河流域及沿海地区土地肥沃，气候适宜。4000 年前原始社会末期，淮夷部落的农耕业逐渐兴起，变得强大起来，便有些不服华夏族的管辖。当时的君主帝喾为了保持社会的稳定和部落的团结，一方面示以武力，平息叛乱；一方面施以教化，安抚百姓。在南巡期间，帝喾认识了淮夷族陈锋氏部落中伊长儒家名叫"庆都"的女人。二人相互爱慕，一见钟情，结为夫妻。这样帝喾便成了淮夷的女婿，部落联姻对促进民族和解起到了十分重要的作用。尧帝兼有华夏族与淮夷族的双重关系，所以很容易受到双方民族的拥戴，成为它们共同的领袖。

通过以上论证，笔者认为"帝尧生于金湖"是毋庸置疑的。尧生金湖的证据比尧生临汾、尧生顺平、尧生菏泽、尧生宝应、尧生高邮、尧生天长等等说法更为充分。难怪乎1994年11月15日《人民日报》（海外版）发表李义海先生的文章，认定金湖县塔集镇为尧帝出生地。更为权威的是，1998年商务印书馆正式出版的《中华人民共和国地名大词典》认定"尧生塔集"。该书第1539页明确标注："金湖为中华民族的先祖、五帝之一的尧帝诞生地。"白纸黑字，铁板钉钉，难道还有什么异议吗？

（作者单位：金湖县文化馆退休干部）

要为"尧乡三阿"争一说

姜 燕

尧乡在金湖三阿（塔集镇），是《人民日报》（1994年11月15日海外版）、《报刊文摘》《中华人民共和国地名大词典》早已认定的事实。然而近来，在偶然的机会读了《扬子晚报》于2006年5月24日刊载《尧出生地在高邮神居山》的文章，不免想叨唠几句与之商榷。此举，要为"三阿为尧乡故里"争一说。

这里且不讲《尧出生在高邮神居山》一文的可靠性，我们要问，为什么人家要与金湖争尧籍地权？我以为其个中的关键是："尧初生时其母在三阿之南"中的关键词"南"字没有交代清楚。故此引起了高邮市原方志学家王鹤先生的注意，有意将"尧乡三阿"的地点，作"它"说，所以在他的遗著《古代诗词咏高邮》一书中，注解宋诗人陈造的《九日登神居留题》诗中云："神居，即高邮湖西神居山。"《高邮州志》载："俗传是山为淮南众山之母，近人还在探索神居山为传说中帝尧出生之地……"

一些历史学家认为黄帝战胜炎帝后，游牧部族即与农业部族的东夷人杂居。黄帝之后裔尧应是东夷人。三阿，魏晋时甚为著名。三阿之南即名山"神居山"。神居山由1200万年前火山喷发而成，乃红色丘陵，故亦可称"丹陵"。古有神居山仙女与黄龙相恋生子之传说，至今尚存骑龙村名，近人的一家之言属"百家争鸣"之一，不易否定。

该说有力地支持了《尧乡在高邮神居山》一文的观点。虽然邱振兴的《尧出生在三阿考》、谈嘉德的《关于尧出生刍议》以及李义海的《关于尧与塔集——为了荒疏的记忆》中，早已有了对"尧乡之三阿"精当考探，但仍然阻挡不住他人对"南"字的诱惑，形成"郢书燕说"，并不为怪。

三阿之"南"今何在？我以为"三阿之南"的"南"是指一个特定的

地方。顾祖禹《读史方舆记要·高邮州》云："北阿镇,西八十里,亦曰三阿。三阿者,镇之南有平阿湖,又南有下阿溪也……或云,平阿湖侧有平阿村,村有故平阿县……此三阿也,平阿盖梁置,后魏因之。"这里已明确提出了两个地点,一是又南下阿溪,二是南有平阿湖,湖侧平阿村,村有故平阿县。

如果弄清楚"下阿"与"平阿"这两个地点的历史和位置,"三阿之南"的地理位置也就明确了。

首先要问,历史上有没有平阿县,这桩悬案早在三百五十多年前就有人提出。清康熙《高邮州志》载:"汉置平阿县,属广陵国,成帝时封元舅王谭为平阿县侯。"至今犹有平阿湖、平阿溪、平阿村、北阿镇、下阿溪。晋属临淮郡,封淮南人赵诱为平阿县侯。东晋时三阿属南兖州(南兖辖扬州地)。

清嘉庆《高邮州志》云:"汉置高邮县属广陵国(旧志作平阿县),成帝封元舅王谭为平阿县侯即此地,未详所。查平阿村今尚存,而汉无此县,晋之三阿亦然,今并依两汉、晋、宋诸书正之。"

晋置高邮县属临淮郡隶徐州(郡本汉置,章帝以合下邳,晋武帝太唐元年复立。按旧志载,封淮南人赵诱为平阿县侯,查晋时平阿县属淮南郡,地有涂山似非邮地)。旧志又云:"东晋为三阿县。"查明帝时尝侨立幽州于三阿,亦非县名也。

这里看出两种不同的观点,即《康熙版州志》承认了平阿在高邮,并以"平阿"地名存来佐证。而《嘉庆版州志》显然是持否定态度:"平阿有涂山,非邮地。"金湖地区有些学者也断言"史无平阿县记载"。

历史上确实存在一个平阿县,是今天的安徽怀远县的前身。从汉成帝河平二年(前27)到宋孝武帝刘骏大明二年(458),平阿县在历史上存在了484年,但是早在文帝八年(431)就进行了割并州县的工程。所以平阿县在文帝(431)武帝(457)之间,有26年侨居在三阿,即今金湖塔集镇(详情请看拙作《说"平阿"》)。

《高邮县志·建置区划·基层社区》:

民国元年 10 月基层社区表

名称	界线走向	内含旧总范闱
平阿乡	南至第三总六里，北至宝应界，东至第一乡七总十一里	三总五里西角下村北角

所以 1990 年版《高邮县志》沿革记载，南齐（479—502）仍沿宋制。后魏曾在高邮西部、天长东部置平阿县。"平阿"之名一直延伸到今天。

以上亦可以看出平阿县就在平阿乡。

在地名录中，我们发现一个有趣的现象，用数字命名的地名，基本上有惯性。如十里铺、九里松、八字桥、七星墩、六家伙、五里坝等。因此，三阿之下必有"二阿"，二阿之下必有"下阿"。果不其然，明代隆庆六年（1572）《高邮州境图》中，标出塔儿头，平阿镇，南有平阿溪（今闵桥西河口，俗称平湖）平阿村，再南有二阿，再南有下阿溪。据《太平寰宇》卷之百三十载："天长县，本汉广陵县地。唐开元二十九年于下阿村置千秋县，天宝七年改为天长县。"由此看来三阿以南为二阿，二阿以南为下阿，他们都是独立的地理位置。三阿位置就是指平阿村、平阿县，北阿镇（北宋始称）统称或俗称"三阿"，并不包括二阿与下阿。而不是王鹤先生生所云：东晋间此地相继出现北阿、平阿湖、下阿溪、平阿村等地名，乃后来史家称三阿之由来。更不是有人所云：三阿不是某个镇，而是指一片地。更不是"塔集之南"，当是塔集之南不远处，故可忽略不究其实的问题。三阿之南的二阿，可能是被人们遗忘的一个县级的建置。清代《高邮州志》沿革云：

梁：析高邮，置竹塘、三归（垛）二县置广业郡，寻改神农郡。

北齐：高邮县属神农郡，竹塘、三归（垛）二县并属临泽，属海陵郡。

隋初：废郡并竹塘、三归（垛）、临泽三县入高邮属扬州，大业初年属江都郡隶徐州。

1990 版《高邮县志》大事记云："梁（502—557）高邮县划出一部分地区，新设竹塘、三归（垛）县。文帝开皇三年（583）竹塘、三归（垛）、临泽三县并入高邮。"

高邮县志办存疑"竹塘、三归"不知何地名。我以为三归当为"三垛"，竹塘可疑为"卞塘"。清嘉庆《高邮州志》云:"卞塘在州城西一百里,久淤。"而"卞"字疑为"竹"字的半边,"竹塘"即"卞塘"。他们都是县级建制:即三阿为平阿县,二阿为竹塘县,下阿为天长县。所以说,三阿之"南"当指的是二阿,是塔集镇西南入江水道和金南卞塘一带地方。更不是指"高邮的神居山"。

"三阿"之名何时有?对认定尧乡在塔集至关重要。而东晋明帝大宁元年(323)始名"三阿",是不是历史上最早的"三阿"?就金湖与宝应小范围概念而言,都有"三阿"的存在。如拙作《施耐庵笔下的原型》是写宝应县"三阿村"的神箭手花荣。《重修宝应县志·笃行》云:"花荣三阿乡人,有胆量,善骑射。有袁九四者聚盗数百,剽略乡邑,荣结射阳人郁信甫,募壮士掩捕,发弩中九四胸拼之,余党悉平。以功授安丰镇巡检,迁诸城税局大使。"

另一"三阿"是指金湖塔集之三阿。《高邮州志·山川》云:"北阿镇:州西八十里亦曰三阿,以镇之南有平阿河,又南有下阿溪也。东晋尝侨置幽州于此。太元四年,苻秦将句难、彭超围幽州刺史田洛于三阿。"由此看来,不出50公里的范围就有两个"三阿",而宝应县"三阿村"不在其列。

俗说无巧不成书。汉魏时代才高八斗的曹植(192—232)字子建,生前曾封陈王,死后谥曰思,后人称之为陈思王。最后封地是东阿,民间称之为东阿王。供奉他的塑像却在北阿镇古寿佛寺中。据今塔集镇老人徐真、李明辉等人的回忆,此庙建于唐玄宗期间。庙内除供奉其他菩萨外,西殿有陈思王曹子建塑像和关羽的塑像。所以民间有一个俗语:曹子建与关羽"人和意不和"之说。此庙在抗日战争"坚壁清野"中毁掉。据《三读高邮州志》载:"寿佛寺,在塔儿集,相传寺建于唐,明嘉靖中复修。清乾隆、道光叠修西殿,供陈思王像。"这与民间传说和老人的回忆相合。

这里人们不禁要问,东阿王曹子建封地在山东,为什么此地要供奉他的塑像?首先我们从魏的疆域来看:《六典通考·三国疆域》云:"魏有十州,荆、扬、徐、青、兖、冀、幽、并、雍、凉诸州。"而扬、徐是魏国属地。"幽州"曾侨寄于"北阿",所以寿佛寺为供奉东阿王曹子建塑像提供了历史的条件。其二魏主曹丕对曹植一直是不放心的,不是派"国监"进行监视，就是放在身边不让他越雷地一步。而魏主曹丕，在位七年就有五年指染金湖一带。这个历史特定的环境，为金湖塔集供奉的陈思王（东阿王）提供了时间依据。可见曹魏时代（220）塔集就开始有三阿（北阿）之名的可能，所以奔流在《尧出生在"三阿"辩》一文中所云："今金湖县之三阿，乃东晋地名，西晋及前秦、汉、三国皆不见于史籍图志。只因东晋侨置幽州于此，苻秦陷盱眙，围田洛于三阿，这'三阿'才出了名。而皇甫谧虽是魏晋时人，他在入晋第二年即晋太康三年（282）即已去世，他很有可能并不知道在他死后97年才出名的东晋三阿。"此言多虑了。

从平阿县东迁，在于三阿之"南"的"二阿"解读，东阿王曹子建的落户都能说明尧籍地在金湖"三阿"的可能性。这是历史造就的一种特有的移民文化现象。或用现代时髦的话说就是"克隆文化"。这种现象自古就已形成，现在也在效仿。如宋南渡后，南北对峙，朝圣泰山的人，不能到北方东岳庙朝圣，不得已视高邮泰山庙为圣地。

就现代来讲：如，北京有"故宫"，台北也有"故宫"；北京有"清华大学"，台湾新竹市也有"清华大学"。这是一种特有的"克隆文化"现象。苏辙更是一语道破："晋以下，天下纷纷，强者不能相并，弱者不能以相服，其德不足以相君臣，而其兵不足以相吞灭，天下大乱。离而为南北，北又自离而为东西。其君臣又自相篡取。而为七代，至于隋而后复合一。"这种天下纷乱现象早在尧的时代就形成了。《六典通故》卷一六七曰："尧遭洪水，天下裂绝，乃分冀州东北以为幽州，分青州以北谓之营州。故书曰，肇十有二州，及禹平水土更制九州，尧都土界广远。"

由此可见，金湖"三阿为尧之故里"比谁都更有理由。作为中华民族祖先之一，人人可供奉之。

（作者单位：金湖县文化馆原馆长）

三阿之南古今谈

张来林

一、文明发轫

早在上百万年至几十万年前，我国远古先民就已劳动、生息、繁衍在云南元谋、陕西蓝田、湖北郧县、北京周口、安徽和县、贵州观音洞等各地，这些地方多不在中原地区，以简陋旧石器开创中华文明的原始文化。旧石器晚期，江苏"下草湾人"、广西"柳江人"、来宾"麒麟人"、四川"资阳人"、华北"峙峪人"、北京"山顶洞人"已出现文明的萌芽。

在从旧石器时期向新石器时期过渡的江西万年仙人洞与吊桶环遗址，人们发现了距今约两万年的陶器和距今约一万年的水稻，表明南方先民早已学会制陶和种植水稻。

新石器时代，距今约8000年的跨湖桥文化、约7000年前的河姆渡文化、马家浜文化、良渚文化、高邮龙虬庄文化和距今约五千年的含山县凌家滩文化，不仅出现陶器、玉器、骨器等，水稻已广泛种植，为文明的诞生提供了物质条件。

《山海经·大荒东经》曰："东海之外大壑，少昊之国。"此表明，黄帝的长子少昊不是中原人，而是生于东部大海边。古代东夷部落以太昊、少昊为代表，崇拜太阳和禽鸟。当代著名学者王献唐《炎黄氏族文化考》认为，女娲、伏羲氏为东夷渔业部落的后裔。古代中原人称东方人为"夷人"，这里"夷"不是贬义词。汉代《说文解字》说，"夷"从大、从弓，夷人是背着弓箭的高大东方人。

当代著名历史学家吕思勉据《御览·州郡志》引《帝王世纪》之"《世本》云涿鹿在彭城南"等史料指出，黄帝与蚩尤大战之地在今江苏铜山，而非河北怀来县。蚩尤失败后退往南方，若涿鹿之战发生在北方的怀来一带，他们需横跨极大的区域才能到达南方，与事实不符。

吕思勉进一步认为，中国文化始于东南，发达于西北。主要理由有：东南人所聚处曰州，《尧典》曰"肇十有二州"；《礼记》曰"诸侯无故不杀牛，大夫无故不杀羊，士无故不杀犬豕"，而鱼鳖则为常食；衣服材料以丝麻为主，宽衣博袖；货币多用贝壳；宗教上敬畏龙蛇。因气候、地理等自然原因，新石器时代的长江中下游湿热地区盛产鱼鳖、丝麻、贝壳、蛇等，而中原地区属于干旱、半干旱气候，多穴居，盛产牛羊、兽皮、粟等。公元前两千年前后，长江中下游气候波动造成干旱或水患，民众不得不进行大迁徙，导致长江中下游原始文化衰退。

北大考古系教授俞伟超等认为，距今 4000 多年，我国发生延续若干年的特大洪水，迫使长江、黄河下游地区的氏族部落集中到黄河中游黄土高原，导致长江中下游原始文化衰退。如果没有这次大洪水，我国最初的王朝也许而且应该是由东夷建立。

王国维在《观堂集林》中说："古昔称尧都平阳，舜都蒲坂，禹都安邑，此不足信。尧舜之前如神农、黄帝、太昊、帝喾皆居东方。"

《易经》之"上古穴居而野处，后世圣人易之以宫室，上栋下宇"。体现了东南起居文化迁居中原，开展了早期的民族融合；太阳神鸟三足乌的出现，也体现了炎帝和东夷部族的融合。

金湖地区属于东南地区，是中华古文明的重要发祥地。六七千年前，境内先民在漫长劳作实践中学会制作和使用工具。1974 年我县夹沟荡出土新石器时代的石斧、玉琮、玉璧等器物。1985 年我县抬饭墩出土鼎、罐、豆、甗、鬲、石刀等，专家鉴定为新石器遗址。1987 年，南京博物院专家确认戴楼镇獾墩为新石器时代遗址。境内秸圩遗址、宋墩遗址、时墩遗址、磨脐墩遗址、新塘遗址等均属新石器时代古迹遗存，说明尧生金湖完全具备理论和现实的外部条件。

文字的出现，是人类进入文明社会的标志和象征。山东学者丁再献曾认为，中国最早的文字是距今约 3700 年的东夷骨刻文，比甲骨文早 1000 多年。北大古文字专家董珊则认为，距今 4000 多年的高邮龙虬庄遗址和邹平丁公遗址出现的陶文，比骨刻文又早几百年，才是最古老的文字，被誉为"中华文明的曙光"。

金湖东南部原属高邮，与龙虬庄属同一文化带，尧帝时期属龙虬庄文化晚期。龙虬庄陶文的发现，更为尧帝出生在金湖增加了可能性。

二、斗维之野

《竹书纪年》是春秋时期晋国和战国时期魏国的史书，成书早于《史记》。《竹书纪年》为我们提供了尧出生地信息："（尧）母曰庆都，生于斗维之野。"汉代《春秋纬·合城图》也持此说："尧天帝，母庆都，有名于世，盖天帝之女，生于斗维之野。"此说被宋代著名类书《太平御览》第八十卷收录。尧随母居，都生于"斗维之野"。

斗维之野，在吴越，不在华北。《汉书·地理志》载，山西临汾对应的是角、亢、氐分野，山东菏泽对应虚、危分野，河北顺平等地对应张宿分野，湖南攸县对应翼、轸分野，都与"斗维之野"对不上。

金湖地区的三阿在战国时期、汉代均属吴地，属高邮县两千多年，一直在斗维之野：典籍之祖《尔雅》曰境内"星纪斗牵牛"，西汉《地星志》云"吴地，斗分野"。此后历代史书皆沿此说，从未变更。康熙《高邮州志·星野志》仍云："纪斗牵牛吴分野，扬州吴地……高邮，在天官南斗十二度内。"

宋熙宁二年（1069），人们在高邮湖畔建"斗野亭"，孙觉、苏轼、黄庭坚、秦观等在此诗词唱和，留下"檐楹斗杓落，帘帷河汉倾"等诗句，后来历代文人墨客纷纷来此吟咏，留下大量诗篇。

斗维之野是一个较大区域，三阿与斗野亭仅相距几十里，当然都在"斗维之野"。

三、三阿之南

《帝王世纪》载："尧初封唐，在中山唐县，后徙晋阳，即为天子居平阳。"这表明，唐县、晋阳是尧帝的封地，非出生地；平阳（今山西临汾）是尧定都、归葬之地，亦非出生地。

现代考古发现，山西临汾陶寺遗址是新石器时期黄河中游地区以龙山文化为主的遗存，其前身是介于仰韶文化向龙山文化过渡的庙底沟二期文化，但陶寺文化中后期与庙底沟文化却没有继承性：庙底沟文化没有城址，陶寺文化中后期却有规模空前的城址和气势恢宏的宫殿；陶寺文化中后期流行猪骨随葬，庙底沟文化却没有猪骨随葬习俗……中国社科院考古所通过对比陶寺遗址早、中晚期墓葬出土人骨 DNA 及人类牙釉质锶同位素比值对比，得出陶寺早期人群和中晚期人群来自不同的族源，意即以尧帝为代表的外来文化击败了土著，所以平阳不是尧帝出生地。

尧生于金湖地区，有两个关键性的证据支撑：三阿之南、斗维之野。这两个条件，山西、河北、山东等地一直难以具备。

早期史学界公认，尧生三阿之南。《三国志·魏志·文帝纪》载，王象等奉命按类辑录古籍上千篇，"使诸儒撰集经传，随类相丛，凡千余篇"，供魏文帝曹丕（220—226 年在位）阅读，故称《皇览》，是我国古代类书之祖，隋唐后此书散佚。清代孙冯翼从其他书籍辑出《皇览》佚本载："尧甲申岁生于三阿南，寄伊长孺家。"这是尧生三阿的最早出处。

《嘉庆高邮州志》第 70 页

唐代司马贞对《史记》作注解，即《史记·索隐》。该书引用魏晋皇甫谧（215—282）《帝王世纪》观点："皇甫谧云，尧初生时，其母在三阿之南，寄于伊长孺之家，故从母所居为姓也。"他们的观点与魏朝《皇览》记载基本一致。

三阿在哪儿？《舆地纪胜》载："高邮有北阿镇，离城九十里，即晋时三阿。"1931年商务印书馆香港分馆出版的著名辞书《中国古今地名大辞典》"三阿"词条释文曰："三阿，在江苏省高邮县西北。《舆地纪胜》云：'高邮有北阿镇，离城九十里，即晋时三阿。'《高邮州志》云：'东晋时侨置幽州。太元四年，苻秦将句难、彭超围幽州刺史田洛于三阿，去广陵百里，即此'。"高邮县西北之三阿，今为金湖县塔集镇。1974年，专家在三阿附近的夹沟荡出土石斧、玉琮、玉璧等新石器时代器物，表明此地文化源远流长。

金湖地区的三阿地名，出现于西汉初，距今至少已有2200多年历史，远早于皇甫谧生活的时代。明代临淮进士柳瑛《中都志》云："（汉）高祖于高邮三阿东立城郭，置广陵县。"《嘉靖天长县志》载："东北高邮、天长之界有三阿……旧志谓汉高帝于高邮三阿立城郭，置广陵县。"

东晋初，金湖地区的三阿再次被史书提及。291年，西晋皇族为争夺中央政权而引发长达十五年的"八王之乱"，社会经济遭到严重破坏，导致了西晋亡国以及近300年的动乱，中原地区进入五胡十六国时期（又称"五胡乱华"）。318年，晋宗室司马睿在建康称帝，建立东晋。北方汉人失去传统家园，大量南迁，投靠东晋政权，史称永嘉南渡。东晋为安抚北方流民，在长江下游两岸广为侨置州、郡、县。嘉庆《高邮州志·建制沿革》云："查（晋）明帝时，尝侨幽州于三阿。"晋明帝（322—325）在位只有短短四年，置侨郡幽州于高邮西北之三阿一事，距皇甫谧去世仅四十年。

太元四年（379），境内三阿再次大放光彩。同年5月，前秦大将彭超率兵六万包围东晋幽州刺史田洛于三阿。谢玄亲率三万北府兵从广陵救援三阿，迎击前秦军。谢玄部进至境内白马塘，大败前秦将领都颜，秦兵败后撤。谢玄大军乘胜推进到三阿，前秦兵再尝败绩。《晋书·苻坚载记》载："太元四年，彭超陷盱眙，遂攻晋幽州刺史田洛于三阿，去广陵百里。谢元自广陵救三阿，率众三万次于白马塘。俱难遣其将都颜率骑逆袭元战于塘西，元大败之，斩颜；元进兵至三阿，与难、超战，超等又败……"

唐初武则天当了女皇，徐敬业（曾改姓李敬业）起兵反武，李孝逸率兵平叛，在下阿溪之战中击败徐敬业。南宋时，三阿改称北阿，境内进士陈造在《次宿北阿韵》中自注道："北阿，李孝逸破李敬业处。"这表明，下阿溪、北阿、三阿是同一地方。

明清时期，北阿改称塔集。古三阿即后来之塔集，不仅历代《高邮州志》承认，历代天长县志亦然。1992年《天长县志》依据明清历代《天长县志》等史料，不仅认可《中国古今地名大辞典》关于"三阿"的说法，并在"三阿"后特注"今江苏省金湖县塔集"。

目前，除了金湖地区存在古三阿，全国范围内尚未发现其他更古老的三阿，所以1998年商务印书馆出版的《中华人民共和国地名大辞典》"金湖县"条下，认定金湖为"中华民族的先祖、五帝之一的尧帝诞生地"。

《姓觿》提及另一证据："《国名记》：古伊国，炎帝裔，尧之母家。伊，侯国，自伊徙者，故又为伊耆氏。"《广韵》云："伊，姓。伊尹之后，今山阳人。"白马湖南岸的山阳镇，就是古山阳县旧址，金湖县吕良、前锋镇曾属于山阳县，山阳离三阿近在咫尺。尧生于三阿也就顺理成章。

尧为何离开三阿，来到中原呢？《尚书·尧典》提及当时出现了大洪水："汤汤洪水方割，荡荡怀山襄陵，浩浩滔天。"《孟子·滕文公章句下》曰："当尧之时，水逆行，泛滥于中国，蛇龙居之，民无定所。"《说文解字·州部》云："尧昔遭洪水，民居水中高地。"现代科学研究已证明，早在4000年前确实发生过大海侵，当时东海海平面比现在高二到四米，在浙江的良渚文化遗址有厚近一米的淤泥层。此时正是尧舜禹时期，尧、舜等东部土著部落被迫西迁。《孟子·离娄下》又曰："舜生于诸冯，迁于负夏，卒于鸣条，东夷之人也。"舜部落也是东夷部落，因海浸而西迁中原。舜能由东夷入主中原，尧当然也可以。

北大考古文博学院教授孙庆伟认为，尧舜禹的禅让，实际上是华夏族群与东夷族群的轮流执政。基于此，华东师大教授丁季华等学者提出了"尧文化漂移学说"，得到了清华大学博导李学勤、社科院历史研究所研究员宫长为等先秦史权威的认同。

综上所述，金湖地区的三阿至少有两千年历史，也符合"斗维之野"，完全具备了尧出生地的主要条件。

四、沧海桑田

"阿"是低丘平岗地貌，陶渊明《拟挽歌辞三首》之"死去何所道，托体同山阿"中"阿"即是此意。金湖地区的三阿附近正好为丘陵地貌，低者海拔五六米，高者如窑墩海拔十多米。

诸多史料皆认为，三阿就是北阿。乾隆《御批通鉴辑览》曰："三阿，今在北阿镇，在扬州府高邮州西北。"《高邮州志》也持此论："北阿镇"词条为"州西八十里，亦曰三阿"，"三阿""下阿溪"词条皆曰"详见北阿镇"，故址都指向今金湖县塔集镇一带。

确定了三阿，其南侧当然就是三阿之南。千百年来因黄河夺淮而发生了沧桑巨变，请容笔者细细道来：

公元前486年吴王夫差为称霸中原而开凿了邗沟，凿池串湖，邗沟从武广湖、陆阳湖、樊梁湖等天然水道经过。高邮湖的前身是樊梁湖，南侧有武广湖、陆阳湖等小湖。北魏郦道元的《水经·淮水注》："中渎水（即邗沟）自广陵北出武广湖东、陆阳湖西，二湖东西相直五里，水出其间，下注樊梁湖。"邗沟是我国古代唯一交通大动脉，三阿之南因处于邗沟旁而兴盛起来。

《太平广记》援引《因话录》，讲述了唐代高邮湖发生的沉陷之事："唐进士郑羣家在高邮，亲表卢氏庄近水。邻人数家，共杀一白蛇。未久，忽大震雷，雨发，数家陷溺无遗。卢宅当中，唯一家无恙。"此时，樊梁湖等因地质下沉或上游来水加大，几个小湖变成两大湖，北称甓社湖，南称珠湖。

北宋时，甓社湖、珠湖上游来水加大，两大湖变成五大湖，周边低洼沼泽地相继被水潴为多个小湖，统称三十六湖，犹如一串串珍珠镶嵌在江淮之间，高邮进士秦观有诗云："高邮西北多巨湖，累累相连如串珠。三十六湖水所潴，尤其大者为五湖。"

古代淮河入海口就在淮安附近，水道通畅，海水可倒灌入盱眙境内。南宋建炎二年（1128）冬，杜充决黄河，以阻金兵，黄河水自泗入淮。黄淮合

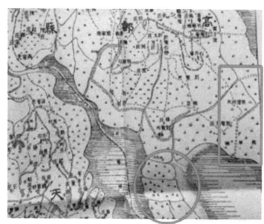

马草滩附近的变迁（左图绘于 1937 年，右图为今日卫星地图）

流，而黄强淮弱，当时金、宋交兵，双方皆无法有效治理黄河，淮河入海通道被大量泥沙淤塞，黄淮之水长期滞留高邮湖等地。

　　明洪武二十四年（1391），河决原武黑洋山，黄河折南循颍水而全河入淮。运道更受阻，漕舟多行海上。洪武二十八年（1395），明廷采用宝应柏丛贵之言，在湖旁筑河道，既捍湖水又能通航，此即至今仍沿用着的大运河人工河道。永乐十三年（1415），受柏丛贵启发，陈瑄上疏建议自淮安西侧管家湖开凿二十里河渠为清江浦，引湖水入淮河，又筑宝应、氾光、白马诸湖堤以提高船只运输能力。于是，明朝罢海运，兴河运。运河大堤阻挡了洪泽湖之水，洪水就被潴留在高邮湖、白马湖、氾光湖地区，三阿一带逐渐下沉、坍塌。

　　因明祖陵在泗州，明朝严格控制洪泽湖的蓄水量。万历六年（1578）河督潘季驯实行"蓄清刷黄济运"的治漕、治河方针，开始大修高家堰（即洪泽湖大堤），但此时高家堰仅高四米，位处下游的三阿一带尚能正常开展农业生产。

　　背斜成谷，向斜成山。清朝继续实行"蓄淮济运""蓄清刷黄"政策，不断抬升高家堰，洪泽湖蓄水大增，对下游的威胁猛增。康熙十五年（1676）、十九年（1680），黄淮流域连遭大水，泗州城被淹没，高邮湖中的武安墩、耿七公祠（即康泽候庙）所在汀州沉入湖中，三阿一带也逐渐沉陷。闵塔一带至今仍盛传：高邮湖西北有承州城，城门在西安寺一带……《天长县志》则认为，古天长县在三阿之南，也沉入高邮湖中。

嘉庆十八年（1813），蒋坝开始泄洪，此即南三河，三阿之南仍在陷落中。清代《备修天长县志稿》云："耿家尖，东北四十二里，东至西十五里，南至北三里。"今天，高邮湖西北的耿家尖面积不及原百分之一，大多沉入湖中。

1855年，黄河北徙，地质应力使高邮湖及其周边继续下沉。光绪三续《高邮州志·疆域》云："三总八里在城西北六十里，田多坍湖。"仔细查对高邮州志发现，不仅三总八里沉陷了，平阿中村之七总十一里也沉入湖中。《天长县志》也载，岗坂（今属金湖县金南镇）附近也有田坍入湖。

1938年，国民党下令炸毁黄河花园口段，黄河再次夺淮，三阿之南仍在陷落中。

新中国成立，党中央、国务院高度重视治淮工程，地方政府多次组织人力在三阿一带开挖水利工程。1969年冬，国家调集扬州、六合、淮阴三地20个县20多万民工，在三阿附近大规模施工，挑筑出能泄洪上万流量的淮河入江水道。由于当时人们普遍缺乏文物保护意识，施工中发现大量古代遗存，现场被各县民工无知地破坏了，未能采取保护性发掘，留下千古遗憾。因三阿之南地形地貌遭到极大改变，现已难觅尧生三阿之南的尧帝踪迹了。

（作者单位：金湖县委党校县情研究室主任）

尧乡金湖

荷花天下

五帝时代与中华文明的形成

论帝尧族裔姓氏的文化探源及当代价值

早期石刻上的尧文化

五帝时代与中华文明的形成

朱乃诚

　　本文所探索的"五帝时代"，是以司马迁《史记·五帝本纪》为依据。先秦文献记述的五帝，大都是黄帝、颛顼、帝喾、尧、舜。《世本·帝系》明记："黄帝、颛顼、帝喾、唐尧、虞舜，为五帝。"司马迁《史记·五帝本纪》即以此为本。而中华文明的形成问题，主要依据考古学发现与研究的成果进行探索。分析"五帝时代与中华文明的形成"，要将中国传统古史中传说时代的部分内容与考古学研究结合起来进行。

　　目前我国发现最早的文献资料，是地下出土的商代晚期的甲骨文。经王国维对甲骨文的研究，证实司马迁所记载的商代历史是可信的。据此王国维推测《史记·夏本纪》所记载的夏代历史也应是可信的，只是直到现今还没有被出土文献资料所证实。《史记》记述的夏代之前有五帝，这些历史也还未得到证实，自然有待今后的探索。但甲骨文对《史记·殷本纪》真实性的印证，表明了考古学研究是可以结合古代文献来探索商代之前的"传说时代"。

　　将五帝时代和中华文明起源问题结合起来进行探索，是从 20 世纪 70 年代末开始的。如 1978 年开始发掘的山西省襄汾陶寺遗址及其相关研究，提出了国家起源、晋南夏人遗存、尧舜时期的史实距今 4000 年以前的古国等问题①；1979 年、1983 年，辽西地区凌源东山嘴与建平牛河梁红山文化晚期大型祭祀建筑遗址与积石冢群的发现，为红山文化研究提供了大批全新的资

---

① 参见高炜，高天麟，张岱海：《关于陶寺墓地的几个问题》，《考古》1983 年第 6 期。李民：《尧舜时代与陶寺遗址》，《史前研究》1985 年第 4 期。苏秉琦：《谈"晋文化"考古》，文物出版社1987 年版。

料，促使研究者对中华文明起源、中华古国史的研究进行新的思考①；1982年，田昌五通过对中国古代社会形态的研究，从传统古史的文献角度研究中国文明、国家的起源，提出中国奴隶社会形成于夏代之前，古籍中记载的黄帝、炎帝和蚩尤之间的循环战争，标志着中国文明的开端，而夏朝形成了我国历史上第一个统一的奴隶制王朝②；1987年，田昌五发展这一观点，提出中国已有五千年的文明史③；1986年，苏秉琦依据辽西东山嘴、牛河梁遗址的发现，提出辽西发现的红山文化晚期的"坛、庙、冢"等遗存，是中华文明的新曙光，一举把中华文明史提前了1000年④。

迄今为止，对五帝时代的探讨，对中华文明起源与形成问题的研究，已经形成了许多研究成果与认识。本文拟在前人基础上，对五帝时代与中华文明形成问题再做进一步的探索。

一、五帝时代社会的主要特征、年代与相应的考古学现象

五帝时代以黄帝时期为始。黄帝时期与神农氏、炎帝时期分属两个时代，而与颛顼、帝喾尧、舜合称为一个时代，即五帝时代。《周易·系辞》载："神农氏没，黄帝、尧、舜氏作，通其变，使民不倦；神而化之，使民宜之。"其文就将五帝视为同一个时代。

五帝时代是一个发展的历史时代概念，是由前后五个重要人物及其所属的部落集团为代表，可分为五个时段。然而按照先秦文献的记述，可将五帝时代分为前后三个时期，即黄帝时期、颛顼与帝喾时期、唐尧与虞舜时期。依照文献记载五帝时代的突出特征，对照考古学研究成果，大致可将五帝时代对应为新石器时代晚期后半段与新石器时代末期，具体年代大致在公元前3500年至公元前2000年之间。

---

① 参见郭大顺，张克举：《辽宁省喀左县东山嘴红山文化建筑群址发掘简报》，《文物》1984年第11期。辽宁省文物考古研究所：《辽宁牛河梁红山文化"女神庙"与积石冢群发掘简报》，《文物》1986年第8期。孙守道，郭大顺：《论辽河流域的原始文明与龙的起源》，《文物》1984年第6期。
② 参见田昌五：《古代社会断代新论》第二编：《中国奴隶制形态》，人民出版社，1982年版。
③ 参见田昌五：《马克思主义与华夏文明的起源》，《华夏文明》第一集，北京大学出版社，1987年版。
④ 参见苏秉琦：《中华文明的新曙光》，《东南文化》1988年第5期。

（一）黄帝时期社会的主要特征、年代与相应的考古学现象

依据较早的先秦文献，体现黄帝时期社会进步与发展的突出特征主要有以下四项。

第一，战争。最为著名的就是黄帝与炎帝和蚩尤的战争。《左传·襄公二十五年》载："吉。遇黄帝战于阪泉之兆。"又如《逸周书·尝麦》载："（黄帝）执蚩尤，杀之于中冀，以甲兵释怒。"

第二，进行祭天活动，假"天意"管理天下民众。《逸周书·尝麦》记述黄帝"用大正顺天思序，纪于大帝；用名之曰绝辔之野"。

第三，设立管理社会的人员或机构。《逸周书·尝麦》言黄帝"乃命少昊清（原文为"请"）司马鸟师，以正五帝之官，故名曰质。天用大成，至于今不乱"。

第四，物产逐渐丰富，财富得到积累。《国语·鲁语下》载："黄帝能成命百物，以明民共财。"

依据以上黄帝时期社会的主要特征，对照考古研究和发现的相关成果，公元前3500年至公元前3000年前后可能是黄帝时期所处的年代。当时社会的突出特征表现为：一人独尊的现象开始呈现，战争出现并逐步频繁。

考古学研究揭示出该时期出现了战争，玉钺开始出现，军权产生，呈现出一人独尊的现象。如河南灵宝西坡遗址发现的仰韶文化庙底沟类型末段的大型墓葬及随葬玉钺；安徽含山凌家滩遗址发现的凌家滩文化中晚期的"风"字形玉钺；海岱地区大汶口文化中期开始出现的玉石钺；辽宁建平牛河梁遗址群发现的"神庙"与人像遗存、大型积石冢及中心大墓；甘肃秦安大地湾遗址发现的仰韶文化晚期的大型"殿堂"式高等级建筑基址等。

（二）颛顼与帝喾时期社会的主要特征、年代与相应考古学现象

将黄帝与颛顼分属前后两个时期，先秦文献已经有所指明。《左传·昭公十七年》载："秋，郯子来朝，公与之宴。昭子问焉，曰：'少皞氏鸟名官，何故也？'郯子曰：'吾祖也，我知之。昔者黄帝氏以云纪，故为云师而云名；炎帝氏以火纪，故为火师而火名；共工氏以水纪，故为水师而水名；太皞氏以龙纪，故为龙师而龙名。我高祖少皞挚之立也，凤鸟适至，故纪于鸟，为鸟师而鸟名：凤鸟氏，历正也；……自颛顼以来，不能纪远，乃纪于近，为民师而命以民事，则不能故也。'"文中指出黄帝时期重视自然现象并以自然现象作为命名依据，而从颛顼开始则重视民事现象。此外《国语·楚语下》亦载颛顼"乃命南正重司天以属神，命火正黎司地以属民，……是谓绝地天通"。在颛顼时期将祭天与祭地分开，专职祭祀成员开始出现，既显示了颛顼对原始宗教信仰的改革，还显示了社会出现了祭祀阶层。这是比黄帝时期进步的一个重要现象，也是将黄帝与颛顼分属两个时期的重要依据。

反映颛顼与帝喾时期社会进步与发展的突出特征，先秦文献记载得很少，主要有三项。

第一，祭祀方式与制度的改革与发展。《国语·楚语》载："昭王问于观射父，曰：'周书所谓重、黎实使天地不通者，何也？若无然，民将能登天乎？'对曰：'非此谓也。古者民神不杂。民之精爽不携贰者，而又能齐肃衷正，其智能上下比义，其圣能光远宣朗，其明能光照之，其聪能听彻之，如是则明神降之，在男曰觋，在女曰巫。……于是乎有天地神民类物之官，是谓五官，各司其序，不相乱也。民是以能有忠信，神是以能有明德，民神异业，敬而不渎，故神降之嘉生，民以物享，祸灾不至，求用不匮。及少皞之衰也，九黎乱德，民神杂糅，不可方物。……祸灾荐臻，莫尽其气。颛顼受之，乃命南正重司天以属神，命火正黎司地以属民，使复旧常，无相侵渎，是谓绝地天通。'"由上，在颛顼时期明确了将祭天与祭地作为两种不同的祭祀方式与制度，并配以专职祭祀人员。祭祀的目的分别是敬神与保民，从而使得祭祀行为成为社会民众受益的一种重要宗教活动现象而得到发展，由此促进了社会的发展。所以，司马迁将颛顼誉为："静渊以有谋，疏通而知事；养材以任地，载时以象天，依鬼神以制义，治气以教化，絜诚以祭祀。"

第二，继黄帝时期之后进一步发展社会财富。《国语·鲁语下》载："黄帝能成命百物，以明民共财，颛顼能修之。"社会财富的发展，是私有财产发展的一种现象，个人财富能够逐步积累，顺应了社会不断发展的趋势。

第三，依据天象，发展农业，稳固社会民众，推进社会发展。《国语·鲁语下》言："帝喾能序三辰以固民。"

依据以上对先秦文献分析的颛顼与帝喾时期社会的主要特征，对照考古学发现与研究的成果，大致可以明确颛顼与帝喾时期可能处在公元前3000年至公元前 2400 年之间。这时期社会的突出特点是：祭祀广泛流行，同时战争愈加激烈。祭祀已经成为当时社会活动最为重要的一项内容。同时祭天敬神，祭地为民，天神与祖先神在祭祀活动中分开并分别进行，即颛顼"绝地天通"，产生了专门的祭祀成员。

这种祭祀活动流行的现象，反映在考古学方面，主要有良渚文化中期出现的十分规整的三色祭坛墓地以及玉器上的神人图像。如浙江省余杭瑶山祭坛墓地、反山祭坛墓地，及其大墓中出土的玉琮、玉钺等高等级玉器上雕琢的神人图像。这种神人图像一直延续发展至良渚文化晚期。还有江汉地区的屈家岭文化亦流行祭祀活动。如湖北省天门石家河等遗址发现的大型祭祀道具——大型陶管状筒形器群。该时期在黄河流域出现的建筑物奠基遗存，也是祭祀活动频繁状态下的产物。

（三）唐尧与虞舜时期社会的主要特征、年代与相应考古学现象

将颛顼、帝喾时期与唐尧、虞舜时期分属早晚两个时期，从古文献记载的各自的事迹与特征方面，很容易区分（见后述）。反映唐尧与虞舜时期社会进步与发展的突出特征，先秦文献记载较多，这与先秦文献记述颛顼与帝喾的事迹较少的现象，形成鲜明对比。同时，在先秦文献中有时会将一些事迹合列在黄帝、唐尧、虞舜名下。如《周易·系辞》曰："黄帝、尧、舜垂衣裳而天下治。"司马迁在《史记·五帝本纪》中集诸子各家及亲自走访四方耳闻所得，将尧舜事迹进行了重点描述。其中，对虞舜的记述，内容最多，约占《史记·五帝本纪》的三分之二。现择其反映社会进步与发展的突出特征分析如下。

第一，尧调解各部族之间的矛盾，合和万国，成为万国的盟主。《史记·五帝本纪》载尧"黄收纯衣，彤车乘白马，能明驯德，以亲九族。九族既睦，便章百姓。百姓昭明，合和万国"。一人独尊的社会特征已经不限于本部族内，而是在"万国"的层次上形成。

第二，尧观象授时，发展天文历法，推进农业发展；按照天时历象、春夏秋冬的自然环境条件发展社会经济。《史记·五帝本纪》载："乃命羲、和，敬顺昊天，数法日月星辰，敬授民时。分命羲仲，居郁夷，曰旸谷。敬道日出，便程东作。日中，星鸟，以殷中春。其民析，鸟兽字微。申命羲叔，居南交。便程南为，敬致。日永，星火，以正中夏。其民因，鸟兽希革。申命和仲，居西土，曰昧谷。敬道日入，便程西成。夜中，星虚，以正中秋。其民夷易，鸟兽毛毨。申命和叔，居北方，曰幽都。便在伏物。日短，星昴，以正中冬。其民燠（yù），鸟兽氄（rǒng）毛。岁三百六十六日，以闰月正四时。信饬百官，众功皆兴。”

第三，虞舜代唐尧经历了艰难复杂的历程。《史记·五帝本纪》载："于是尧妻之二女，观其德于二女……乃使舜慎和五典……乃徧（遍）入百官……宾于四门……尧使舜入山林川泽，暴风雷雨。"尧对舜进行了三年的各种考验，并经过二十年的代理执政考察其能力之后，虞舜才最终替代唐尧"摄行天子之政"。

第四，舜四次巡视四方，使得唐尧盟主的影响达到十二州的范围。《史记·五帝本纪》记有："于是帝尧老，命舜摄行天子之政，以观天命。"舜，"岁二月，东巡狩，至于岱宗，……五月，南巡狩；八月，西巡狩；十一月，北巡狩；……五岁一巡狩，群后四朝。……肇十有二州"。

第五，舜设立刑法制度，消除了社会不稳定因素。《史记·五帝本纪》言："象以典刑，流宥五刑，鞭作官刑，扑作教刑，金作赎刑。眚灾过，赦；怙终贼，刑。钦哉，钦哉，惟刑之静哉！"

第六，对外征伐四方，对内平息忧患，迁徙作乱部族，促进民族融合。《史记·五帝本纪》曰："三苗在江淮、荆州数为乱。于是舜归而言于帝，请流共工于幽陵，以变北狄；放讙兜于崇山，以变南蛮；迁三苗于三危，以变西戎；殛鲧于羽山，以变东夷；四罪而天下咸服。""昔帝鸿氏有不才子，……少皞氏有不才子，……颛顼氏有不才子，……此三族世忧之。至尧，尧未能去。缙云氏有不才子，……天下谓之饕餮。天下恶之，比之三凶。舜宾于四门，乃流四凶族，迁于四裔，以御螭魅，于是四门辟，言毋凶人也。"

第七，虞舜替代唐尧，成为"中国"第一位"天子"。"中国"这一地理含义的国家概念，在司马迁《史记·五帝本纪》的记载中，是从五帝时代的尧舜时期后段舜践天子位才开始的。《史记·五帝本纪》说："尧立七十年得舜，二十年而老，令舜摄行天子之政，荐之于天。……尧崩，三年之丧毕，舜让辟丹朱于南河之南。诸侯朝觐者不之丹朱而之舜，狱讼者不之丹朱而之舜，讴歌者不讴歌丹朱而讴歌舜。舜曰：'天也夫！'而后之中国践天子位焉，是为帝舜。"

第八，舜任人唯贤，致使人人友善，社会和谐。《史记·五帝本纪》载："昔高阳氏有才子八人，世得其利，谓之'八恺'。高辛氏有才子八人，世谓之'八元'。此十六族者，世济其美，不陨其名。至于尧，尧未能举。舜举八恺，使主后土，以揆百事，莫不时序。举八元，使布五教于四方，父义，母慈，兄友，弟恭，子孝，内平外成。"

第九，舜设立国家管理机构，致使百业兴盛，天下太平。《史记·五帝本纪》亦载："天下归舜。而禹、皋陶、契、后稷、伯夷、夔、龙、倕、益、彭祖自尧时而皆举用，未有分职。"于是舜任命禹为"司空"，主持治理洪水、平定水土；任命弃为"后稷"，主持五谷农业生产；任命契为"司徒"，主持社会教化；任命皋陶为"士"，主持刑法，维持社会稳定和谐；任命垂为"共工"，主持手工业生产；任命益为"朕虞"，主持皇室园林内动物资源的管理；任命伯夷为"秩宗"，主持祭祀活动的次秩尊卑；任命夔为"典乐"，主持八音调和，以便敬神人和；任命龙为"纳言"，主持上传下达，传递信息。并且要求各官员恪尽职守，如"女二十有二人，敬哉，惟时相天事"。还要求考核业绩，"三岁一考功，三考绌陟，远近众功咸兴"。舜将地方分置由十二牧管理，国家权力机构设九个部门集中管理，各司其职，督促管理，标志着国家的形成。司马迁称赞当时"四海之内咸戴帝舜之功……天下明德皆自虞帝始"。

依据对以上文献尤其是《史记》分析的唐尧与虞舜时期社会的主要特征，对照考古学发现与研究的成果，大致可以明确唐尧与虞舜时期可能处在公元前 2400 年至公元前 2000 年之间。反映在考古学方面，主要有中原地区的陶寺文化早、中期可以与之相合。陶寺文化遗存中，具有辽西地区红山文化、河套地区龙山文化、中原地区三里桥文化类型、海岱地区大汶口文化晚期及龙山文化、甘青地区齐家文化、江汉地区石家河文化、太湖地区良渚文化晚期与广富林文化等四方各地的文化因素，犹似形成"合和万国"的态势。还存在着陶寺文化玉器向甘青地区发展的线索，似显示着"迁三苗于三危，以变西戎"的史迹[①]。

---

① 参见朱乃诚：《齐家文化玉器所反映的中原与陇西两地玉文化的交流及其历史背景的初步探索》，《2015 中国·广河齐家文化与华夏文明国际研讨会论文集》，文物出版社，2016 版。

总之，先秦文献及《史记》所记述的五帝时代以及笔者分析的黄帝、颛顼与帝喾、唐尧与虞舜三个时期，基本上可以与考古学的发现与研究认识进行对应整合。古代文献所记述的五帝时代的各种事迹，内容错综复杂，经过数千年来的口耳相传，辗转添色，以及历代学者的各种梳理探索，多线条交叉承袭，难免穿凿附会、方枘圆凿。但通过考古学的发现与研究及与文献史学的不断整合探索，终究可以揭示隐含在古代文献尤其是先秦文献中的一些史实。

二、五帝时代与中华文明的形成

中华文明起源与形成问题，经过数十年的考古学探索，已经形成了许多认识，但形成较为系统的对考古学文化实体个案的研究认识并不多。笔者曾指出："中国文明的形成，先有各个区域的小区域文明，而后才形成以中原为中心的中国文明"[1]。关于最早的小区域文明，目前依据考古发现能够说得清楚的，主要是红山文明与良渚文明。而以中原为中心的最早的中国文明，比较清楚的，主要是陶寺文明。

（一）红山文明的分布、年代及社会基本特征

红山文明，是指分布在辽西地区的红山文化晚期后段，具体年代大致在公元前3360年至公元前2920年之间[2]。其代表性遗存，主要有辽西地区牛河梁遗址群诸地点的上层积石冢的有关遗存，辽宁省喀左东山嘴大型积石冢坛[3]、阜新胡头沟积石冢[4][5]、凌源田家沟多处石棺墓地①，内蒙古自治区敖汉旗草帽山积石冢等②，还有红山文化分布区南部的河北省平泉县发现的红山文化积石冢遗存[6]480[7]，在红山文化分布区北部的西拉木伦河以北的内蒙古自治区巴林右旗那斯台遗址发现的这一阶段的勾云形玉佩、兽面玦形玉器等遗

---

① 参见王来柱：《凌源市西梁头红山文化石棺墓地的发掘与研究》，《玉魂国魄：中国古代玉器与传统文化学术讨论会论文集（四）》，浙江古籍出版社，2010年版。李新全，王来柱：《凌源市田家沟红山文化墓葬群》，《中国考古学年鉴（2010）》，文物出版社，2011年版。王来柱：《凌源市田家沟红山文化墓地群》，《中国考古学年鉴（2012）》，文物出版社，2013年版。

② 参见王大方，邵国田：《敖汉旗发现红山时代石雕神像》，《中国文物报》2001年8月29日第1版。中国社会科学院考古研究所，内蒙古敖汉旗博物馆：《敖汉旗四家子红山文化积石冢》，《中国考古学年鉴（2002）》，文物出版社，2003年版。

存[8]，以及近年来发现的辽宁省朝阳龙城半拉山红山文化墓地[9]。这些遗存几乎遍布红山文化分布区，显示在整个红山文化分布区域内，大致都经历了红山文明发展阶段。而目前的发现则以牛河梁、东山嘴、田家沟、草帽山、半拉山等遗址所处的大凌河上游地区发现的遗存最为丰富，揭示得也较为清晰。其中牛河梁遗址群的规模最大，档次最高。

　　分析这些遗存，可以将红山文明分为前后五个发展阶段①。其中第一段至第四段是红山文明的不断发展阶段。在红山文明形成之初开始出现大型积石冢，伴随着红山文明的发展其中心大墓的结构不断发展与完善。在红山文明形成之初出现了随葬玉礼器的现象，玉礼器的种类与器形也伴随着红山文明的发展而逐步演化。第五段是红山文明的衰落阶段。红山文明的衰落，是从出现专用武器——玉石钺开始的。

　　据研究，红山文明形成的基础与动力主要有三个方面：农业经济的发展，宗教信仰与精神文化的发展，以及外来文化影响与冲击[2]。红山文明的社会基本特征，最主要的也有三项。

　　第一，形成了等级化社会。依据牛河梁遗址群的发掘成果，可以分析出红山文明的社会分层至少存在着六个等级，社会组织至少存在着四级②。具有四级组织六个等级的社会，应该是一个较为复杂的等级化社会。

　　第二，形成"一人独尊"的社会现象。牛河梁遗址群属第一等级的中心大墓有三座（N2Z2M1、N16M4、N5Z1M1）③，分属红山文明的前三个阶段，每个阶段只有一座。第四阶段尚未发现积石冢中心大墓，第五阶段可能不存在积石冢中心大墓④99。这反映了在红山文明发展过程中最高等级的墓葬只有一座。这充分说明了红山文明存在着"一人独尊"的社会现象。

　　第三，盛行祖先崇拜、动物崇拜并神化原始宗教信仰活动以维持其社会的稳定发展。红山文明盛行祖先崇拜、动物崇拜并神化原始宗教信仰活动，

① 参见朱乃诚：《再论红山文明》，《庆祝郭大顺先生八秩华诞纪念文集》，文物出版社，2018年版。
② 参见朱乃诚：《中国早期文明的红山模式》，《红山文化学术研讨会论文集》，辽宁人民出版社，2013年版。
③ 参见辽宁省文物考古研究所编著：《牛河梁——红山文化遗址发掘报告（1983—2003年度）》：下册图版，文物出版社，2012年版。
④ 参见朱乃诚：《再论红山文明》，《庆祝郭大顺先生八秩华诞纪念文集》，文物出版社，2018年版。

使其社会产生了一些特殊的现象。如红山文明的社会，经济不发达，社会财富积累有限，但社会等级却表现得十分清晰。又如在红山文明高度发展的第二、三、四阶段，不见武力现象，没有掠夺性的战争行为，但却存在着"一人独尊"的个人集权现象。还如红山文明的文化发展程度不高，但玉器制作却十分精工，如兽面玦形玉器（见封三图1）、勾云形玉佩（见封三图2）、兽面纹玉佩（见封三图3）、双兽面玉佩（见封三图4）、鸟兽纹玉佩（见封三图5）、斜口筒形玉器、回首凤鸟玉冠饰、双熊首三孔玉梳背、玉人、玉璧形饰、玉龟、玉鳖、玉鸮、玉蝈蝈[①]等，成为当时的一种特殊的财富。这些特殊现象都与当时盛行神化原始宗教信仰活动有关。这些信仰活动可能形成了一种特殊的社会凝聚力，使得其社会能够得到稳定的发展。

红山文明的三项基本特征，最具特色的是第三项，即盛行祖先崇拜、动物崇拜并神化原始宗教信仰活动以维持其社会的稳定发展。而发展到第五阶段，祖先崇拜、动物崇拜等神化原始宗教信仰活动弱化，维持其社会稳定的法则削弱而缺乏约束社会成员的凝聚力，社会出现武力现象，发生动荡，"一人独尊"的现象也随之消失，红山文明自然就开始衰落并且逐渐消亡。

红山文明的特征，决定了其是一个不成熟的文明，也是一个不能延续的早期文明。由于红山文明是建立在神化宗教信仰活动的基础上，没有形成国家组织的管理机构，经济不发达，文化发展迟缓，社会组织又没有得到充分的发展。这样的文明社会，虽然存在"一人独尊""惟玉是葬"的现象，但基础薄弱，缺乏进一步发展的能力，当资源匮乏、环境发生变化、社会失去凝聚力之时，自然会随之衰落。同时，其尚未出现王权与王室现象，不属王国文明。所以，可以称为"古国文明"，是我国"古国文明"的代表。

（二）良渚文明的分布、年代及社会基本特征

良渚文明是指主要分布在太湖地区的良渚文化中晚期，具体年代大致在公元前3000至公元前2300年之间。其代表性遗存，主要有良渚城址，包含城内的莫角山"宫殿区"、反山"王陵区"、姜家山"贵族墓地"，以及城

---

① 参见辽宁省文物考古研究所编著：《牛河梁——红山文化遗址发掘报告（1983—2003年度）》：下册图版，文物出版社，2012年版。

外西北部外围以老虎岭为代表的高坝系统、以鲤鱼山为代表的低坝系统，其共同构成了由 11 条堤坝组成的大型水利系统（图 1）[①]。此外还有良渚城址附近的瑶山与汇观山祭坛墓地、玉架山遗址群，以及上海市青浦福泉山、江苏省武进寺墩等重要遗址。

其中良渚城址外围由 11 条堤坝组成的大型水利系统，保护利用范围约 100 平方公里，堤坝的年代约在公元前 3100 年至公元前 2700 年之间。良渚城址内城面积约 290 万平方米。大莫角山宫殿区发现了 7 个面积 300—900 平方米的房屋台基，可能是良渚文明最高权力机构的体现。反山墓地为一人工堆筑的上万立方米的土墩，面积约 2700 平方米，发掘的 11 座墓葬，以 M12 规模最大。反山 M12 墓底筑棺床，随葬玉器、石器、嵌玉漆器和陶器 658 件，是至今发现的规格最高的良渚文化墓葬，为良渚文明的"王陵"。这些高档次的文化遗存，显示了文化内涵十分丰富、充分发展而又独具特色的良渚文明。良渚文明的社会主要特征，有以下几项。

第一，出现成套农业工具，显示出原始农业发展进入成熟发展阶段。第二，大批精致的玉器、精美的漆器、象牙制品、陶器等，显示了手工业种类增多以及工艺技术的快速发展，也显示出有许多人员进入手工业制作领域。第三，祭坛、玉器、玉器上的神人图案等反映的精神文化生活较为丰富，原始宗教信仰活动十分频繁，祭祀活动形式高度一致，显示形成了统一的精神

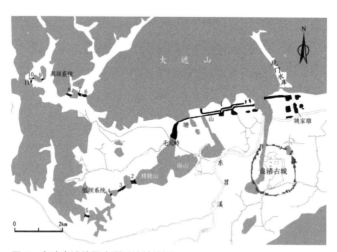

图 1　良渚古城外围水利系统结构图

① 参见王宁远：《良渚古城外围大型水利工程遗存》，《中国考古学年鉴（2016）》，中国社会科学出版社，2017 年版。

文化意识。第四，玉石钺流行，有的墓内随葬数十把玉石钺，显示社会崇尚武力，战争频繁。第五，反山墓地及 M12 等大墓的出现，显示出"王陵"特点及"王权"的形成。规格最高的玉琮与玉钺在该墓中共存，显示神权与军权合一，并且是良渚文明"王权"的主要特征。第六，"宫殿区"、普通建筑，以及"王陵""贵族墓地"、普通墓地等，显示了社会成员形成了高低不同的等级。第七，工程浩大的城墙的营筑、规模庞大的水利系统的形成，以及良渚遗址群密集的分布，显示了其人口众多，以及对人力资源调配使用的组织机构的存在。

这些特征表明，在公元前 3000 年至公元前 2300 年间，在太湖地区存在着一个原始农业充分发展与手工业发达、精神文化意识高度统一、富有祭祀与战争特色、具有神权与军权合一的王权权威及各级管理机构的文明社会。所体现的是神权与军权合一的王权的产生，这恰恰在反山 M12 大墓中得到了集中的体现，如出土的大玉琮（见封三图 6）与大玉钺（见封三图 7）及其上的神人图案（见封三图 8）。大玉钺是用于指挥战争的，是军权的代表，大玉钺上的神人图案的含义，可能是战神。玉琮则可能与原始宗教信仰活动有关，也是权力的象征，具有权杖的含义。大玉琮上施刻神人图案可能表明进行原始宗教信仰活动的主要目的是赢得战争的胜利。

良渚文明还向外部扩张，文化影响与势力所及，到达海岱地区、中原地区、岭南地区，范围达小半个中国。但在公元前 2400 年前后，良渚文明开始衰落，而且在太湖地区没有出现新的文明社会替代良渚文明，直至公元前 2300 年前后良渚文明完全消失。其衰落的原因，可能与社会组织机构不完备、社会无序的发展、原始宗教信仰活动的发展超越了社会发展的承受能力、频繁的掠夺性战争又影响了社会的发展、社会资源的过度消耗、不能适应环境的变化，以及北部文化势力南下太湖地区等因素有关。

良渚文明显然要比红山文明进步，但其社会管理机构不完备，不能调节社会无序发展，虽然形成了"王权"这一"王国文明"的特点，但没有形成相匹配的管理制度与体系。当"王权"无力控制社会无序发展时，一旦受到各种不利因素冲击，文明社会自然会自行衰亡。良渚文明实际是我国"古国文明"向"王国文明"过渡阶段的代表，可暂称为"古王国文明"。

（三）陶寺文明的分布、年代及社会基本特征

陶寺文明是指主要分布在晋西南地区的陶寺文化早中期，具体年代大致在公元前 2450 年至公元前 2000 年之间①。其代表性遗存，最重要的是山西省襄汾陶寺遗址发现的陶寺文化早期的城址（宫城）、大型窖藏区、6 座大墓（M2001、M3002、M3015、M3016、M3072、M3073），陶寺文化中期的大型城址、较大型的宫殿建筑基址、具有祭祀与观测天象功能的半圆形大型建筑基址、城址西南角的手工业区、一座随葬品丰富的大墓（2002M22）[10]，以及芮城清凉寺墓地的部分墓葬，临汾下靳村墓地的部分墓葬等。

其中，陶寺文化早期城址面积约 13 万平方米[11]，内有宫殿建筑基址，并发现豪华建筑上几何形花纹的白灰墙皮[12]。陶寺文化早期的大型窖藏区，位于早期城址的东南，面积约 1000 平方米，其内窖穴密集[13]，以竖穴圆角方形或长方形为主，大者边长 10 米左右，小者边长约 5 米，多有螺旋坡道由坑口至坑底。大型窖藏区及众多粮仓性质的窖穴，正好与大墓中随葬木质粮仓模型仓形器，能够互相对应证明。

陶寺文化早期的 6 座大墓，仅一座未被扰乱，有 4 座大墓随葬了彩绘蟠龙纹陶盘。这 6 座大墓，墓葬规模大，随葬品丰富、精致。不仅有彩绘陶器、彩绘漆木器，而且大都还有木俎、木匣、成套大型石厨刀、石磬、土鼓、鼍鼓随葬。其中石磬、土鼓、鼍鼓是大型礼乐器，石磬长 44—95 厘米，土鼓高 45—142 厘米②。完整的鼍鼓高约 1 米，鼓腔外表施彩绘图案（见封三图 9、图 10）。这种大型礼乐器还组配使用，组配形式通常是 1 件石磬、2 件鼍鼓、1 件土鼓。这种使用大型组合礼乐器随葬的现象，在商代仅见于王陵或王室大

---

① 此处主要利用陶寺早期的两个测年数据，即距今 4415±130 年的 ZK-1098 和距今 4290±130 年的 ZK-1099，来推断陶寺文化早期的具体年代。辅以高精度树轮校正年代表校正，这两个数据分别为距今 4434 年至 4228 年和距今 4401 年至 4090 年，据此可将陶寺文化早期的年代推定在公元前 2450 年至公元前 2150 年之间（见朱乃诚：《良渚的蛇纹陶片和陶寺的彩绘龙盘》注 15，《东南文化》1998 年第 2 期）。陶寺文化中期的年代是依据陶寺文化早期年代的下限与陶寺文化晚期年代的下限推定的。陶寺文化早期年代的下限是公元前 2150 年，陶寺文化晚期年代的下限大致不会晚于二里头文化新砦期的公元前 1850 年，于是可以初步确定陶寺文化中晚期的年代大致在公元前 2150 年至公元前 1850 年这 300 年之间。推测中期与晚期可能各经历了约 150 年，公元前 2000 年大致为中期与晚期的分界。故推定陶寺文化中期的年代大致在公元前 2150 年至公元前 2000 年。合计陶寺文化早中期的年代在公元前 2450 年至公元前 2000 年。
② 参见中国社会科学院考古研究所，山西省临汾市文物局：《襄汾陶寺：1978—1985 年考古发掘报告》：第四册图版，文物出版社，2015 年版。

墓。由此可以推测：陶寺遗址这6座大墓是当时王室成员的墓葬，彩绘蟠龙纹陶盘（图2）①仅限于王室成员使用。

陶寺文化中期的城址，面积约280万平方米。发现的陶寺文化中期的大型宫殿夯土建筑基址，面积为286平方米，上有三排残存18个柱洞，是柱网结构明确的殿堂建筑遗迹。在夯土中还出土了铜器残片及两处奠基的人骨架[13]。2002年发现了陶寺文化中期的两大块装饰绚边篦点戳印纹白灰墙皮和一大块带蓝彩的灰白墙皮[14]。陶

图2　陶寺 M3072：彩绘蟠龙纹陶盘

寺文化中期的一座大墓（2002 Ⅱ M22），在陶寺文化晚期偏早阶段就已被扰乱破坏，尤其是墓室正中的棺室被捣毁，棺内的贴身随葬玉器等情况已不清楚，残留有绿松石饰件、玉钺碎块、小玉璜、木柄、子安贝等46件，以及遗留在扰坑内的玉钺、玉钺残块、白玉管、天河石和绿松石片等20件。在棺室四周未扰动部分及壁龛内出土随葬品72件（套），包括彩绘陶器8件、玉石器18件（套）、骨镞8组、漆木器25件、红彩草编物2件，以及猪10头、公猪下颌1件[15]。

陶寺文化早中期这些高层次、高品质遗存的发现，反映了陶寺文明的如下一些特征。第一，初步形成了农业生产与手工业生产管理体系。如陶寺文化中期集祭祀与观测天象的建筑基址，显示当时可能存在敬天授时以发展农业的农业生产管理体系。陶寺文化中期观测天象的遗存及其知识，不可能是在陶寺文化中期突然出现的，推测在陶寺文化早期就已经开始了。又如陶寺

① 参见中国社会科学院考古研究所，山西省临汾市文物局：《襄汾陶寺：1978—1985年考古发掘报告》：第四册图版，文物出版社，2015年版。

文化中期的手工业区的发现，显示当时对手工业进行了集中管理，而陶寺文化早期大墓中出土的各种精致的彩绘陶器、木器、漆器、玉器等，也显示陶寺文化早期的手工业已经相当发达。第二，初步形成了粮食储备管理体系。如陶寺文化早期的大型窖藏区显示粮食储备管理体系的存在，而大墓中随葬木质粮仓模型仓形器则显示当时对粮食储备及管理的重视。这是防范粮食资源风险的重要措施。第三，存在着十分明显的"王权"与初步的王室文化现象，权力体系已经形成。如陶寺文化早期的宫城、中期的大型宫殿基址、王室大墓，只有大墓才享有的特殊器物——彩绘龙盘、石磬、土鼓、鼍鼓等大型礼乐器。第四，初级"礼制"已经形成。如出现了1件石磬、1件土鼓、2件鼍鼓这种固定配套组合的大型礼乐器，而且只有"王室"大墓才有彩绘龙盘、石磬、土鼓、鼍鼓等大型礼乐器与大型漆木器、粮仓模型等豪华器物随葬。显示出社会制度正在建立。第五，社会贫富分化明显，如少数大墓、中型墓以及数以千计的大量小墓，其墓葬规模、随葬品的数量与质量，判然不同。还有被杀殉用于奠基或祭祀的人骨，社会分层存在四个以上的阶层。

上述表明，在陶寺文化早中期，社会经济空前繁荣，重农务实的社会风气、礼制与等级等社会制度、社会管理体系、王权与王室文化等现象，以及尊卑有序、崇龙尊王等规范行为的思想意识都已经形成，文明已经诞生。陶寺文明具有鲜明的王权与初步的王室文化特征，以及较为完备的社会管理体系或国家管理机构，所以，可以将陶寺文明视为王国文明。陶寺文明是目前认识的中国最早的王国文明。苏秉琦先生在30年前就将之称为"最初的中国"。

结语

五帝时代是中华文明的形成时期。而中原"王国文明"的形成，则标志着"中国文明"的诞生。其所处年代相当于考古学揭示的公元前3500年至公元前2000年之间，并可以划分为三个时期，即黄帝时期、颛顼与帝喾时期、唐尧与虞舜时期。这三个时期分别相当于中华文明形成过程中的"古国文明""古王国文明""王国文明"三个发展阶段。

中华文明的形成过程显示，先是小区域内形成没有"王权"的"古国文明"，而后是产生粗具"王权"而缺乏有序管理机构、仍然是小区域特色的"古王国文明"，最终形成以中原为核心兼具四方文化特色的具有王权与王

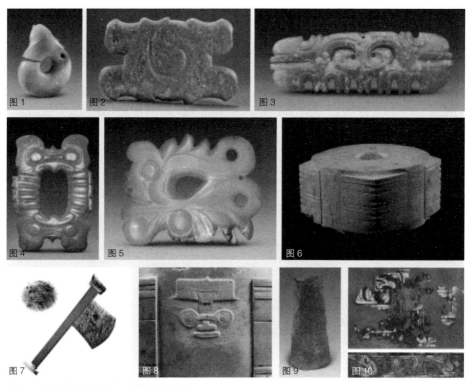

图 1　牛河梁 N2Z1M4：2 兽面玦形玉器
图 2　牛河梁 N5Z1M1：4 勾云形玉器
图 3　牛河梁 N2Z1M22：2 兽面纹玉佩
图 4　牛河梁 N2Z1M26：2 双兽面玉佩
图 5　牛河梁 N2Z1M23：3 鸟兽纹玉佩
图 6　反山 M12 大玉琮
图 7　反山 M12 大玉钺
图 8　反山 M12 大玉琮上的神人图案
图 9　陶寺 M3015：15 鼍鼓
图 10　陶寺 M3015：15 鼍鼓彩绘纹饰
图 1—图 5 参见辽宁省文物考古研究所编著《牛河梁—红山文化遗址发掘报告（1983—2003 年度）》（下册），2012 年版：图版六九、二二五、九四、六三、九六。
图 6—图 8 参见浙江省文物考古研究所编著的《反山》，2005 年版：彩板一四九、二九八、一五六。
图 9、图 10 参见中国社会科学院考古研究所、山西省临汾市文物局的《襄汾陶寺：1978—1985 年考古发掘报告》（第四册），2015 年版：彩版二一、二二。

室文化特征，以及具有初步完备的社会管理体系即国家管理体系的"王国文明"。

目前考古学上揭示的可以与"古国文明""古王国文明""王国文明"这三个发展阶段相对应，并能够列举一系列特征而表明其社会进入"文明"发展状态的考古学文化实体个案，分别是以"红山文明""良渚文明""陶寺文明"为代表。其中"红山文明"是否代表着黄帝时期的古国文明，"良渚文明"是否代表着颛顼与帝喾时期的古王国文明，尚需要进一步的探索与认证。但是"陶寺文明"所代表的应是尧舜时期的王国文明。

古代文献记载和考古学发现与研究两方面的证据都指向一个共同的现象：即尧舜时期的陶寺文明是中国王国文明的开端，是最早的"中国文明"，即"最初的中国"。

（作者单位：中国社会科学院考古研究所研究员）

参考文献:

[1] 朱乃诚·红山文明及其对认识中国文明起源的重要意义 [J]·中国社会科学院古代文明研究中心通讯, 2016 (30): 1-11.

[2] 朱乃诚·辽西地区早期文明的特点及有关问题 [J]·考古, 2013 (5): 55-61.

[3] 郭大顺, 张克举·辽宁省喀左县东山嘴红山文化建筑群址发掘简报 [J]·文物, 1984 (11): 1-11.

[4] 方殿春, 刘葆华·辽宁阜新县胡头沟红山文化玉器墓的发现 [J]·文物, 1984 (6): 1-5.

[5] 方殿春, 刘晓鸿·辽宁阜新县胡头沟红山文化积石冢的再一次调查与发掘 [J]·北方文物, 2005(2): 1-3.

[6] 辽宁省文物考古研究所·牛河梁: 红山文化遗址发掘报告(1983~2003 年度)[M]·北京: 文物出版社, 2012.

[7] 郑绍宗·河北平泉一带发现的石城聚落址: 兼论夏家店下层文化的城堡带问题 [J]·文物春秋, 2003 (4): 1-6.

[8] 巴林右旗博物馆·内蒙古巴林右旗那斯台遗址调查 [J]·考古, 1987 (6): 507-518.

[9] 辽宁省文物考古研究所, 朝阳市龙城区博物馆·辽宁朝阳市半拉山红山文化墓地的发掘 [J]. 考古, 2017 (2): 3-34. 辽宁省文物考古研究所, 朝阳市龙城区博物馆·辽宁朝阳市半拉山红山文化墓地 [J] 考古, 2017 (7): 18-30.

[10] 中国社会科学院考古研究所山西队, 山西省考古研究所, 山西省临汾市文物局·2012 年度陶寺遗址发掘的主要成果 [J]·中国社会科学院古代文明研究中心通讯, 2013 (24): 60-63.

[11] 中国社会科学院考古研究所山西队, 山西省考古研究所, 山西省临汾市文物局·2013—2014 年山西襄汾陶寺遗址发掘收获 [J]·中国社会科学院古代文明研究中心通讯, 2015 (28): 54-66.

[12] 中国社会科学院考古研究所、山西省临汾市文物局·襄汾陶寺 1978~1985 年考古发掘报告: 第四册 [M]·北京: 文物出版社, 2015.

[13] 中国社会科学院考古研究所山西第二工作队, 山西省考古研究所, 山西省临汾市文物局·2002 年山西襄汾陶寺城址发掘 [J]·中国社会科学院古代文明研究中心通讯, 2003 (5): 40-49.

[14] 中国社会科学院考古研究所, 山西省考古研究所, 临汾市文物局·山西襄汾陶寺遗址 2007 年田野考古新收获 [J]·中国社会科学院古代文明研究中心通讯, 2008 (15): 48-50.

[15] 中国社会科学院考古研究所山西队, 山西省考古研究所, 临汾市文物局·陶寺城址发现陶寺文化中期墓葬 [J]·考古, 2003 (9): 3-6.

论帝尧族裔姓氏的文化探源及当代价值

张新斌

帝尧为五帝之一。帝尧文化是中华人文始祖文化的重要组成部分。通过对帝尧文化研究，尤其是深入挖掘帝尧族裔姓氏文化，对传承弘扬中华优秀传统文化，对地方文化建设和发展具有重要的意义。

一、关于帝尧族系文化的疏理与最大族裔中华刘氏文化探源

1. **帝尧族系疏理**。帝尧早期资料不多，但为研究帝尧族系文化，提供了重要线索。《史记·五帝本纪》云："帝尧者，放勋。其仁如天，其知如神。就之如日，望之如云。"史料中，对帝尧的人格给予了非常高的评价。关于帝尧的族裔，《史记·索隐》："尧，谥也。放勋，名。帝喾之子，姓伊祁氏。皇甫谧云，尧初生时，其母在三阿之南，寄于伊长孺之家，故从母所居为姓也。"这里所引的皇甫谧《帝王世纪》第二有载，"帝尧陶唐氏，伊祁姓也。母曰庆都，孕十四月而生尧于丹陵，名曰放勋。鸟庭荷胜，眉有八采，丰下锐上。或从母女生伊耆氏。年十五岁而佐帝挚，受封于唐，为诸侯。"这样，在当代姓氏中祁、陶、唐，应为帝尧族裔。《史记·正义》："徐广云，'号陶唐。''帝王纪'云，尧都平阳，于《诗》为唐国。'徐才《宗国都城记》云，'唐国，帝尧之裔子所封。'"这些记载，进一步佐证了陶、唐等姓氏为帝尧族裔。

2. **帝尧最大族裔中华刘氏文化探源**。刘氏是中华第4大姓。《元和姓纂》载，刘氏"帝尧陶唐氏之后，受封于刘。裔孙刘累事夏后孔甲。在夏为御龙氏，在商为豕韦氏，在周为唐杜氏。杜伯子隰叔奔晋，为士氏。孙士会适秦，后归晋，其处者为刘氏"。实际上这一支中间可以看到刘、唐、杜、

龙、韦等姓氏源流一脉的线索。《姓解》也云："彭城刘氏，陶唐氏之后，封于刘。其后有刘累。"彭城为刘氏最大的郡望堂号，因其为刘邦建立的汉刘族系的主源，所以刘累的地位是十分重要的。《通志》："刘氏，祁姓。帝尧陶唐氏之后，受封于刘。"《古今姓氏书辨证》："刘氏，祁姓。帝尧陶唐氏之后，裔孙刘累，受封于刘，因氏。商时，徙封于唐，居尧之故墟，又为唐氏。周成王灭唐，封其后于杜陵，又为杜氏。"这些都把这几个姓氏的关系梳理得比较清楚。

关于刘氏的始祖刘累，《左传·昭公二十九年》有较多记载："陶唐氏既衰，其后有刘累学扰龙于豢龙氏，以事孔甲，能饮食之。夏后嘉之，赐氏曰御龙，以更豕韦之后。龙一雌死，潜醢以食夏后，夏后飨之，既而使求之，惧而迁于鲁县。"鲁县，依学界研究在今河南鲁山县。在《史记·夏本纪》也有类似的记载："帝孔甲立，好方鬼神，事淫乱。夏后氏德衰，诸侯叛之。天降龙二，有雌雄，孔甲不能食，未得豢龙瓦，受豕韦之后。龙一雌死，以食夏后。夏后使求，惧而迁去。"刘累的事迹比较传奇，但却是名字带有刘字的第一人，所以成为刘邦认可，刘氏多以为荣的刘氏最主要的祖先。历史上刘氏名人辈出，尤其以 66 个皇帝而在诸多姓氏中位列前茅。当代人口约有 6700 万人。

二、中华百家大姓中的唐氏、杜氏、傅氏族裔文化探源

1. **唐氏为中华第 25 大姓**。《广韵》："唐，姓。唐尧之后，子孙氏焉。"又见，《元和姓纂》："帝尧陶唐氏之后，封唐侯。"《姓解》也有类似的说法，"帝尧陶唐氏之后，子孙氏焉。"另外，《通志》也云，"唐氏，祁姓。亦曰伊祁，出陶唐氏之后。尧初封唐侯，其地中山唐县是也。"《古今姓氏书辨正》："唐，祁姓。帝尧初封唐侯，其地中山唐县是也。舜封尧子丹朱为唐侯。"唐，在今河北唐县。又，《姓氏急就篇》："唐，尧后。"应该说，在唐地初封者就是尧。后来，在这里袭封者可能与尧无关，但其最早因尧而得氏，这是无可争辩的。唐氏在历史上也有唐寅、唐绍仪等名人，在海外华人中也有一定影响力。当代人口约有 780 万人。

2. 杜氏为中华第 47 大姓。《广韵》有"杜氏，本自帝尧刘累之后"，《元和姓纂》也有"杜氏，祁姓。帝尧裔孙刘累之后。在周为唐杜氏。成王灭唐，迁封于杜。杜伯为宣王所灭"。杜、刘两姓氏之间源流清晰。《通志》云："杜氏，亦曰唐杜氏。帝尧之后，祁姓。建国于刘，为陶唐氏。裔孙刘累，以能扰龙事孔甲，故夏为御龙氏。在商为豕韦氏，在周为唐杜氏。成王灭唐而封叔虞，乃迁唐氏于杜，是为杜伯。今永兴军长安县南下村，犹有杜伯冢也。至宣王，灭其国，以为大夫。杜伯无罪被杀，子孙分适诸侯，居杜城者为杜氏。"这段史料，对杜氏的来源讲得更细。《姓觿》也讲到杜氏，"《姓谱》，刘累之后，徙杜者，为杜氏。"杜氏，与尧的关系，因刘累而形成了长的族系链条。杜氏历史上有杜诗、杜预、杜甫、杜佑、杜牧、杜如晦、杜充等而著名。也是一个人才辈出的大家族。当代人口约有 520 万人。

3. 傅氏为中华第 53 大姓。史料文献一般以殷代宰相傅说为傅氏始祖。如，《广韵》："傅，相也，姓。本自傅说，出自傅岩，因以为氏。"《元和姓纂》有"殷相说之后，筑于傅岩，因以为姓。"又，《姓解》："清河傅氏，傅说之后，出自傅岩。"傅说，因发明版筑而著称，地点在傅岩。这个地点依学界考证在今山西平陆。《通志》也谈"傅氏，商相傅说之后，说筑于傅岩，因以为氏。"但《古今姓氏书辨证》则有专门考证："《唐书·宰相表》曰：'出自姬姓，黄帝裔孙大由，封于傅邑，因以为氏。商时，虞、虢之间有傅氏，居于岩旁，是为傅岩。高宗（盘庚）得说于此，命以为相。裔孙汉义阳侯介子，始居北地。至唐，有傅弈，中散大夫、太史令；傅文杰，唐杞王府典军。清河傅氏，出自后汉汉阳太守燮。至唐，傅游艺，相武后。'谨按：旧书自《风俗通》至《元和姓纂》皆云'说筑于傅岩，因以为姓。'大误。《国语》：'周内史过对惠王曰：丹朱之神降于莘，宜使太史帅狸女生奉牺牲献焉。王从之，使太宰忌父帅傅氏及祝史往。'韦昭《注》曰：'狸姓，丹朱之后，在周为傅氏。神不歆非类，故帅以往。'又，春秋时，郑大夫有傅瑕。晋有傅傁。傅氏未尝乏人。今详此，则尧出于黄帝，丹朱出于尧，大由宜出于丹朱。傅氏更虞、夏、商、周，为族姓已久，特少类著，故史失其系尔。今从《唐·表》为证。"以上考证，足以显示傅氏由黄

帝—帝尧—丹朱的发展谱系,历史上涌现了傅玄、傅山等名人,当今人口约
450万人。

三、中华百家大姓之外的祝氏、祁氏、房氏、丹氏、伊氏后裔 的文化探源

1. **祝氏在中华姓氏中排第135位。**《元和姓纂》: "祝氏,黄帝祝融
之后。周武王封黄帝之后允于祝,因氏。……或以祝史之后,以官为氏。"
这种说法还可见,《姓解》云: "祝氏,祝融之后。"《通志》也有, "祝氏,
已姓。黄帝之后,周武王封黄帝之裔于祝。"又,《古今姓氏书辨正》也云,
祝氏"出自姬姓。周武王克商,封黄帝之后于祝。"但实际上祝氏为黄帝—
帝尧之后,《姓觿》引《姓源》, "周武王封帝尧之后于祝,因氏。"这个
说法虽然不是权威说法,但是这种观点也值得关注。历史上有唐代宰相祝钦
明、明代书画家祝允明等。当代人口约111万人。

2. **祁姓在中华姓氏中排列第151位。**《元和姓纂》: "祁,帝尧伊祁
氏之后。"《姓解》也谈到,这是"黄帝子"所得的十四姓之一,为古姓。
但《通志》则认为, "祁氏,姬姓。晋献公四世孙奚,为晋大夫,食采于祁,
遂以为氏。其地在今太原祁县是也。"这应该是祁姓的另外一个来源。《通
志》在"以名为氏"类中,还有"周司马祁父之后"的说法,反映祁氏来源
的多源。但是因伊祁氏而命氏,由此有祁地,而各代受封于此仍以为氏,反
映伊祁氏应为祁姓最早的源头。祁姓历代名人有晋国中军尉祁奚、宋朝义武
军节度使祁廷训等,虽不是大名人,但在各个方面都有成功人士。当代祁姓
人口约有86万人。

3. **房氏在中华姓氏中排第183位。**《广韵》讲道: "房,姓,出清河、
济南、河南三望。本自尧子丹朱封为房邑侯。"《姓解》有"清河房氏,尧
子丹朱封于房,子孙以为氏"。又,《古今姓氏书辨证》也有"清河房氏,
祁姓。舜封尧子丹朱于房"。清河房氏应为房氏中重要望族。但是《通志》
也有"房氏,祁姓。舜封尧子丹朱于房,今蔡州遂平故吴房县是也"。另,
《新唐书·宰相世系表》也云: "房氏出自祁姓,舜封尧子丹朱于房。"也

就是说，房氏为祁姓，尧子丹朱封于房，而呈共识。虽然《姓氏急就篇》亦云："房氏，祁姓。周昭王娶于房，曰房后。"但源头仍为帝尧祁姓。不过，《姓觿》引《路史》有"嬴秦之后有房氏"的说法，反映房氏还有其他的源头，但帝尧之后应为主流说法，当无疑义。房氏历史上最有名的是唐代宰相房玄龄，当代人口约 60 万人。

4. 丹氏为中华姓氏中位列 720 位。《元和姓纂》云，丹氏，"尧子丹朱之后为氏。"《通志》云："帝尧之子丹朱之后。"又云，《姓氏急就篇》引《风俗通》，"尧使子朱处丹渊，为诸侯。"《姓觿》引《郡国志》："古丹国，在楚。尧子朱封丹。"丹氏为小姓，来源于丹朱，来源应该是比较单一的。当代人口也仅有万余人。

5. 伊氏在中华姓氏的排序中不太详细。《广韵》表示，"伊，姓。伊尹之后，今山阳人。"伊尹为商代名相，《元和姓纂》专门记载："帝尧伊祁氏之裔孙伊尹，名挚，相汤，生陟奋。"这说明伊尹的族系源头在帝尧伊祁氏。《通志》："伊氏，即伊祁氏之后也。裔孙伊尹，名挚，相汤。"又，《姓觿》有"《国名记》：古伊国，炎帝裔，尧之母家。伊，侯国，自伊徙耆，故又为尹耆氏。"这里强调的尧之母家为炎帝裔，反映了炎黄二帝非常密切，又错综复杂的关系。伊氏最大名人为商相伊尹，清代书法家伊秉绶等。

四、帝尧族系文化寻根的当代价值及建议

通过以上我们为帝尧族系文化的探源研究，可以探寻，可以找到以刘、唐、杜、傅，以及祝、祁、房、丹、伊共 9 个姓氏，可以明确纳入黄帝 – 帝尧族系。帝尧族系姓氏的数量虽然不算太多，但有中华第四大姓刘氏，以及一百大姓内的唐、杜、傅三个姓氏。从近年来姓氏寻根的角度探索，这些姓氏围绕祖地进行了大量的寻根活动，这些活动对于加强大陆与海内外华人的交流，对于凝聚海内外华人的力量，对于地方的改革发展均具有一定的意义。

其中刘氏近年来对祖地河南鲁山县进行了大量的开发，以马来西亚侨领刘南辉为代表的海外华侨领袖，多次到祖地寻根，先后支持建设了中华刘氏名人纪念馆、海内外刘氏宗亲联谊中心、中华刘氏祭祖广场等大型文化设

施。河南多地的刘氏宗亲先后成立了刘氏文化的研究机构，不但加强了对刘氏文化的研究，同时也加强了宗亲之间的联谊，对地方的经济文化发展起到了重要作用。此外，傅氏对祖地山西平陆的寻根。唐氏专门开办了"中华唐氏网"，也在太原晋祠举办了祭祖活动。祝氏也开办了"中华祝氏网"，房氏在网同网上开通了"房玄龄网同纪念馆"，在广东、福建、江西、江苏等地展开了宗亲交流活动。这些活动开展得有声有色，但从帝尧族裔角度进行整合也刚刚开始，还没有"舜裔"那样的世界级组织与活动，因此以帝尧为纽"尧裔"大团结大发展势在必行。

金湖县设县时间不长，帝尧文献薄弱，影响力有限。建议，一是要加强学术研究，举办相关论坛围绕帝尧文化在金湖、帝尧文化当代价值进行研究，积极宣传帝尧文化，使帝尧文化与金湖文化有效捆绑，实现双赢。二是要加大帝尧族裔的联系，积极推动帝尧族裔到金湖寻根。向相关姓氏进一步宣传帝尧文化的意义，使其有机地围绕在帝尧文化周围，通过宣传和扩大帝尧文化的影响，进一步强化宗亲的自豪感与归属感，将金湖打造成为帝尧文化的寻根文化圣地。

（作者单位：河南省社会科学院历史与考古研究所所长、二级研究员）

早期石刻上的尧文化

苏　辉

古籍中关于尧的记载最翔实者莫过于《史记·五帝本纪》，五帝就是黄帝、帝颛顼、帝喾、帝尧和帝舜，太史公采古书牒记，如《书·尧典》《大戴礼·五帝德》等等，尽心编次。诚如篇末所言"学者多称五帝，尚矣。然《尚书》独载尧以来，而百家言黄帝，其文不雅驯，荐绅先生难言之。孔子所传《宰予问五帝德》及《帝系姓》，儒者或不传。余尝西至空桐，北过涿鹿，东渐於海，南浮江淮矣，至长老皆各往往称黄帝、尧、舜之处，风教固殊焉。总之，不离古文者近是。予观《春秋》《国语》，其发明《五帝德》《帝系姓》章矣，顾弟弗深考，其所表见皆不虚。书缺有间矣，其轶乃时时见於他说。非好学深思，心知其意，固难为浅见寡闻道也。余并论次，择其言尤雅者，故著为本纪书首"，故《五帝本纪》成为古代学者论述夏代以前历史的一个基础框架。今天我们借助考古学的发现可以认识到：五帝时代相当于新石器时代晚期，既是中华文明的形成期，也是国家起源的初始阶段，在中国历史文化的长河中占有非常重要的地位。①

历史是时间维度的人事集合，直接的伴生产物之一就是文化，无论后人记录的历史正确与否，作为主角浸染其中的群体心理是前后相通的，古代和今世、上层和下民，或许都会聚焦一样的主题，因为社会背景与文化传统是共有的，前人的事迹在后世流传的同时也造就了另一段历史，不断生发出并非因果的间接关联。换一个角度来看，当下我们或许无法断定或确知五帝包括尧的具体史实，但尧作为古代明帝圣君的形象一直深入人心，已经成为中华文化精神的组成部分，可以通过文化脉络的视角考察尧在后世的影响，研

---

① 朱乃诚：《五帝时代与中华文明的形成》，《中原文化研究》2020 年第 4 期。

究源远流长的尧文化。① 下面以早期石刻为中心，从文字与图像结合的角度探寻尧文化在古人生活中的印记及体现。

一

先民对于上古事迹多以口耳相传的方式传承，为史官所采用，讽喻君主，起到以史为鉴的作用。《国语·楚语下》："楚之所宝者……又有左史倚相，能道《训典》，以叙百物，以朝夕献善败于寡君，使寡君无忘先王之业；又能上下说乎鬼神，顺道其欲恶，使神无有怨痛于楚国。"图像也有同样的功用，只不过描述的内容可以口授，但图像线条全貌却无法复述，故对远古贤与不肖者的样貌多为想象，取其意会，如《易》"立象以尽意"之谓也，放在礼仪建筑之内，主要也是为了"善以示后、恶以戒世"。尧是上古贤主，其形象自然也在帝王群像之列，《孔子家语·观周》："孔子观乎明堂，睹四门牖，有尧舜之容，桀纣之像，而各有善恶之状，兴废之戒焉。"其中明确提到"尧舜之容"，可与《淮南子·主术》合证："文王周观得失，遍览是非，尧舜所以昌，桀纣所以亡，皆著于明堂。"《白虎通义·圣人篇》云："圣人皆有表异。《传》曰：'伏羲禄、衡连珠、唯大目、鼻龙伏，作《易》八卦以应枢。黄帝颜，得天匡阳，上法中宿，取象文昌。颛顼戴午，是谓清明，发节移度，盖象招摇。帝喾骈齿，上法月参，康度成纪，取理阴阳。尧眉八彩，是谓通明，历象日月，璇玑玉衡。舜重瞳子，是谓玄景，上应摄提，以像三光。'"② 对于汉以后人的圣人形象流传有非常深远的影响。

《楚辞·天问》提出的 172 个疑问，涉及帝尧有三处："帝降夷羿，革孽夏民。胡射夫河伯，而妻彼雒嫔？……彭铿斟雉，帝何飨？……尧不姚告，二女何亲？"故王逸《楚辞章句》指出："楚有先王之庙及公卿祠堂，图画天地山川神灵，琦玮僪佹，及古贤圣怪物行事。"③ 可知楚国庙堂壁画绘有神话传说、历史故事、自然景象等浩繁的内容，其中自然也有帝尧的图

---

① 陈泳超：《文化视角下，尧舜传说的田野民俗》，《光明日报》2018 年 7 月 22 日。
② 陈立：《白虎通疏证》，中华书局，1994 年版，第 337—339 页。
③ 洪兴祖：《楚辞补注》，中华书局，1983 年版。书中辑录王逸《楚辞章句》引文较全。

像。周人礼教，楚地因之，汉代也承袭沿用。汉代王延寿《鲁灵光殿赋》描述当时灵光殿壁画："图画天地，品类群生，杂物奇怪，山神海灵"，"上纪开辟，遂古之初，五龙比翼，人皇九头，伏羲鳞身，女娲蛇躯"，"下及三后，淫祀乱主，忠臣孝子，烈士贞女，贤愚成败，靡不载叙"。①

能所起类似的作用不仅是人像，还有各种图物，《左传》宣公三年记王孙满云："昔夏之方有德也，远方图物，贡金九牧，铸鼎象物，百物而为之备，使民知神奸。故民入川泽山林，不逢不若。螭魅罔两，莫能逢之，用能协于上下，以承天休。"功能的政治教化正如张彦远的《历代名画记》总结："故鼎钟刻，则识魑魅而知神奸；章明则昭轨度而备国制。清庙肃而簠簋陈，广轮度而疆理辨。以忠以孝，尽在于云台；有烈有勋，皆登于麟阁。……曹植有言曰：'观画者，见三皇、五帝，莫不仰戴；见三季异主，莫不悲惋；见篡臣贼嗣，莫不切齿；见高节妙士，莫不忘食；见忠臣死难，莫不抗节；见放臣逐子，莫不叹息；见淫夫妒妇，莫不侧目；见令妃顺后，莫不嘉贵。是知存乎鉴戒者图画也。'……图画者，有国之鸿宝，理乱之纲纪。""夫画者，成教化、助人伦、穷神变、测幽微，与六籍同功。""恶以戒世，善以示后"是汉代肖像画成熟发展的政治原因。

国家层面的倡导流风所及，自然也影响到普通民众，在汉代祠堂、墓葬里的画像石中也出现有帝王先贤像，目前所见尧在早期石刻上的记录主要是汉画像石及碑文，尤其以山东为盛，在汉代尧文化的承接演进中齐鲁是主要的传播之地，礼义教化之风由此可见一斑。

二

目前早期主要是汉代石刻所见尧的形象比较集中，具体可举出下面几例。

1. **武梁祠西壁上的帝尧画像**。位于山东嘉祥的武梁祠遗址是东汉桓、灵时期武氏家族祠堂和墓地的组成部分。武氏墓地石阙及4座石室祠堂四壁的石刻画像内容丰富，以武梁祠所刻为最早，全部建筑自桓帝建和元年（147）开始起陆续营造，历时数十年始成。遗址宋时尚完好，赵明诚《金石

---

① 俞慰刚：《历代名画记译注》，上海古籍出版社，2002年版。

录》曾录其三石拓本，洪适《隶释》《隶续》也著录其题识和部分图像。[①]后因黄河改道，墓地建筑全部被泥沙所埋。

1786年，清代金石学家黄易路过嘉祥时发现了武氏祠，次年他与友人联袂再次探访，发土得石室三，石碑、石狮各二，所获甚多，并作画《紫云山探碑图》以为纪念，题款云："乾隆丁未（1787）二月十有八日，与李铁桥、李梅村、南明高至嘉祥扪汉武氏诸碑刻，欢赏竟日而还，为图记之。"题首"奇文共欣赏"隶书五字为李东琪手书。[②]六年后李东琪又发现石室一，两次共得画像石44块。

西壁画像石原是武氏祠的西山墙，画面分为五层，第一层画面主题内容为古代神话传说中的西王母，第二层刻远古十位帝王，从左至右依次是"伏羲""祝诵氏""神农氏""黄帝""帝颛顼""帝喾""帝尧""帝舜""夏禹""夏桀"。（图1）张从军认为，大禹和商汤虽然都是著名帝王，却没有进入文献记载的三皇五帝系列。这里着重把他们的形象收录进石阙画像之中，很可能是受了《白虎通》的影响，是东汉初年崇尚儒家思想的结果。[③]第三层刻教子故事四则，第四层刻刺客故事三则，第五层刻车骑人物。帝尧在第二层帝喾和帝舜之间，画像边上题字为："帝尧放勋，其仁如天，其智如神。就之如日，望之如云。"与《史记·五帝本纪》内容一致，应即直接引用其文，巫鸿认为：武梁祠与《史记》之间或成平行关系，历史作品之间呈对应关系，其图像或受到《史记》直接影响，有意表现历史演进的过程和规律性，其或可被称为中国史学中最早的社会进化论者。[④]此说很有启发。

黄易及友人对武梁祠的保护非常尽心，经翁方纲、李东琪等人倡议捐

图1

① 蒋英炬、吴文祺：《汉代武氏墓群石刻研究》，山东美术出版社，1995年版。
② 薛龙春：《古欢：黄易与乾嘉金石时尚》，北京：生活·读书·新知三联书店，2019年版。
③ 张从军：《沂南汉墓历史人物图像解读》，《临沂大学学报》2006年第2期。
④ 巫鸿：《武梁祠——中国古代画像艺术的思想性》，柳扬、岑河译，北京：生活·读书·新知三联书店，2006年版。

资兴建了汉画室，值得称道。清代金石小学兴盛，武氏祠石刻引起了同时代学人的高度重视，考证的学术成果相继问世，从各个角度揭示了武梁祠的史学和艺术价值。其中，金石学家瞿中溶认为"此刻画像甚精细，人物动作之间皆有神气，后代画师盖无能出其范围者，实可为画学之宗祖"，瞿氏尤其推重黄易的拓本，因为拓印时间在前，细节清晰，其《汉武梁祠堂石刻画像考》书后另附有《武祠前石室画像考》一文称："黄小松于山左嘉祥搜出汉武梁祠堂画像，椎拓甚精，予既为之详考其事，补前人所遗及正近人所说之，成书六卷矣。"武梁祠堂画像所刻古来帝王圣贤及孝子忠臣、烈士节妇故事，目的是教诫子孙，与汉代明堂、宫殿壁画的功能作用一致："今观《武梁祠堂画像》，每与《天问》及灵光、景福二殿赋合，而帝王下及亡国之夏桀，又与孔子所睹明堂像合。"[1]

武梁祠石刻是现今所见最早、最完整的五帝形象，宋人有拓片集武梁祠画像册，孤本藏故宫，（图2）内容是第一石的上二列画像。原石第一列即"伏羲""祝诵氏""神农氏""黄帝""帝颛顼""帝喾""帝尧""帝舜""夏禹""夏桀"古帝王像十图。册上有名

图2

人书跋及鉴赏印款，钤"古盐州官马氏章""吴乃琛印"等印共127方。拓本曾藏唐顺之、黄易等人处。清道光二十九年后被火烧，李汝谦得火后残本，将其重裱成册，并增题跋一册。[2]

---

① 瞿中溶《汉武梁祠堂石刻画像考》又名《汉武梁祠画像考》，北京图书馆出版社影印本，2004年版。
② 容庚：《汉武梁祠画像录》，《考古》学社专集第十三种，线装一函两册，1936年。

2. 莒县东莞村孙氏阙东阙背面画像。（图3）1993年出土，现藏莒县博物馆，时代为汉灵帝光和元年（178）。图像分7层，第4层画面中四人均有榜题最左边坐在树下的人物是"尧"，与对面束手跽坐着的"舜"在交谈，"舜"身后躬立着"侍郎"和"大夫"。榜题"尧"字作"尭"，写法与汉代仙人唐公房碑的写法一致，舜字作"虁"，与汉帝尧碑的"舜"字类似[1]。

图3

3. 博兴县博物馆藏汉画像石。内容为帝尧以二女许配帝舜之事，画面分上下两层，上层及尧妻舜二女的场面。[2]（图4）尧向左坐在席上，画面已残，看不清面容和衣着，由榜题"帝尧"可推定，"尧二女"站在其后，等待出嫁。跪在"帝尧"面前听命应是舜，榜题"尧舜"之"尧"当为"帝"字之误。[3] 舜身后站立一人为象，即榜题"舜后弟"。下层左右两端各刻一辆一马拉的四维轺车向左行，车上均坐有二人，二轺车中间有

图4

二骑吏并排向左行。古书记载还见《孟子·万章上》："万章曰：'帝之妻舜而不告何也？'曰：'帝亦知告焉而不得妻也。'"可知后世对于尧许二

---

① 翟云升编：《隶篇》，中华书局，1985年版。
② 山东省石刻艺术博物馆、博兴县博物馆：《博兴县博物馆藏汉代画像石》，图十三，《海岱考古》2019年第11辑。
③ 杨爱国：《莒县东莞汉画像石与尧舜故事》，系为刘云涛编著《莒县汉画像石》所作序言，齐鲁书社，2020年版。

女给舜之事也是见仁见智。

4.徐州汉画像石馆藏东汉"大禹治水"画像石。（图5）图案分为三组，共刻有10个人物。从左至右第一组为尧、舜、禹。最左侧帝尧面朝右，坐于树下，虞、舜面朝左站立。身边正面站立大禹，身穿宽袍长衣，头戴斗笠，双手按锸。第二组刻三人。中间一人面朝左作迎请状，左边一人右向踞坐。双手摆动；右边之人左向侧立，右手荷物，左手掩面作哭泣状。第三组刻有四人。左边一人向右站立，与中间的禹妻交谈，禹妻面朝左而立，怀中抱一幼儿；最右边一老者左向站立，双手挂鸠杖观望。主题应是表现大禹在治水过程中公务与家庭的失衡关系，对于考察汉人如何看待大禹的行为很有价值。

图5

图6

5.沂南北寨汉墓出土画像石。（图6）发掘者认为图中两位头戴旒冕的人物是禅让过程中的尧舜[①]。但由于榜题没有文字，无法确证。

6.《衡方碑》全称《汉卫尉卿衡府君碑》。（图7）东汉建宁元年（168）九月立，隶书。20行，行36字。藏山东泰安岱庙。碑阴存题名二列，字甚漫漶。碑额阳文隶书"汉故卫尉卿衡府君之碑"二行十字，二行之间有竖格线。碑原在山东汶上县西南十五里郭家楼前，清雍正八年（1730）汶水泛滥，碑陷卧，后重立。[②]碑文起首云："府君讳方，字兴祖，

---

① 曾昭燏、蒋宝庚、黎忠义合著：《沂南古画像石墓发掘报告》，文化部文物管理局，1956年。

② 张金梁：《汉〈衡方碑〉研究》，《张金梁书法文集》，中州古籍出版社，2016年版。

图7

肇先盖尧之苗，本姓□□，则有伊尹，在殷之世，号称阿衡，因而氏焉。"①
衡氏从尹氏而出，乃伊尹之后，尹氏又为尧的后裔，这是从族氏谱系的源流
进行推导，也是尧文化的一个具体的方面。

　　类似的碑文还有唐公房碑，碑文磨灭漫漶不清，起首几字为"君字公
房，成固人，盖帝尧之"②，内容也是表示墓主人为尧的后裔支族。至于汉帝
尧碑和汉尧母碑③，虽有宋人过录④，其实已不可细考，姑存而不论。

　　石刻之外，新出战国简中也有不少尧相关的史料，主要还是在宣扬禅让
时涉及，多与相关传世记载相印证，如上博简《容成氏》《唐虞之道》《子
羔》，等等。其他材质的文物中，铜镜也有例子，如四川绵阳何家山东汉崖
墓出土三段式铜镜，⑤上有铭文："余造明镜，九子作容，翠羽秘盖，灵鹅台
杞，调（雕）刻神圣，西母东王，尧帝赐舜二女，天下泰平，风雨时节，五
穀孰（熟）成，其师命长。"霍巍依据铭文推测华盖旁边的人像可能是尧或

---

① 高文：《汉碑集释》，河南大学出版社，1997年版。
② 高文：《汉碑集释》，河南大学出版社，1997年版。
③ 洪适：《隶释》，中华书局，1986年版。
④ 赵明诚：《金石录》，《四部丛刊续编》本，商务印书馆，1934年版。
⑤ 何志国：《四川绵阳何家山1号东汉崖墓清理简报》，《文物》1991年第3期。

舜帝。^①杨爱国先生指出，"汉代文物上频繁出现的尧的形象很有可能与'汉承尧运，德祚已盛'的观念在社会上普及有关。"有星象数术的思想内涵，"人们把尧的形象刻在阙或祠堂里，不仅是要宣扬他是一位远古的有道明君，更有可能是欲借他之力，助墓主升仙。"^②

当下学者多能从更深层次的背景来考察汉代器物中的人物问题，信立祥指出："汉代祠堂里所有的历史故事画像并不是雕造者或祠堂所有者自由选择和创造出来的，而是严格按照当时占统治地位的意识形态选择和配置在祠堂里。"^③至于为何有多位地位不等的历史或传说人物集合在同墓之中，萧绮有云："观伏羲至于夏禹，岁历悠旷，载祀绵邈，故能与日月共辉，阴阳齐契。万代百王，情异迹至，参机会道，视万龄如旦暮，促累劫于寸阴。何嗟鬼神之可已，而疑羲、禹之相遇乎！"姜生据此认为，宗教的奥秘就蕴藏在对世俗经验逻辑的超越之中——哪怕是以荒诞的方式。因为墓葬的最终目的，是要回答死者而非生者的终极诉求。经过宗教的"过渡"，无论其人生前的时代（时间）、地域（空间）有何等的差距，死后都可超越俗世时间逻辑与空间秩序的局限，而进入同一时空的神灵世界。^④

三

尧文化的研究同样也是在传世古书和出土文献的合证中得到提升，其中也与学术史的脉络相共振。自 20 世纪初年现代新史学传播以来，后续再经古史辨思潮的影响，学者对于五帝的认识也经历了根本的转变，从原先的信奉不疑到有条件的半信半疑，尤其是传说与历史辨析，更倾向于从新的思路和角度进行判别，其中识见最为允当即属王国维先生，就古史特点云："上古之事，传说与史实混而不分。史实之中固不免有所缘饰，与传说无异，而

① 霍巍：《四川何家山崖墓出土神兽镜及相关问题研究》，《考古》2000 年第 5 期。
② 杨爱国：《莒县东莞汉画像石与尧舜故事》，系为刘云涛编著《莒县汉画像石》所作序言，齐鲁书社，2020 年版。
③ 信立祥：《汉代画像石综合研究》，文物出版社，2000 年版。
④ 姜生：《汉代列仙图考》，《文史哲》2015 年第 2 期。

传说之中亦往往有史实为之素地，二者不易区别，此世界各国之所同也。"①
王氏以甲骨卜辞印证了《史记·殷本纪》所载商人先公先王世系基本可信②，
确有所本，商代由此成为真实的历史王朝。与此相呼应的是，中央研究院在
殷墟发掘以来，现代考古学逐渐在中国确立了众望所归的学科地位，以考古
研究的成果来重建上古史成为主流的宗旨③，嗣后近百年的考古工作和成果日
新月异，每每更新甚至冲击学人对中国早期文明的旧观念，也使古书有关商
代以前的记载有了验证和评判的机会，虞夏时期的研究也因此回归学术的层
面，学者如何在探索五帝时代甚至更早的史前各个时段中发挥自身学科的特
点，这是一个大问题，当然这不是本文讨论的焦点。

不过需要指出的是，考古学的研究可以拓宽古史的丰富程度，却也无法
无法告诉我们哪个墓葬里的骸骨是黄帝还是炎帝，尧舜日常说话慢条斯理还
是声如洪钟……每个学科在研究范围上都有边界，因此要各个相关学科之间
互相取长补短，不可偏废，夏鼐先生的比喻名言"鸟之双翼，车之两轮"不
仅仅适用于历史与考古，更应该作为一种治学的基本思路和理念来看待，在
尧文化研究方面是如此，其他的问题研究也当如此。其中胡厚宣先生利用甲
骨四方风证实《尧典》记载渊源有自，可谓王国维先生之后甲骨文与文献合
证上最有代表性的范例④，李学勤先生论述了《尧典》中与甲骨金文用法一致
的例子，可谓积极的补充。文中引申到无法全部证真的现实条件下古书局部
证真与史料价值的讨论，对于反思文献的运用取舍很有启发⑤。

科学研究的意义和价值就在于探索未知而又对探索本身保持兴趣并怀有敬
畏，因为个体永远不可能全知全能。我们所能做的，只是在认真分析史料的基
础上，得出合乎历史与逻辑的推论，尽可能逼近古人社会生活与思想的原貌。

（作者单位：中国社会科学院古代史研究所研究员）

---

① 王国维：《古史新证——王国维最后的讲义》，清华大学出版社，1994 年版。
② 王国维：《殷卜辞中所见先公先王考》《续考》，载《观堂集林》，中华书局，1959 年版。
③ 李济：《再谈中国上古史的重建问题》，《历史语言研究所集刊》第 33 本，1962 年版。
④ 胡厚宣：《甲骨文四方风名考证》，《甲骨学商史论丛（初集）》，齐鲁大学国学研究所，1944
年；《释殷代求年于四方和四方风的祭祀》《复旦学报》1956 年第 1 期。
⑤ 李学勤：《〈尧典〉与甲骨卜辞的叹词"俞"》，《湖南大学学报》2008 年第 3 期。

尧乡金湖
荷花天下

近十年金湖重要考古新发现综述

褚亚龙

金湖是一座既年轻，又古老的城市。说她年轻是因为直到 1959 年，中共中央批准设立金湖县，金湖县才作为一个独立的行政区存在于世。说她古老，是因为早在新石器时期，这片土地就有史前先民居住生活。2018 年，金湖县人民政府公布了 192 处文物保护点名录。其中包含了新石器时代的抬饭墩遗址、时墩遗址、獾墩遗址和窑墩遗址。商周时期的磨脐墩遗址和宋墩遗址。秦汉时期的任港遗址、塔集遗址和黎城遗址，等等。这充分说明金湖的文化遗产是非常丰富的，从近十年的考古工作也可以证明这一点。

一、西安村墓地

西安村位于淮安市金湖县金南镇胜利村，俗称"西安村"。2013 年 1—4 月为配合淮河入江水道整治工程，淮安市博物馆对其进行了抢救性发掘。共计发掘墓葬 46 座，其时代包括汉、南朝、唐、宋、清等。墓地延续时间较长，除 4 座清代墓葬被破坏严重外，其余相对稍好。

西安村墓地的汉代墓葬是大宗，分为竖穴土坑墓和砖室墓两种，西汉墓葬以土坑竖穴为主，砖室墓为东汉常用葬制，简单起券，基本都为长方形和凸字形，多数带墓道，并无前后室及耳室。由于被盗严重，墓葬出土随葬品较少，有鼎、壶、瓿、罐、漆器、铁剑、带钩、铜钱、铜镜、口琀、窍塞等类。其中釉陶器居多，基本器物组合为壶、瓿、罐、盒。根据出土器物的时代特点，我们判断西安村墓地的汉代墓葬年代应为西汉早期至东汉早期。

南朝墓葬仅发掘 M22 一座，分为前后室，后室抬高作为棺床。唐代墓葬

M7 所出土的黄釉注子是为唐代寿州窑的典型器物。宋代船形砖室墓在淮安地区更是屡有发现。在西安村墓地范围内还采集到一块明代末年的买地券。

二、塔集闸墓地

塔集闸墓地位于淮安市金湖县塔集镇西湖河道西侧的滩涂上，2013 年 6—12 月，为配合淮河入江水道整治工程，淮安市博物馆对该墓地进行了抢救性发掘。墓地以塔集闸为界分南、北两片墓区。发掘墓葬共计 42 座，其中闸南墓区 10 座，闸北墓区 32 座，分布较散，彼此之间无叠压打破关系。其中汉墓 38 座，宋墓 1 座，清墓 3 座。其中汉墓还是大宗，时代特点和西安村出土汉墓是如出一辙的。此次发掘的汉墓均为土坑墓，单人或双人合葬。随葬品组合主要为壶、瓿、盒、罐等。

三、理士产业园古墓群

2017 年 11 月至 2018 年 1 月，淮安市博物馆在理士新材料产业园建设范围内共发掘战国、西汉、六朝、清代古墓葬共计 47 座，出土陶器、原始瓷、玉器、铜器等各类文物一百多件。器形有陶鼎、陶壶、陶盒、陶钫、陶豆、陶杯、陶俑头、瓿等，另有铜洗、铜杯、铜镜、钱币，以及玉环、琉璃串珠。

四、徐梁墓地

金湖县徐梁墓地，位于黎城街道，北临神华大道，西为华海路，南为徐梁小区。2019 年 9 月 7 日，在向西开挖的过程中发现了墓葬，地表散落有棺木、釉陶瓿及灰陶罐残片等。淮安市文物考古研究所派专人到现场勘查，经与建设方达成一致后，对仅存的西侧地块进行了考古勘探和发掘工作。共发掘古代墓葬数量达到 66 座，时代以汉代为主，清代墓葬 1 座（M3），战国墓葬 3 座（M18、M24 和 M29）。其中汉代墓葬形制均为土坑竖穴墓，有一椁一棺、一椁双棺、单棺和双棺等。大部分棺木已腐朽，仅存棺痕。

出土各类随葬器物 240 余件，有陶器、铜器、铜镜、铁器、琉璃器及钱币等。通过出土随葬器物和历年发掘材料对比分析，该批墓葬时代最早为战国晚期、清代墓葬 1 座，其余大部分时代为西汉早期与西汉中晚期，东汉初年较少。

五、总结

通过近十年的金湖重要考古新发现的综述，我们有以下三点认识。

1. 从考古新发现和金湖县人民政府公布的 192 处文物保护点可以看出，在金湖境内分布着两大古代文化区，一是金南—塔集文化区，二是戴楼—黎城文化区。起码在战国两汉时期，这两块区域应该存在着两座聚落或者城。这两大文化区都有源有流，早至新石器时代，延至商周、秦汉、六朝、唐宋，最晚至明清。文化延续，没有断层。

2. 追溯尧文化，切入点应该是金湖境内的新石器时代文化遗址，例如，抬饭墩遗址、时墩遗址、獾墩遗址和窑墩遗址等。抬饭墩遗址和时墩遗址是金南—塔集文化区的，獾墩遗址和窑墩遗址是戴楼－黎城文化区的。考古是文物保护的手段，不是目的。同时，也可以成为推动文化事业的推手。

3. 2020 年 9 月，习近平总书记在中央政治局第二十三次集体学习时强调，建设中国特色、中国风格、中国气派的考古学。这应该成为中国考古人的行动指南和最高追求。金湖这片的古老大地就是我们考古人实现中国梦的理想天地。

（作者单位：淮安市文物考古研究所）

金湖尧文化建设的三点思考

尹增淮

2021 年 7 月 14—16 日，本人应邀参加了中国·金湖首届尧文化高峰论坛，时间虽短，但感触良多。美丽的金湖到处洋溢着"荷风尧韵"，尧帝古城、尧帝公园、尧想国等文化景区蔚为壮观。四野荷香飘逸，田田绿叶，衬托着朵朵红花，让人心旷神怡。在论坛中，来自全国各地的专家学者从历史学、考古学及方志学的角度探讨尧文化的历史问题，并对金湖的尧文化品牌建设提出了许多宝贵的意见。这是金湖建县以来一次高质量的文化盛会。下面我将自己在此次会议上的发言，整理成文，阐述如下。

一、尧帝年代考古学界定

唐尧是传说中的五帝之一，其年代依据文献记载属于部落联盟时期，距今 4500 年左右的历史，与考古学所称谓的"龙山时代"的晚期相当。按考古学分支，这一时代的研究范围介于史前考古与历史考古之间，史前时期是没有文字记载的。到了夏、商、周步入中国的王朝年代，进入了中国早期国家的鼎盛期。而尧、舜时期尚处在前国家时代，直至夏王朝的早中期依然没有文字，社会学称之为"原史"阶段。苏秉琦先生在 20 世纪 90 年代初，率先提出了中国古代国家形成三部曲：古国—方国（王国）—帝国。古国在新石器时代晚期已出现，如内蒙古的红山文化、山东的龙山文化、浙江的良渚文化等。洪泽湖西岸的青阳镇是泗洪县城所在地，清乾隆《泗虹合志》记载："青阳古国名，少昊青阳氏分支子于此"。我们知道少昊又称"青阳氏"，亦属远古时代传说中的五帝之一，为东夷部族联盟首领。方国时代中国进入了的奴隶社会，考古学称之为青铜时代。江淮地区在方国时期属徐国与淮夷的势力范围。徐国是夏王朝所封的诸侯国，从夏禹王开始，伯夷因为辅助大禹治水有功，他的儿子若木受封于徐。古徐国经历了夏、商、周三代，至春秋时（前521）被吴国所灭。淮夷本属东夷的一个分支，分布于淮河中下游以至海滨。清胡渭《禹贡锥指》云："今淮、扬二府近海之地皆是。"存在时间亦在商周时期，与中原王朝多有征战记载。春秋战国时，先是吴王夫差"北威齐、晋"，"夺淮夷地而有之"。后越灭吴国，淮夷地又"吴亡入越"。再后，楚怀王占领了越国的地方，淮夷地又归楚。至秦代，淮夷之民"皆散为民户"，已成为秦统一国家郡县制下的编户，中国历史进入了帝国时代。通过上述古国—方国—帝国中国古代国家发展的历史演进，我们对江淮地区从原始社会的末期到秦始皇建立帝国统治近三千年的历史沿革有了大体的了解，增强了我们对金湖尧文化研究的时空概念。

二、塔集文物古迹概述

塔集是金湖考古的重要地区，这里地下文物埋藏丰富。自20世纪80年代我在县文博干部的陪同下，曾多次在塔集镇境内考古，同时对全县乡镇做了广泛的文物普查。从整体上来讲，金湖文物古迹分为一线两片，三河入江水道为一线，在河道两岸分布有众多的古遗址与古墓葬。淮水入江水道虽然形成于清代，但从地貌上看在历史上它就是一条富有生息的古河道，旧称"南三河"，沿途分布有许多的古村落与集镇，历史文化源远流长，河流所经的黎城镇与塔集镇就是金湖境内两处重要的古代城镇。从地望鸟瞰，以淮河入江水道为界，北部地势低洼，因受黄泛及洪水的淤淀，形成冲积平原，大量的历史遗迹被湮没。而西南部地势高亢，与天长、盱眙丘陵接壤，原生地貌保存较好，因此，西南一带乡镇地表保存的古迹相对较多。一些新石器时代至商周时期的古墩遗址主要集中在金南和戴楼二镇。2010—2011年，淮安市文物局组织全市划定重点地下文物埋藏区，我在金湖县境内主要划定了黎城徐良文物埋藏区与塔集文物埋藏区，这两处埋藏区都是金湖古代城镇的重点片区。黎城文物埋藏区古城址遗迹基本被现在的城市建设毁坏，我在县城的建设工地采集过许多春秋战国时期的印纹陶片。黎城西南的徐梁工业园区尚且保留大量的古代墓葬，时代以战国至西汉为主。塔集文物埋藏区主要集中在入江水道范围内，东越大堤至跃进村，西至秸墩遗址，南至实塔遗址，分布范围很大，近百万平方米。历史遗存极其丰富，从新石器时代至商周，再至秦汉六朝及唐宋的文化层堆积都可以发现，依然以汉代文化为主。古代水井星罗棋布，显示出大遗址的风貌，说明塔集在古代历史上有着重要的行政地位。在江淮地区从先秦开始就有两条连接中原的通道，一条是水路邗沟，一条是陆路山道，这条南北通达的官道由南而来，经塔集—黎城—东阳—善道（盱眙项王城），再渡淮水至泗洪北上的。在入江水道文物埋藏区内，我曾配合县公安部门对塔集汉墓群被盗事件进行现场鉴定，所见的西汉土坑木椁墓规格高，数量多，随葬器物精美，显示墓主有贵族身份的地位。1991年春，位于在塔集入江水道的实塔遗址地宫被村民挖掘，出土舍利石函一件，内敛建塔时所捐的器物及钱币。根据追缴的钱币推断，该塔的建造年代应在绍熙五年（1194）黄河夺淮之后。实塔是民间俗称，属砖券的实体结构，与涟水唐集月塔相同，塔集地名由此著称。古代凡建塔的地方，必然是交通要冲，历史悠久，人文环境发达。该塔在中华人民共和国成立后尚存残形，至"文化大革命"时被当地村民作为"四旧"拆毁。论证塔集的远古史可以参考周边的考古资料。20世纪90年代初，我在入江水道观音寺龙墩抢救发掘一处新石器时代遗址，根据出土的鬼脸足陶器等遗物，可以确认为龙山时代遗址。其墩子的形制规模与金南、戴楼的抬饭墩、时墩、獾墩、窑墩、秸圩、磨脐墩、宋墩等遗址相同，这些古遗址有的是史前时代古国的遗存，有的是方国时代（即淮夷或古徐国）的遗存，其文化内涵应该相近。另外，1974年在金湖高邮湖渔业村出土了一组良渚时代玉石器（玉琮、玉璧、石钺、石斧）。2019年，南京博物院考古队对该地调查勘探，确认为一处新石器时代遗址，距地表深度2米左右。从这些考古材料可以证实，塔集在五千年左右的古国时代就有先民在此劳作生息。再从大遗址的分布范围与文化堆积，以及成群的家族墓地，可以说明塔集从西汉至唐宋就是江淮交通线上的主要古镇，有着繁荣的商业经济，历史文化积淀非常深厚。

三、对金湖尧文化建设的几点意见

（一）加强考古调查工作

金湖建县以来，文物考古工作比较滞后，虽然开展了两次全国性文物普查，但由于专业力量的薄弱，普查工作难以深入，全县文物家底尚未摸清。对已经登录的文物点需要进一步复查认定，特别是对重点地下文物埋藏区的范围与文化性质需要考古勘探界定。例如，塔集地下文物埋藏区需要把不同时代的古遗址与古墓葬调查厘清，绘制塔集文物古迹分布图，这些考古工作可以聘请省市考古专家指导进行。对金南与戴楼二镇现存几处古墩遗址，要进一步做好考古勘探工作。《中国文物地图集·江苏分册》将抬饭墩、时墩、獾墩、窑墩、稽圩等遗址定有青莲岗文化遗存是缺少考古依据的，应该申请省市文物部门作进一步核实。青莲岗文化是距今7000年至6000年分布于淮河下游地区或江淮之间新石器时代早期文化，其社会形态尚处于母系氏族时期。另外，要组织考古力量对淮河入江水道两岸地带（包括河道内）做好考古调查工作，为尧文化历史研究寻找新的文物线索。

（二）加强文物保护工作

文物是不可再生的文化资源，是历史文化研究的实物载体。近几年，金湖县人民政府十分重视对文物的保护工作，2018年，县政府公布了192处文物保护点名录，这是一项开创性的举措。金湖虽小，但文物遗存不少。金湖是介于洪泽湖与高邮湖之间的过渡地带，自古以来就是南北文化的交融地区，受盱眙与高邮两大文化圈影响较大。在文物保护具体工作中，首先要建立好文物档案，划定好不可移动文物保护范围，设置控制地带标志牌。要继续做好重要地下文物埋藏区的划定工作，特别是对金南、戴楼二镇公布的史前与商周古墩遗址要加强重点保护，保护范围不能仅局限于墩子的底径，应对遗址周边环境进行调查勘探。2010年，修筑金马高速公路，我配合工程建设对戴楼的磨脐墩遗址进行实场勘察，在该墩南侧的百米范围内依然发现文化层，说明遗址的范围不能以墩径为准。对于塔集重要地下文物埋藏区虽然位于淮河入江水道，是一片荒芜的滩地，但地下历史遗迹极其丰富，应经考古勘探划分重点区域，公布文物保护单位。凡今后实施的水利工程建设，必须履行考古前置，避免工程建设对重要历史遗存的破坏。2013年，淮安市博物馆考古队先后在淮水入江水道内，对西安村墓地与塔集闸墓地进行的抢救性发掘，取得了很好的考古成果。还有入江水道中的秫圩遗址，因地处古河道边，历年受洪水的冲击，文化层堆积不断夷平，可以报请国家文物局进行抢救性发掘，为尧帝故里增添有价值的考古支撑。

（三）增强尧文化研究的多样性

尧文化是中国远古文化的重要组成部分。金湖地方文化学者李义海、戴之尧等人，依据史志典籍记载和对塔集地名的综合考证，提出了尧帝故里"三阿"就在金湖塔集的学说观点，此次论坛得到与会专家的普遍认同。这些年来，在金湖县人民政府的精心打造下，金湖尧文化品牌建设已初具规模，促进了文旅事业的快速发展，产生了广泛的社会影响。文化是个大的概念，在整体的文化框架下，又可以分为不同的表现形式。在社会学方面，要继续做好文献史料的搜集与研究工作，传承中国古代优秀的文化思想，弘扬尧德精神。在考古学方面，要继续做好历史遗存的调查与发掘工作，把视野扩大到江淮流域更广泛的地区，加强与周边县区的文化交流与协作，不能以现在的行政区域画线。要把考古学文化放在大的历史背景中去论述，深入探讨江淮地区在新石器时代晚期南北文化交融的根脉。还有注意搜集民间的古史传说与民间故事，金湖县政协文化文史委编印的《尧帝与金湖》就是很好的先例，要让文化活起来，形成尧帝文化研究的多样性。最后一点就是要把尧帝文化的学术成果，不断充实在文化景区与博物馆的历史陈列中，让观众得到更多的文化感染和享受。

（作者单位：淮安市博物馆原考古部主任、研究馆员）

江淮东部地区龙山时代文化遗存的考古学观察

南京博物院 林留根

江苏金湖
2021年7月

壹 | "江淮东部"的空间范围

江淮东部地区龙山时代文化遗存的考古学观察

（一） 江淮东部地区的空间范围

长江与淮河自西向东入海，将我国东部地区自然分割为淮北、江淮和江南三个区域，介于长江与淮河之间的便是江淮平原。

其中江淮平原又以京杭运河（古邗沟）为界分为东西两片，即江淮西部和江淮东部。

江淮东部地区在行政区划上大致包括南通、泰州、扬州、盐城、淮安及宿迁6个地市的全部或部分区域。

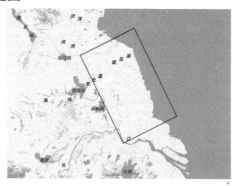

4

（二）　江淮东部地区的自然地理环境

江淮东部地区主要表现为平原地貌，又称为里下河平原。从地理地势上看以北是苏北滨海平原，以西是运西湖区平原，西南面是宁镇丘陵地带，南部则是太湖沼泽平原。

里下河平原四周地面高程3~5米，中部射阳湖、大纵湖及周围的湖滩地海拔不足2米，最低处仅1.1米，呈周高中低的浅碟状地貌，整个区域地势低洼，河网密布，湖荡沼泽星罗棋布，水域占总面积的三分之一。中部是大纵湖、娱蛤湖、得胜湖、郭城湖、平旺湖等面积不大的湖泊，以及"长三百里，阔三十里"的射阳湖。

地势低洼，水网密布是江淮东部地区最突出的特点。这也导致了，1．相对于其他区域，史前人类在江淮东部地区生活难度较大，遗址数量较少；2．遗址多埋藏于地下，较难发现；3．地下水位高，考古发掘难度较大。

5

（三）　作为文化交流廊道的江淮东部地区

江淮东部地区西接宁镇、北连淮河下游、南邻长江中下游平原，在地理上沟通东西、连接南北。

文化上，海岱文化圈在其北面，其南邻为环太湖文化圈，其西南为宁镇地区，随着考古的不断发现，其西邻的江淮西部的史前文化面貌也日渐清晰。另一方面，自青莲岗文化提出伊始，江淮东部地区独有的文化面貌也越来越得到关注和认可。

江淮东部地区作为文化交融互通的重要廊道，多种文化因素在此杂糅共存，使得其考古学文化呈现纷繁复杂的面貌。

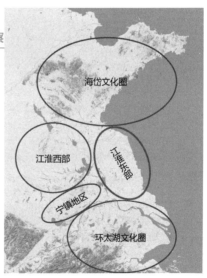

海岱文化圈

江淮西部

江淮东部

宁镇地区

环太湖文化圈

贰 | "龙山时代"的概念

江淮东部地区龙山时代文化遗存的考古学观察

(一)　龙山文化

龙山文化发现和研究的历史较早。1928年春，吴金鼎首次调查发现了山东济南历城县（今历城区）龙山镇的城子崖遗址。1930年李济主持对遗址的第一次发掘，1931年梁思永主持第二次发掘。两次发掘确认了一种以磨光黑陶为主要特征的新石器时代遗存，后被命名为"龙山文化"。1934年，中国第一部田野考古报告集《城子崖——山东历城县龙山镇子黑陶文化遗址》出版。

龙山文化从发现、发掘至今，已走过80多年的历史，在聚落、城址、丧葬及生业等诸多方面已取得丰硕成果。

苏北地区属于海岱龙山文化的分布范围，其中已发现及发掘的遗址众多，最著名的当属藤花落遗址。

(二) 龙山时代

严文明：

　　"龙山时代"概念的提出者，起初指代的绝对年代在公元前2500到公元前2000年。

　　后来在进一步总结各大区系社会复杂化进程阶段性的基础上，吸收其他学者的观点，他将龙山时代的年代定为距今5000年到4000年。

栾丰实：

　　将中国新石器时代分为前裴李岗－裴李岗－仰韶－龙山四个大的阶段，其中龙山时代的界定与严先生一致。

许宏：

　　赞同严先生的观点，将龙山时代分为前后两期，并结合最新的测年数据，认为前期年代为2800—2300BC，后期为2300—1700BC。

　　也有学者认为"龙山时代"这一概念的时间范围划定在公元前2500到公元前2000年较为合理。韩建业等很多学者在研究中也使用了相同的时间划分。

(三) 龙山时代江淮东部地区的文化格局

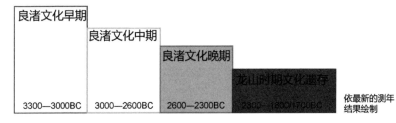

依目前已有资料来看，龙山时代江淮东部地区主要分布着良渚文化晚期和龙山文化时期的遗存。

153

叁 | 江淮东部地区的良渚文化
遗存

江淮东部地区龙山时代文化遗存的考古学观察

（一）　遗址分布及已有工作

截至目前，江淮东部地区经调查和发掘的含有良渚文化遗存的遗址不多，重要的有涟水三里墩、海安青墩、兴化蒋庄、东台开庄、阜宁陆庄、高邮周邶墩、阜宁东园、淮安青莲岗、涟水笪巷、淮安城头村、阜宁老管、姜堰单唐河和宝应水泗等。金湖塔集镇渔业村（金湖夹沟）也出土过良渚文化玉器。

江淮东部地区良渚文化
遗址分布示意图

江淮东部地区龙山时代文化遗存的考古学观察

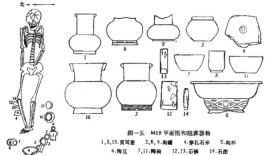

图一五　M18 平面图和随葬器物
1、3、10.贯耳壶　2、8、9.陶罐　4.穿孔石斧　5.陶杯
6.陶豆　7、11.陶钵　12、13.石锛　14.石凿

海安青墩遗址是江淮东部较早发现良渚文化遗存并进行发掘的一处重要遗址。

青墩遗址的上文化层至少包含了一处良渚文化的晚期墓地。

海安青墩的良渚文化墓葬及出土遗物

13

江淮东部地区龙山时代文化遗存的考古学观察

1975年，南京博物院于陆庄遗址征集到典型良渚文化玉琮。

1996年，由南京博物院等单位开始了对陆庄遗址的发掘。

栾丰实将陆庄出土遗物划分为甲、乙、丙、三组，并指出甲组器物均与良渚文化的同类器形相同。

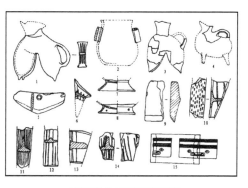

陆庄遗址出土的良渚文化遗物

14

江淮东部地区龙山时代文化遗存的考古学观察

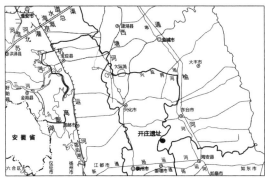

开庄遗址位置示意图

开庄遗址位于江苏省东台市溱东镇开庄村东北，1995年12月挖沟取土时发现并进行抢救性考古发掘。为配合国家文物局"考古中国"重大研究工程　"从崧泽到良渚——长江下游区域文明模式研究"课题的开展，由南京博物院联合东台市博物馆于2018年底对开庄遗址进行考古勘探，同时开始发掘。

15

江淮东部地区龙山时代文化遗存的考古学观察

开庄遗址的良渚文化遗存主要包括建筑遗存、水井、灰坑、灰沟和若干陶器等遗物。

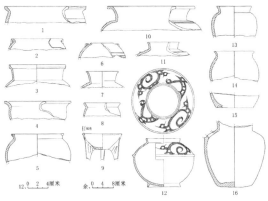

江淮东部地区龙山时代文化遗存的考古学观察

近年来，江淮东部地区史前考古最重大的成果：兴化、东台蒋庄遗址

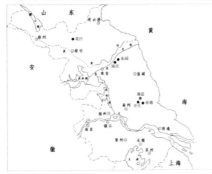

蒋庄遗址平面分布范围

以泰东河为界，遗址分为东西两区

兴化、东台蒋庄遗址位置示意图

江淮东部地区龙山时代文化遗存的考古学观察

蒋庄遗址发掘现场

江淮东部地区龙山时代文化遗存的考古学观察

在遗址西区发掘的284座良渚文化墓葬，是蒋庄遗址良渚文化聚落最重要的内容，亦是蒋庄考古最大的收获。墓地位于遗址西区东北部，整体呈南北向，其东、南、西界已明确，北侧未完全发掘。墓葬分布十分密集，叠压打破关系复杂。这样的墓葬密集程度与层位关系，显示出其作为一处公共墓地，有着持续而稳定的使用过程。墓葬间等级分化严重。

江淮东部地区龙山时代文化遗存的考古学观察

蒋庄遗址出土墓葬举例

（二） 文化特征

1. 陶器　**典型良渚+地域特色的统一**

　　陶质分夹砂、泥质和夹炭三大类。夹砂陶以褐或红色为主，黑色较少。泥质陶有黑陶、褐陶、灰陶和红陶，以黑陶最多，褐陶、灰陶其次，红陶最少。夹炭陶少见，仅黑陶和褐陶两种，数量相当。器表大多为素面，纹饰主要有弦纹、篮纹、刻划纹、附加堆纹、绳纹、方格纹和镂孔等，个别器物表面饰精美的刻画图案。主要器型有罐、鼎、豆、盘、盆、缸、釜、钵和器盖等。

　　这些陶器里绝大多数都是典型的良渚文化风格，如大量的"T"字形鼎足、竹节把豆柄等。这些典型良渚文化遗物的年代多为良渚文化晚期。表明良渚文化北渐的过程发生在晚期阶段。

　　另一方面，江淮东部地区自龙虬庄文化以来就有较多的夹炭陶器出土，这些夹炭陶鲜见于其他地区，应是江淮东部地区良渚文化晚期的地方特色，具有鲜明的时代和地域特征。

21

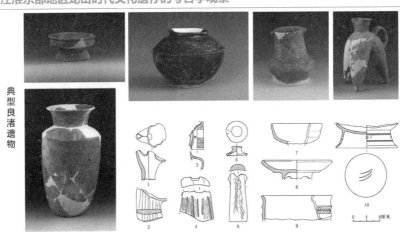

典型良渚遗物

江淮东部地区龙山时代文化遗存的考古学观察

地域特色遗物

23

江淮东部地区龙山时代文化遗存的考古学观察

2. 石器

主要有石钺、有段石锛、石刀、石镞及砺石等。

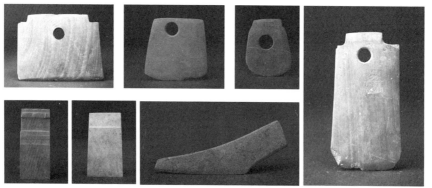

江淮东部地区龙山时代文化遗存的考古学观察

3. 玉器

以蒋庄遗址出土最多，主要有玉璧、玉琮、玉锥形器及玉饰等。

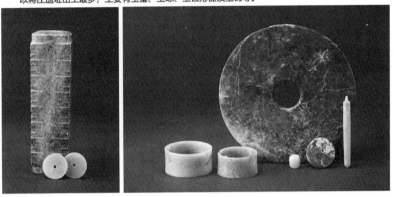

江淮东部地区龙山时代文化遗存的考古学观察

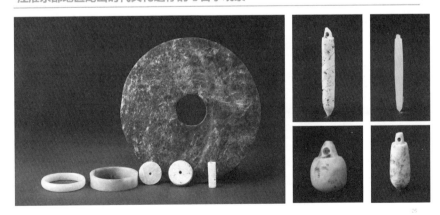

4. 骨角牙器

　　江淮东部在史前时代的生态环境非常适宜大型哺乳动物生息繁衍。大量哺乳动物化石及古遗址中的兽骨标本表明史前时代的江淮东部确实生活了大量的哺乳动物。这些动物的骨角是制作骨角器的优良原料。

开庄遗址良渚文化骨角料

27

(三)　聚落与建筑

1. 聚落分布特点

　　就目前的资料来看，江淮东部的南北两端遗址分布稍显集中。

　　这可能跟工作开展的程度和难易程度相关。

　　随着以后工作的不断开展，相信会有越来越多的遗址会被发现。

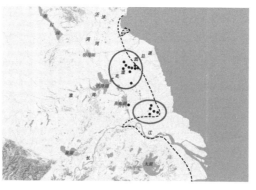

28

江淮东部地区龙山时代文化遗存的考古学观察

2. 居址形态

江淮东部地区良渚文化房址发现不多。

蒋庄8座良渚时期房址均为挖基埋柱平地起建式，平面形状有圆形及长方形，并见多间连排式房址。房址在修建之前常有大范围的浅黄色人工垫土，垫土多取自遗址附近，局部呈明显的团块状。

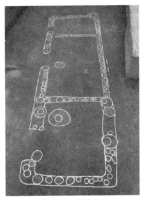

蒋庄F3（镜向西）

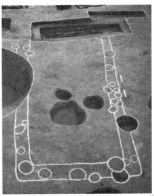

蒋庄F6（镜向北）

江淮东部地区龙山时代文化遗存的考古学观察

除蒋庄那种墙槽式房址外，杆栏式建筑也有发现

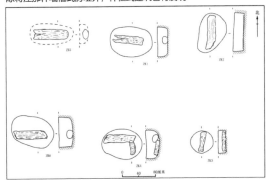

开庄良渚文化F2

房址附近一般也有水井附属

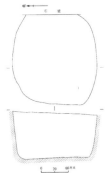

开庄良渚文化J3

江淮东部地区龙山时代文化遗存的考古学观察

(四) 经济生活

1. 农业

植物考古研究表明，江淮东部地区良渚文化时期，稻作是其最重要的农耕生产内容，同时采集狩猎也是食物的重要来源。

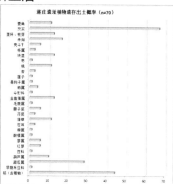

蒋庄出土葫芦

蒋庄出土的碳化芡实

江淮东部地区龙山时代文化遗存的考古学观察

2 动物利用

江淮东部地区良渚文化时期，动物种类繁多，动物资源丰富。生业经济方面，开庄遗址良渚晚期是以饲养家猪和狩猎野生动物相结合的模式。另一方面，大量的动物资源又为制骨手工业提供了便利。

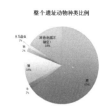

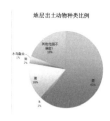

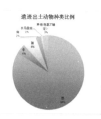

蒋庄遗址出土动物骨骼统计图

（五）　丧葬习俗

蒋庄遗址科学、完整地揭露了一片良渚文化晚期墓地，为江淮东部良渚文化晚期丧葬习俗的研究提供了难得的范本。

清理第一层良渚墓葬

搭建临时大棚进行墓葬清理

33

1. 墓地概况

墓地位于良渚聚落东北部，清理墓葬近300余座，墓地分区明显。葬式多样，发现有完整葬具痕迹。

165

江淮东部地区龙山时代文化遗存的考古学观察

2　葬具

墓葬葬具使用较为普遍，可辨别的均为弧底独木棺式，盖板则分平板与弧形两种。

清理前

盖板痕

清理后

蒋庄M50清理过程

35

江淮东部地区龙山时代文化遗存的考古学观察

蒋庄M158清
理后的棺痕
（镜向南）

38

166

3 葬式

以单人仰身直肢葬为主，少量拾骨及烧骨二次葬。

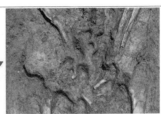

典型单人仰身直肢葬
蒋庄M153

拾骨二次葬的人骨未经火烧，骨骼多呈人形摆放，且骨骼缺失现象较为普遍。部分呈南北向聚集状摆放，多见于蒋庄遗址。

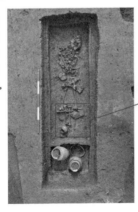

蒋庄69号墓墓主两侧股骨皆前后面翻转，右侧腓骨横置于胫骨之上。

38

167

江淮东部地区龙山时代文化遗存的考古学观察

烧骨二次葬的骨骼多为白色碎块状，系异处焚烧后，再将焚烧后的遗骸入葬，多见于蒋庄遗址。

蒋庄122号墓墓主经火烧过后的骨骼大致呈条形摆放，头骨碎片位于墓坑东侧。

江淮东部地区龙山时代文化遗存的考古学观察

4．随葬器物

　　随葬品依墓葬的大小和等级的高低而不同，一般以陶器、石器、玉器及骨角牙器为随葬品。高等级墓葬随葬品丰富且精美，小墓则很少有随葬品甚至无随葬品。

　　蒋庄遗址随葬玉璧墓葬8座、玉琮2座，位于墓地的南部，大致成排分布。随葬玉琮、玉璧的墓葬均为二次葬。这是比较特殊的情况，值得关注。

四 江淮东部地区的龙山文化遗存

江淮东部地区龙山时代文化遗存的考古学观察

(一) 遗址分布及已有工作

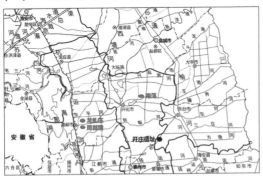

截至目前，江淮东部地区经调查和发掘的含有龙山文化遗存的遗址极少，重要的有兴化南荡、高邮周邶墩、高邮龙虬庄和东台开庄等。

遗址数量极少
工作极不充分

← 江淮东部地区龙山文化时期遗址分布示意图

42

江淮东部地区龙山时代文化遗存的考古学观察

江淮东部地区龙山时代文化遗存的考古学观察

（二）　文化特征

1. 陶器

陶质分泥质和夹砂两大类，前者占绝大多数。泥质陶有灰陶、黑陶和红褐陶三种，灰陶和黑陶数量较多，黑陶器表多打磨光亮。夹砂陶主要是黑陶和红褐陶，以前者为主，器表多施陶衣，胎心则多发灰或泛褐。

陶器一般为素面，施纹饰者数量极少。除较多的轮制弦纹可见外，其他纹饰主要有绳纹、篮纹、水波纹、菱形方格纹、附加堆纹、刻划纹、戳印纹、镂孔和捺窝等，其中绳纹多施于鼎腹中下部，数量最多，也最形式多样，不仅有粗细之分，也有排列样式的差别。捺窝多施于鼎足足背之上，绝大多数的鼎足都有对捏尖的习惯。主要器形有罐、鼎、豆、盘、钵、壶、盆、瓮、甗、杯、器盖和纺轮等。

江淮东部地区龙山时代文化遗存的考古学观察

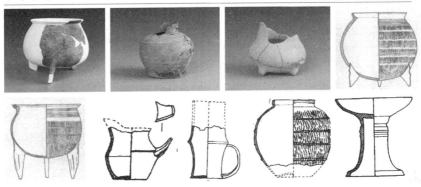

江淮东部地区龙山文化时期陶器

45

江淮东部地区龙山时代文化遗存的考古学观察

多样文化因素

海岱地区文化因素

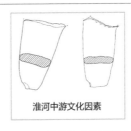
淮河中游文化因素

长江下游文化因素

宁镇地区文化因素

46

171

江淮东部地区龙山时代文化遗存的考古学观察

2. 石器

主要有石斧、石锛、石刀、石镞及砺石等。

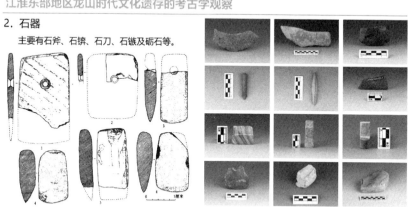

47

江淮东部地区龙山时代文化遗存的考古学观察

3. 玉器

主要有玉锥形器和玉管两类，另有若干玉料发现，主要出土于开庄遗址。

48

4．骨角牙器

龙山文化时期，开庄的制骨手工业具备了专业化生产的基本特征，但是其专业化程度较低。尽管如此，其与聚落的对应关系表明制骨手工业在史前开庄人的生产生活中占有比较重要的地位。

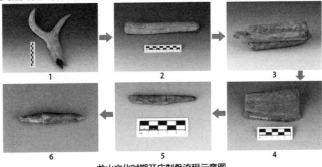

龙山文化时期开庄制骨流程示意图

（三） 聚落与建筑

1．聚落分布特点

就目前的资料来看，江淮东部龙山时期文化遗址极少。推测可能跟此时海平面较高有关。

开庄的发掘表明整个史前时期遗址一直呈"孤岛状"被外围大片的水域所环绕，史前开庄人"择高而居"，挑选了一块高起的区域栖居。

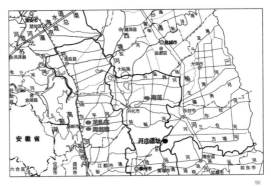

江淮东部地区龙山时代文化遗存的考古学观察

2．居址形态

江淮东部地区龙山文化时期房址发现不多。南荡为在半地穴式坑内构建的干栏式房屋,也可能为在坑内横置方木再在其上构建的房屋。开庄应仍为干栏式建筑。

南荡F1

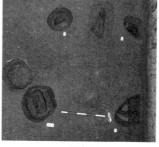

开庄F1

51

江淮东部地区龙山时代文化遗存的考古学观察

(四) 经济生活

1．农业

与前一阶段相近,江淮东部地区龙山文化时期,稻作是其最重要的农耕生产内容,同时采集狩猎也是食物的重要来源。

2．动物利用

生业经济方面,开庄遗址龙山文化时期仍是以饲养家猪和狩猎野生动物相结合的模式。比较有意思的事,通过对开庄H13性质的分析及麋鹿各部位出现频率的讨论显示出开庄遗址和其他遗址之间可能存在搬运行为或其他联系。

开庄H13内的兽骨堆积

52

(五)　丧葬习俗

　　无论是龙虬庄、南荡、周邶墩亦或是开庄均未发现龙山文化时期的墓葬，对于这一时期的墓葬结构及葬俗葬制等情况缺乏了解。

　　不过，开庄遗址发现了一般作为随葬品使用的玉锥形器及玉管等玉饰。

  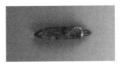

53

175

五 | 问题与展望

中国考古学
认识历史离不开考古学

延伸了历史轴线，增强了历史信度，
丰富了历史内涵，活化了历史场景。

武川县坝顶北魏祭天遗址

此皇家祭祀遗址在形制上结合了中原王朝祭祀礼制和北方游牧民族祭祀传统，年代上早于西安隋唐圜丘和北京明清天坛为研究我国古代皇家祭天发展史北魏祀天礼仪制度提供了珍贵实物证据，填补了魏晋南北朝时期皇家祭天遗存的空白。

据史书记载，北魏孝文帝494年迁都洛阳之前，"行幸阴山，观云川"，即来到阴山祭天。

建筑结构，自内而外由祭坛、内辟雍、内垓、外垓、外辟雍五部分组成。祭坛房址内部出土有北魏时期的陶器、石器、铁器等，另在内环壕底部堆积中，出土了用于祭祀的动物骨骼。

国家祭祀——凤翔雍山血池
秦汉祭祀遗址

中国古代通过祭天活动以达到"与天滋润，强国富民"之祈愿。据《史记·封禅书》记载，雍地的祭祀传统可以追溯到黄帝时期，一直到西周晚期还有郊祭活动举行。春秋战国时期，秦先后在雍地建立包括鄜畤、密畤、吴阳上畤、吴阳下畤的雍四畤祭祀系统，使雍地成为当时的政治、经济、军事中心和国家最高等级的祭祀"圣都"。汉承秦制，汉高祖刘邦在秦雍四畤基础上增设北畤，即形成完整的雍五畤祭祀五帝系统，以郊祀雍畤作为王朝最高祭礼。汉帝先后十八次郊雍，场面非常隆盛和壮观。

雍山血池遗址是迄今为止考古发现时代最早、规模最大、遗存性质最明确、持续时间最长的"皇家祭祀台";对血池遗址考古发掘,不仅是对正史记载中在雍地开展的一系列国家祭祀行为的印证,也是从东周诸侯国到秦汉大一统国家祭祀活动的最重要物质载体和实物体现。为更加全面地了解秦汉礼制、秦汉政治、中国古代礼制文化等问题提供了丰富的实物资料。

中华文化核心价值观

- 尊重自然、敬畏自然
- 科学发展、天人合一

蚌埠禹会遗址

蚌埠禹会村遗址分布图（南部）

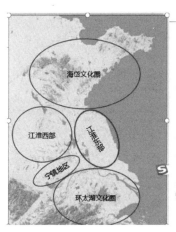

金湖的地理位置

江淮东部地区龙山时代文化遗存的考古学观察

金湖高邮湖渔业村（原金湖夹沟）
出土的良渚文化玉琮和玉璧

金湖高邮湖渔业村（原金湖夹沟）
出土的良渚文化石钺和石斧

66

江淮东部地区龙山时代文化遗存的考古学观察

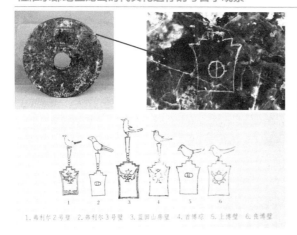

蒋庄36号墓随葬刻画凸字
形祭坛刻符的玉璧，是首
次在有明确地层关系和共
存关系的墓葬中出土。

1.弗利尔2号璧　2.弗利尔3号璧　3.蓝田山房璧　4.首博琮　5.上博璧　6.良博璧

87

江淮东部地区龙山时代文化遗存的考古学观察

江淮东部地区的考古发掘和研究已取得较大的进步和成绩，但是仍有较多的"未解之谜"需要去探索

1．江淮地区考古遗存与尧舜禹传说。

2．金湖的夹沟遗址、磨脐墩、抬饭墩、时墩、宋墩遗址。

3．良渚文化北渐，南荡、周邶墩类遗存的年代为龙山文化晚期遗存。

尧乡金湖

荷花天下

文化视角下，尧舜传说的田野民俗

陈泳超

在中国古代两千多年的主流认知中，尧和舜是非常有名的人物，无论是《尚书》还是《史记》，对此都有详细描述。不过到目前为止，我们所有的考古文博成绩，还无法完全证明尧和舜在历史上确凿存在。既然尧舜的历史真实性还无法完全确证，那么是不是说，尧和舜就失去存在意义了呢？当然不是。

这里需要辨析清楚，历史与文化的不同。历史总以客观真实性为终极追求；而文化更注重人为创设的意义、情感和功能。

以尧舜来说，尧的事迹比较少，他被后世所知的内容，基本是从其老年帝王形象开始的。而舜则不同，他的身世传说很清晰。其一生从平民到大臣到帝王，完美演绎了儒家提倡的"诚意正心修身齐家治国平天下"这一人格标准，是古代人心中的理想男子，以至于《五帝本纪》要说"天下明德皆自虞帝始"。可是，为什么在有文字以来的历史长河中，我们再也找不出另一个像舜一样的完人呢？我个人认为，考虑到先秦以儒家、墨家、道家为代表的"显学"都喜欢将社会理想投射到远古社会的退化论思维习惯，可以从学术上假设，春秋战国陆续出现的尧和舜传说，不排除是先秦人的一种历史建构，我们应更注重去理解和阐释历代流传下来的尧与舜的传说的文化符号价值。这也正是我今天讲演的主题。

一、尧舜传说的民间传统

尧和舜厕身于三皇五帝之列，历代关于他们的传说看上去主要是政治叙事，具有很强的严肃性乃至神圣性，这固然不错，但值得注意的是，其叙事也闪烁着颇为耀眼的民间性。尤其是舜的家庭传说，是典型的后母虐待前妻儿子的故事类型，像焚廪、掩井、醉酒等具体迫害情节，完全是民间故事的常用母题，并且符合民间叙事的"三叠式"原理。

所谓"三叠式"，指的是在民间故事中，经常将同类人物和情节设置为"三"，以此表达"多"的意思。这在先秦还有另一个典型案例，即周族始祖后稷出生后的神奇经历。后稷因为是无夫少女生下的孩子，属于出生背景非常不明，所以反复被人遗弃，先被丢弃在巷子里，又被丢弃到树林里，最后被丢弃在寒冰上，但他跟舜一样，无论别人怎么迫害，他总是死不了，由此故事情节来证明其超越常人的神异性，它被记录在《诗经·大雅·生民》里，这是我国古代少见的一首部族史诗。如果后世的我们，以民间文学的眼光来看，这个故事显然是一则世界范围内流行的弃儿型故事，难怪他的本名就叫"弃"。

我个人认为，舜和弃的传说起初是先秦流传的最典型的民间叙事，足称"双璧"。而"以三为多"的观念，也不仅是民间文学的习惯，说到底是中国人的审美传统，《老子》不就说"道生一、一生二、二生三、三生万物"吗？可要是继续"三生四、四生五"地生下去，《老子》恐怕就变成民间笑话集了。因此，民间文艺并非与精英文化天生对立，它们之间的共生融通，或许更能体现本质。

舜的家庭故事在战国时代非常流行，曾经一度只模糊说到"父顽、母嚣、象傲"，到了《孟子》里，就生出许多历历在目的具体事迹来，它们大多出自"齐东野人之语"，日本学者青木正儿在《尧舜传说の构成》一文里就认为，这些故事中含有大量齐鲁民间传说的成分。再加上娥皇女英二妃事迹，也凭空添加了许多妇道故事。历代的《孝子传》和《列女传》，大多以舜和二妃分居其首，便是这个道理。其实后来民间文学对此的发挥还更多，从汉代画像石到敦煌变文《舜子变》再到后世的地方传说、说唱戏曲等，关于舜的孝道故事有了更充分的延展；而舜的二妃故事更不局限于妇道说教，逐渐发展成哀感顽艳的凄美爱情，并与潇湘等现实名词发生了具体勾连，以至于到了清代曹雪芹笔下，林黛玉的闺房也自命为"潇湘馆"了。

二、当今田野中的尧舜传说

尧和舜的传说，一直广泛流传于民间，不过，主流传统对民间表达的记录不甚详细，后世的学者要想全面考察它的流变，目前还很困难。

但是我们还有迂回的办法，如遗迹。只要出现与尧舜相关的遗迹或纪念物，就多多少少一定会有传说的，这是民间传说生命力的外在表征。我在做博士论文《尧舜传说研究》时，就以《嘉庆重修一统志》为资料库，将其中关于尧舜的遗迹摘录出来，在中国地图上一一标注其地点，做成了一张《尧舜传说地理分布图》，比较直观地展示了尧舜传说的疏密分布情况，其中可以归纳出五个较为密集的丛聚。

我的博士论文出版于 2000 年，十几年来，我搜集了许多相关报道，并以之为线索，走访了不少尧舜传说的重点区域。加上"非物质文化遗产保护"蓬勃兴起，各地都有呈现地方文化的情怀和冲动，我又曾对其中一些突出的民俗活动进行了程度不等的田野调查，今天很愿意将尧舜传说的田野民俗给大家作一个总貌展示。

首先要说明的是，我通过这些年的田野调查，发现当今尧舜传说的分布情况与我从文献里勾勒的《分布图》几乎完全一致，也就是跟我分布图勾勒的那五个区域基本是重合的，这里按照现行行政区划分别介绍如下。

以山东省中西部和西南部为中心，波及山东、河北、河南、安徽、江苏等相邻地区。《孟子·离娄下》中说："舜生于诸冯，迁于负夏，卒于鸣条，东夷之人也。"《史记·五帝本纪》说，舜被家长赶出去之后，曾经"耕历山，渔雷泽，陶河滨，作什器于寿丘，就时于负夏"等，这些地名据说都在山东一带，比如诸城就被认为是古代的诸冯，当地也曾有历山之名。济南更有著名的风景区历山（即千佛山），雷泽据说即在兖州、濮州一带，此地关于舜的平民经历传说甚多。虽然这些地名别处也有，但《孟子》明确说舜是"东夷之人"，给了山东民众极大的心气。而山东西南部与河南等地接壤处则以尧的传说为主，尤其集中在尧葬穀林之说，其中比较古老的证据是汉代成阳尧陵五碑，被比较完好地记录在洪适的《隶释》中，近年来当地考古队及文化人发布了《菏泽市胡集镇成阳故城、尧陵遗址考古工作简报》，以此证明此地至少在汉代是政府祭尧的所在地。我们在菏泽、鄄城、濮阳一带调查多次，当地关于尧舜的遗迹和传说很丰富，便是关于尧陵之所在，在这一片区域内仍有几处不同的说法，互相之间争论不休。

以山西南部为中心，波及山西、河北、河南、陕西等相邻区域。《史记·五帝本纪》中说："舜，冀州之人也。"这一带属于宽泛的冀州之列，其突出的文化表征是尧舜禹三圣的都城都在这一带。至少从东汉末年开始，尧都平阳已被广泛提起，尽管春秋、战国时叫作"平阳"的地方很多，分布也很广泛，但过去主流的历史观点逐步统一认为尧都平阳就是今天的山西临汾，何况舜都蒲坂也在今天的山西永济，所以这一区域内关于尧舜的传说和遗址非常多，而且经常形成序列。除了都城之外，这里也有尧陵和舜陵，前述的诸冯、负夏、历山、鸣条等地名也都有，而且不止一处。光是"历山"，我走过的至少有4处，既有海拔2358米高大雄峻的垣曲历山，也有几乎与周围黄土坡地高度相等而难以区分的永济历山，更有我们团队调查多年的洪洞历山。每座历山都蕴藏着一系列的传说遗迹，有些地方至今还有非常独特的民俗活动，后面我还会重点介绍。这一区域还有一项考古成果非常著名，这就是临汾市襄汾县的陶寺遗址。

河北省中部唐县、望都一带。这一片主要被传统认为是尧的出生地，是尧母伊祈氏的家乡，据说尧主要生长于此，并在即位帝王之前在此地受封唐侯。不过，唐地到底在何处、唐与陶唐和尧的关系究竟如何，学术界争论甚多。而如我前面所说，在早期文献中，尧本身的传说很少，此地主要流传尧母生尧的相关故事，这一母题带有浓厚的谶纬神话风范，相对而言比较单一。此地我虽然始终关注，却错过了多次机会，没有实地考察过，只是搜集了一些当地的出版物，这是比较遗憾的。

以湖南永州宁远县九嶷山为中心，延及整个湘江流域，以及广西、广东、湖北等与湖南紧邻的一些区域。这一区域显然以舜帝南巡、葬于九嶷山为传说核心，其传统十分古老，战国大诗人屈原在《楚辞》中就经常提到九嶷山上的舜帝，像"九嶷缤兮并迎，灵之来兮如云"之句，充分显示出舜帝在当地是一尊统率群灵的大神。这里主要传播舜帝南巡中的教化传说，尤其是"韶乐"，被认为是舜帝的代表性音乐，也是表示世界被治理到最和谐境界后的美学表达，孔子听完韶乐后就激动得"三月不知肉味"嘛。这一带的"韶山""韶关"等地名，便是这么来的，而且还很多。当然还有二妃沿着湘江寻找夫君最后溺死湘水的凄艳故事，并衍生出湘妃竹等优雅含泪的名物。民间传说就是这般唯美，加上文人的推波助澜，几乎使整个湘江都笼罩着一种迷离的悲情意蕴。还有一点值得分说，我们在永州曾经停留过较长时间，发现当地的舜王传说不仅在汉族中流传，在瑶族等其他民族中也有所表达，并形成了某些文化嫁接的特质，这是非常值得注意的。

浙江北部绍兴、上虞、余姚一带。依照传统文献推断，这里很可能是自称舜裔的某一支系迁徙发展之地，晋太康《地记》认为这里是舜避丹朱于此、百官从之的所在，恐怕本身就是传说。不过，这里民间关于舜的传说，远比记载丰富得多，更重要的是以绍兴王坛镇舜庙为中心的舜王巡会活动，它涉及绍兴、上虞、诸暨、嵊州等地几十个村庄。我们在当地调查多次，充分感受到民众和文化人对舜王巡会的热情，也看到了当前非遗保护形势下的各种现实状况。

以上便是尧舜传说在全国范围内实际分布的大致面目。这 5 个点按照方位来说，可算是 3+2 模式，属于北方中原地区的 3 个，南方的 2 个。而从传说内容来说，也可以分为 2+3 模式，上述前 2 个区域内的传说内容是尧舜合作共享的，而后面 3 个或偏重尧，或偏重舜，只有单一核心。

特别要补充的是，我这里所谈及的这 5 个区域，只是因其传说留存相对比较密集丰沛，并不表示其他地区就没有尧舜传说。关于尧舜的传说话题，我曾经讲过多次，每次都有听众来问我："我的家乡某地也有尧舜传说和遗迹，你为什么不说？"其实，我本人的家乡江苏常州也有舜过山、舜井等遗迹和传说，我还看到过《舜哥宝卷》这样的说唱文本。我只是从总体上分辨出最突出的几个点，无法对各地实存一一列举，这只是策略性的，不包含感情倾向和价值判断。但是大家在尧舜话题上希望为自己家乡增光的心情，我特别能理解，这也说明尧舜传说在文化上的深入人心。

三、大小传统共通的文化结构

最后，我想具体展示一则尧舜传说的民俗案例，希望从中为大家提炼出一些有趣的思考。

我这里选取山西洪洞县的一个叫作"接姑姑迎娘娘"的民俗活动。

简单来说，在汾河东岸河谷地带有个村子叫羊獬，被当地人认为是尧的第二故乡，所有羊獬人都被认为是尧王的后裔。而在汾河以西的丘陵中有座历山，据说就是历史上舜王躬耕之处，当地民众也被认为是舜王的后代。尧的两个女儿嫁给了舜，于是两地便成了亲戚。羊獬人长一辈，称呼二妃为"姑姑"，历山人低一辈，故称二妃为"娘娘"，这里的"娘娘"是方言"奶奶"的意思。每年阴历三月三，羊獬民众组成浩浩荡荡的队伍上历山，将两位姑姑接回自己的村庄，是为"接姑姑"；到了农历四月二十八，据说是尧王的生日，历山上的民众又组成浩浩荡荡的队伍下山将"娘娘"再迎回去，便是"迎娘娘"。前后两次迎亲队伍都要路过许多村子，走上两三天，形成非常壮观的游神型庙会。

这一基于民俗信仰的大型活动，其仪式框架无疑来自主流传统的尧舜传说，但该传说又发生了许多变化，尧舜被直接落实到了当地，却在整个活动中只占据着仪式的两个端点，具体在其中游走并发生影响的，是神格化了的二妃。而且，二妃不再是主流文献中显示的那般端庄柔顺，她们会像普通村妇那样具有七情六欲，其中最为大家津津乐道的是姐妹俩"争大小"传说，大意是说她们共嫁舜这个一夫之后，引发了谁大谁小的争论，于是尧王或舜王只好设计了煮豆子、纳鞋底、回娘（夫）家三道难题（有的传说还有更多难题），让两人比赛。而比赛的结果，在河东和河西，也是不一样的，河东说"大的还是大的，小的还是小的"，河西说"大的成了小的，小的成了大的"，甚至两岸庙宇中塑像的形象也有差别。在该民俗活动的所经地区，还有一系列更复杂细致的传说，就不一一介绍了。

我们团队在当地持续调查了8年多，去过几十次，才逐渐摸清楚该传说和仪式活动对老百姓的真实意义。我本人特别考察尧舜传说对于当地不同人群的身份和利益关联，从而形成了自己的"传说动力学"理论模型。在这里，我想着重说的一点是，虽然同一地方的民众，会根据不同的利益关系形成多样的传说异文，但有条底线是不能突破的，那就是：羊獬村的尧王将两个女儿嫁给了历山上的舜王，从而形成了源远流长的血缘亲属关系，这是人们共同信奉的基点。当地至今还有一个特殊的习俗：羊獬人与历山人世代不可通婚。其实，我们从当地有据可查的家谱中最多只能上溯 500 年，而且按照传统礼法，五服之外就不属于近亲，是可以婚配的，何况还有亲上加亲的民俗约定。当地居民既要宣称自己是尧舜的直系后代，又强力推行此婚姻禁忌，表面上看来互相矛盾，但深入到民俗内部，我们就会发现，他们实际上将尧舜二妃既当作神灵信仰又当作祖先崇拜，从而在普通现实身份之上，附加了圣王后裔的更高身份并由此获得信仰的更多加持。他们之间原本只是邻近村落，经过改造了的尧舜传说以及"接姑姑迎娘娘"的信仰活动，他们将地缘关系转化成了血缘关系，并且深信不疑、引以为豪，从而努力营造出该区域内的亲密和谐关系。当地人都说互相之间因为是亲戚，所以凡事好商量，还经常使用"血浓于水"之类的词汇。

　　这样的文化再创造，看上去似乎只是草野编氓们的改编。但如果我们回溯一下《史记·五帝本纪》，那么那份来自《大戴礼记》的五帝三王万世一系的谱系，后世的我们不也可以从多个角度来推断它可能是一份春秋、战国以来知识阶层的苦心编创么？当初，他们编创的目标，不也是要将各分散部族合并到同一个血缘脉络之中、从而为华夏民族共同体提供合法性依据么？《史记·五帝本纪》和"接姑姑迎娘娘"活动，两者只是在构建范围上有大小之分，其内在思维和文化结构是纯然一致的，这再次体现了大小传统共生互文的特性，从这个角度来看，我认为，民俗文化和精英文化一样，共同构建了中华民族的核心传统及其凝聚力。

（作者单位：北京大学中文系教授）

帝尧以德治世　天下就之如日

李义海

上古时期中华大地上分布着众多的部落，由于处于初始文明时期，物资非常匮乏，人们以渔猎为生，为了争夺地盘和食物，部落与部落之间经常发生战争。黄帝是五帝之首，他提倡以武治天下，与其他部落间的战争尤为频繁和激烈。炎帝与属下诸侯不睦，炎帝出兵镇压，其诸侯纷纷投奔黄帝。黄帝与炎帝大战阪泉，大败炎帝。四方部落首领遂尊从黄帝为天子。蚩尤作乱，黄帝与蚩尤战于涿鹿之野，生擒并杀死蚩尤。其时，天下旦有不从者，黄帝就去讨伐，他常年征战，没有固定住所，一生都是在军旅中度过，没有过一天安适的日子。至帝喾时，文明有所发展，食物来源有所增加，加之帝喾以德治民，战争有所减少，天下逐渐太平。帝尧是帝喾次子，名放勋。帝喾死后由长子挚继位。挚不善政事，放勋继位，即帝尧。帝尧继位后研究和借鉴先帝们治世的经验和教训，采取"不战而屈人之兵"和广施仁德的方法治理天下。万民和顺，天下太平。

一、睦部落 以德赢四岳

帝尧继位后经常轻车简从巡访大小部落，与其部落首领及百姓和颜悦色促膝谈心嘘寒问暖。他态度温和诚实恭谦，部落有什么困难和要求他都能尽力帮助解决。凡遇大事他都要问计于各部落首领。是时，海水倒灌、洪水肆虐，淹没田川大地。人们处于一片恐慌之中。帝尧招来诸方部落首领曰："唉，诸位部落首领们啊！奔腾呼啸的洪水普遍为害，吞没一切的洪水包围了高地，水势大极了，简直要遮蔽天空。在下面的臣民都愁苦叹息，有谁能治理洪水使人们得以安居乐业呢？"当首领们推荐鲧时，帝尧说这个人常常违背法纪，不遵守命令，还危害同族的人。众部落首领说，我们知道的情况和你说的不一样，还是让他试一试，如果实在不行，再免去他的这项职务也不迟。最后帝尧采纳部落首领们的意见。并当面对鲧说："去吧！鲧，可要恭敬地对待你的职务啊！"

鲧治水九年毫无功绩。

当对日月的运行规律有所了解，准备选人掌管时。有人提议他的儿子，可帝尧没有采纳。《尚书·尧典》载：帝尧说："唉！谁能顺应四时的变化获得成功呢？"放齐说："你的儿子丹朱聪明能干，可以让他担任这项职务。"帝尧说："唉！像他那样愚笨而不守忠信的人可以担任这种职务吗？"帝尧接着又说："唉！谁能够根据我的意见来办理政务呢？"驩兜说："哦！还是共工吧，他现在安抚人民方面已经取得一定功效了。"帝尧在垂暮之年就他的接班人问题，也征求部落首领们的意见。帝曰："咨！四岳，朕在位七十载，汝能庸命，巽朕位？"可见他的胸怀是多么的宽广，作风是多么的民主，态度是多么的恭谦，这样的帝王怎能不赢得天下心！尧20岁即帝位，在位98年（其中含摄政舜28年），活118岁。他在位的98年中，深得各部落首领和百姓的信任和拥戴，各部落之间也和睦相处，天下太平，没有发生部落间那些无谓的战争。

二、恤百姓　以情感民心

帝尧是喾帝之子，本来就有别于普通百姓，继帝位后更是至尊之极，无人可与匹敌，但他深藏爱民之心，从不妄自尊大，仍以平常之心待己待人，他言行举止严肃恭谦。他居茅草房、吃粗米饭、喝野菜汤。他为天下之尊，可他面色腊黄，身体瘦癯……可见他并没有为自己开"小灶"增加营养。他常说："一民饥，我饥之也。一民寒，我寒之也。一民有罪，我陷之也。"他在巡查私访中看到百姓能有住有吃就高兴，看到衣衫褴褛的乞丐就着人施以衣食，并自责没有治理好天下。他在自己朝政的门外设立"敢谏鼓"和"诽谤木"，以广开言路，问政于民。在他的治理下天下太平、百姓和顺、安居乐业。老百姓像向日葵向太阳那样的向着他。《于丹心得集》里关于帝尧以德治天下有这样一则故事：唐尧统治天下，伯成子高立作诸侯，尧把帝位让给了舜，舜又把帝位让给了禹，伯成子高便辞去了诸侯的职位而去从事耕作。夏禹前去拜见他，伯成子高正在田里耕作。夏禹快步上前居于下方恭敬地站着问伯成子高道："当年帝尧统治天下时先生立为诸侯，尧把帝位让给了舜，舜又把帝位让给了我，可是先生却辞去了诸侯的职位而来从事耕作，我冒昧地问这是为什么呢？"伯成子高说："当年帝尧统治天下不须奖励而百姓自然勤勉，不须惩罚而人民敬畏，如今你施行赏罚的办法而百姓还是不仁不爱，德行从此衰败，刑罚从此建立，后世之乱也就从此开始了。先生你怎么不走开呢？不要耽误我的事情！"于是低下头去用力耕地而不再理睬。

三、制历法 以农兴天下

帝尧时代是文明初始的时代，无论是对天对地对人类自身还是对世间万物的认识都还处于刚刚启蒙的阶段。当时人口数量不断增加，而粮食生产却受到认识、季节、工具等各种因素的制约，产量非常非常低下，食物的主要来源仍然是渔猎，而渔猎的获取是极不稳定的，这就给先民的生存带来极大威胁。怎么办？这是摆在爱民如子的帝尧面前最严重最迫切也是最棘手的问题。然帝尧毕竟是帝尧，确有其超人超时的非凡睿智，他经过仔细观察和周密的思考，梳理出粮食生产和四时节气有着非常重要的关系，于是他就着人观察记录日月运行规律制定历法，并教育人民根据季节变化和粮食生长规律安排农事活动。

《尚书·尧典》载：乃命羲和，钦若昊天，历象日月星辰，敬授民时。分命羲仲，宅嵎夷，曰旸谷。寅宾出日，平秩东作。日中，行鸟，以殷仲春。厥民析，鸟兽孳尾。申命羲叔，宅南交。平宅南讹，敬致。日永，星火，以正仲夏。厥民因，鸟兽希革。分命和仲，宅西，曰昧谷。寅饯纳日，平秩西成。宵中，星虚，以殷仲秋。厥民夷，鸟兽毛毨（xiǎn）。申命和叔，宅朔（shuò）方，曰幽都。平在朔易。日短，星昴，以正仲冬。厥民隩，鸟兽鷸（yù）毛。帝曰："咨！汝羲暨和。期三百有六旬有六日，以闰月定四时成岁。"

意思是：于是尧便命令羲和恭敬地遵循上天的旨意行事，根据日月星辰的运行情况来制定历法，以教导人民按时令节气从事生产活动。又命令羲仲住在东方海滨名叫旸谷的地方恭敬地等待着日出，并通过观察来辨别不同时期日出之特点，以昼夜平分的那天作为春分，并以鸟星见于南方正中之时作为仲春。这时人民分散在田野里劳作，鸟兽也顺时生育繁殖起来。又命令羲叔住在太阳由北向南转移的地方，这地方叫作明都，在这里观察太阳向南移动之规律，以规定夏天应该从事的工作，并恭敬地等待着太阳的到来，以白昼时间最长的那天为夏至，并以这天火星见于南方正中之时，作为考定仲夏的依据……这时，人民住在高处，鸟兽的毛也都稀疏了。又命令和仲住在西方名叫昧谷的地方以测定日落之处，恭敬地给太阳送行，观察太阳入山时的规律，以规定秋季收获庄稼的工作。以秋分这天昼夜交替的时候和虚星见于南方正中的时候作为考定仲秋的依据。这时人们离开高地而住在平原从事收获庄稼的劳动。其时鸟兽毛盛，可以选用。又命令和叔居住在北方叫作幽都的地方以观察太阳从南向北运行的情况，以白昼最短的那天作为冬至，并以昴星见于南方正中的时候作为考定仲冬的依据。这时人民都住在室内取暖，鸟兽为了御寒，毛长得特别细密丰茂。帝尧说："唉！羲与和啊，望你们以三百六十六日为一周期，剩下的天数每三年置一闰月，以推定春夏秋冬四时而成岁。"

多么睿智的思维、多么精细的作为、多么伟大的创举啊！从想到、做到，形成章法，再到用于指导生产生活，这是一个多么了不起的实践、多么了不起的飞跃啊！它开启了华夏大地古人认识自然、了解自然、顺应自然、驾驭自然的璀璨的古代文明。

由于顺应四时节气变化安排农事，农业生产特别是粮食生产得到很大发展。"尧苗生九穗"是后人对帝尧时代种粮业的歌颂，说明尧时的种粮业有了很好的基础，种粮水平有了很大的提高。粮食多了，饥寒交迫的日子少了，人的生存率得到提高，人类的繁衍也就更盛了；人多了天下就兴旺，社会就发展。直到今天，人们赖以生存的主要食品仍然是粮食，可见尧为天下的繁荣兴旺作出了多大的贡献。

四、废世袭 择贤良禅让

将帝位传给子孙这是黄帝定下的规矩，是多少人梦寐以求的事情，可是帝尧没那么做，没有将帝位传给子孙，而是在他行将离位前将继位人的问题交由部落首领们讨论，由众首领在族中选优荐能，再经相当手段相当时间的考验后才予继位。《史记》载：尧曰："谁可顺此事？"放齐曰："嗣子丹朱开明。"尧曰："吁！顽凶，不用。"尧又曰："谁可者？"驩兜曰："共工旁聚布功，可用。"尧曰："共工善言，其用僻，似恭漫天，不可。"这一段文字注释为白话——尧说："谁可以继承我的事业啊？"放齐说："你的儿子丹朱通情达理。"尧说："哼！丹朱么，他这个人愚顽、凶恶，不能用。"尧又问道："那么还有谁可以啊？"驩兜说："共工广泛地聚集民众，做出了业绩，可以用。"尧说："共工好讲漂亮话，用心不正，貌似恭敬，实是在欺骗上天，不能用。"

《尚书·尧典》记载：帝尧说："唉！四方部落首领啊！我在位七十年，你们之中有谁能够顺应上帝的命令代替我登上天子大位呢？"众首领均和谦地回答说："我们的德行鄙陋，不配登上天子的大位。"帝尧说："应该考查贵戚中的贤人或是隐伏在下面的地位虽然低贱实际上却是贤能的人，还是让贤德之人登上帝位吧！"诸首领对帝尧说："在民间有一个处境艰难的人，名字叫虞舜。"帝尧说："是啊，我也听说过这个人，但他的德行到底怎样呢？"首领们说："他是乐官瞽叟的儿子，其父心术不正，其母善于说谎，其弟十分傲慢，对舜的态度很不友好。而舜和他们却能和睦相处，以自己的孝行美德感化他们，家务处理得十分妥善。家人也都改恶从善，使自己的行为不至流于奸邪。"帝尧说："那就让我来考查考查他吧！"于是帝尧就决定把两个女儿嫁给舜，以从两个女儿那里查考了解舜的德行。帝尧命令在妫（gui）河的拐弯处举行婚礼，让两个女儿同时做了舜的妻子。经过三年时间的考查，帝尧见其言必信行必果，办事让他放心。于是宣布让舜参政。一日帝尧对舜说："你恭敬地处理政务吧！"帝尧先使舜负责推行德教。舜便教导臣民要以父义、母慈、兄友、弟恭、子孝五种美德指导自己的行动。臣民都能听从这种教导而不违背。继而帝尧又让舜总理百官，百官也都能服从命令，使百事振兴无一荒废。接着帝尧又让舜在明堂的四门负责接待四方前来朝见的部落首领，以观其言谈举止、待人接物的礼数和分寸。最后帝尧又让舜进入山麓的森林中以经受风雨的考验。舜在烈风雷雨中也没有迷失方向。帝尧说："来吧舜啊！你谋事周到，提的意见也都十分正确，经过考验，你的确是经受住了，而且还取得了不少成绩，你现在可以登上天子的大位了。"舜以为自己的德行尚差推让不愿就位。二十年后尧离开帝位由舜代行天子事。又过了八年帝尧去世，舜服丧三年后正式继位。帝尧之所以这么做完全是以百姓为念，他说把帝位传给舜有利于天下百姓，而如果把帝位传给自己的儿子丹朱或其他的一个什么无才无德的人，就只有这么一个人高兴，而天下的百姓就遭殃和痛苦了，总不能以天下之痛而利一人。关于这一情节，《史纪·五帝本纪》中记载曰："尧知之丹朱之不肖不足授天下，于是乃权授舜，授舜则天下得其利而丹朱病，授丹朱则天下病而丹朱得其利。尧曰终不以天下之病而利一人。卒授舜以天下。"

可见帝尧以天下为己任的宽广胸怀。这让几千年后的现代人也不能不肃然起敬。所以太史公司马迁在《史纪·五帝本纪》中曰："帝尧者，其仁如天，其知如神，就之如日，望之如云，富而不骄贵而不舒……"

让我们记住帝尧，记住这位生于金湖，荫及九州，功垂华夏，名播四海的伟大明君。

（作者单位：金湖县地名委员会地名办公室原主任）

尧母及尧帝文化拾遗

关浩峰

金湖是尧帝故里。4300 多年前，中华人文始祖、华夏三皇五帝之一的尧帝出生在金湖县塔集镇境内（1998 年商务印书馆出版的《中华人民共和国地名大词典》明确记录金湖塔集是尧帝出生地）。千百年来，尧母及尧帝之古风、尧母及尧帝之道德积淀成尧文化，深深融入了尧帝故里的历史长河里，给金湖留下了弥足珍贵的尧母及尧帝文化遗产。兹将金湖尧母及尧帝文化遗产略考如下。

一年夏季，金湖一连下了十几天暴雨，淮河下游泛滥成灾。百姓们都搬迁到高地居住以避免洪灾。庄稼被淹没了，家园被冲毁了，人们陷入了深重的苦难之中。然而祸不单行，洪水过后，陈锋氏部落又突然流行起瘟疫来，庆都的母亲也病倒了。巫师说因为百姓得罪了天帝。部落首领和长老们都相信巫师的话，在高地上搭起祭台祭祀天帝。可是跪拜了整整三天，病死的人却越来越多，百姓们恐怖的心情越发沉重了。

有一天，庆都把羊群赶上山坡去吃草。庆都突然发现有几只山羊也拉稀了，这可怎么办呢？庆都细心地观察着羊群，发现拉稀的几只老羊吃了鸡爪草和马齿苋渐渐好起来。这可让庆都高兴得不得了！他采集了一些鸡爪草和马齿苋，回家煮水给母亲喝，母亲的病情渐渐好转。庆都高兴极了，赶紧把这个办法告诉了全部落的百姓，一场瘟疫终于平息了。（以上"采药治病"的故事引用自戴之尧先生网络版《尧母故事》）

据《史记·索隐》记载："尧初生时，其母在三阿之南（在今江苏省金湖县东南），寄于伊长儒之家，故从母所居为姓也。"东晋侨置幽州于此。《资治通鉴》载：太元四年（379），苻坚南侵，"秦兵六万围幽州刺史田洛于三阿"，即此。据考证，古"三阿"所在的位置就是现在的江苏省金湖县塔集镇，尧帝的幼年及少年时期都是在三阿度过的。

上古帝喾的第三个妻子名叫庆都，她是伊耆侯的闺女。这年春正月末，伊耆侯老两口带着庆都，坐上小船游览观光。于三河（金湖境内河流）之上。正午时分，忽然刮起一阵狂风，迎面天上卷来一朵红云，在小船上形成扶摇直上的龙卷风，仿佛这旋风里有一条赤龙在飞舞。

老两口惊恐万状，可看女儿庆都却若无其事的样儿，还冲着那条赤龙笑呢。傍晚时，风住云散，赤龙也不见了。第二天搭船返回途中，又刮起大风，卷来红云又出现了那条赤龙，不过形体小了些，长一丈左右。因为它并未肆虐加害于人，老两口也就不怎么害怕了。

晚上，老两口睡了，可庆都却睡不着。她闭着双眼还不由得抿上嘴发笑。朦胧中阴风四合，赤龙扑上她身，她迷糊了。醒来时身上还留下腥黏的涎水沫子，身旁留下一张画儿，上面画着一个红色的人像，脸形上锐下丰，八字眉，长头发。上书："亦受天佑"。她将这图画藏了起来，从此以后，庆都就怀孕了。以上这段描写，其实是庆都与帝喾相爱的神话故事。

庆都住在丹陵，过了十四个月，生下一个儿子。庆都拿出赤龙留下的图文一看，儿子生得和图上画的人一模一样。帝喾闻报庆都为他生了儿子，本该高兴，岂料他的母亲却在这个孙子降生的时候去世了。帝喾是个孝子，正为母亲的去世伤心，哪里还会有心思去照顾庆都呢？

庆都带着儿子住在娘家，一直把儿子抚养到十五岁，才让他回到父亲的身边。这个孩子就是后来的"尧帝"。所以尧帝随外祖父家的姓，为伊祁氏，后又称陶唐氏。尧母在金湖诞生、养育尧帝，为金湖留下了宝贵的"尧文化"遗产。

金湖有一道与尧母有关联的食物。尧母生下尧帝之后，身体非常虚弱，奶水不足，尧喝不饱奶就常常哭闹不停。就在一家人无计可施之际，一云游郎中途经门前，在问明情况后，当即开了一张药方，并交代了几句便驾云而去。后来人们才知道，此郎中是按女娲娘娘旨意，专门送"仙方"来的。尧的外婆按照"仙方"的内容，捉来一只母鸡和几块荞麦饼子放在汤中，煲好后让尧母趁热吃下。此后尧母奶水充足，使尧能吃饱喝足，健康成长。后来把这道神奇的"仙方"，传给了所有生儿育女的母亲，被百姓冠以"尧母月

子汤"的美名。（以上引用自王新葆先生网络版《尧母月子汤》）

尧 20 岁成了部落联盟的领袖，被誉为"尧帝"。后来他生有一个儿子叫丹朱，丹朱小时候很淘气，经常和一些小伙伴玩"打仗游戏"，身上总有一些伤痕。尧帝看到儿子这么贪玩，不思进取，怕他将来成不了才，于是就想了一个教育儿子的好方法。尧帝让丹朱和小伙伴们捡来一些黑色和白色的小石子，然后在地上画了 11 条线的小方格，对丹朱说："黑石子给你，白石子给我，一个石子就是一个兵，你就是指挥官。咱们轮流在方格线上摆放石子，一次只许放一个，看谁的'兵'能把对方的'兵'围住，围住的石子就被消灭掉了，必须把它拿走。"

这个游戏很好玩，从此以后再也不和小伙伴们瞎跑胡闹了，逐渐变得稳重聪明起来。丹朱长大后，成了一名有知识又善于用兵的将军。尧帝教丹朱玩的这种游戏，就是当今围棋的雏形。如今围棋已经从 11 条线演变成 19 条线了。后来人们将围棋起源的故事总结成八个字"尧造围棋，教子丹朱"。每年暑期，江苏省青少年围棋团体对抗赛在金湖举办，让孩子们在黑白对弈中体会围棋文化，传承尧帝围棋文化遗产。

（作者单位：）

尧帝与农耕文化

戴之尧

尧，我国古代帝王，五帝之一。尧帝，姓伊祁，号放勋。因封于唐，又称"唐尧"，他亲民爱民，融合四方，选贤任能，赏罚分明。使邦族之间亲如一家，和睦相处，四海升平。尧一生勤俭简朴，粗衣淡饭，严肃恭谨，德高望重，非常受到人民的爱戴。在尧帝之前，还没形成农耕文化，主要以狩猎和采摘野菜野果为生。尧帝之后，才有了农耕，开始种植粮食。他注重民生，以农为本，开创了农业立国的先河。所以，后人将尧帝公认为农耕文明的始祖。

一、教民耕种　开拓农业

《史记·索隐》中皇甫谧说："尧初生时，其母在三阿之南，寄于伊长孺之家，故从母所居。"三阿，即今塔集。1995 年《中国地名》第六期发表李义海先生的文章，认定金湖县塔集镇为尧帝出生地。更为权威的是，1998 年商务印书馆正式出版的《中华人民共和国地名大词典》认定"尧帝出生于金湖"。该书明确标注："金湖为中华民族的先祖、五帝之一的尧帝诞生地。"

远古时期这里气候宜人，物产丰富，是东夷部落的发祥地，从淮安青莲岗文化遗址发现的炭化小米可以证明，此地早已显露出农耕雏形。

当时华夏部落联盟的领袖叫作"帝喾"。黄河以北的中原部落仍以游猎为主，而江淮地区的淮夷部落已初步进入农耕文明。生产力得到快速发展，便有些不服帝喾的管理。帝喾为了缓和族群矛盾，加强部落联盟，便与淮夷族陈锋氏部落伊长儒家名叫"庆都"的女儿联姻，生育了尧。时为母系氏族晚期遗存，尧从母所居，生活在三阿。直到成年之后，受封于唐，后被众部落首领推举为天子，方才离开。

尧即位以后，以勤俭朴素著称，办事公正，上下分明。尧帝到各地巡视，体察民情。路上见到一位骨瘦如柴的老者躺在地上。尧问："您怎么了？"老者说："饿。"尧说："把我的食粮分一些给老者。"随从说："这与你有啥关系，我们也没有多余的食粮了。"尧说："怎么与我没关系，百姓挨饿是我的罪过。"他知道，食物是生命之本，人没有粮食吃就无法生存。便下决心发展粮食生产，解决温饱问题。

尧帝召集有才有德的人帮他治理国政，派后稷做农师，教民稼穑；派垂做工师，教民制作工具；皋陶做法官，制定法规；夔做乐师，教民音乐以虞情操。舜做司徒，掌管教育礼仪；契做司马，管理军队；命羲和掌管天文时令，制定历法；派仓颉管理国库，为国家理财。尧第一次设立了国家机构，中央部门按职能设立公职，可谓各司其职，有条不紊。他设立谤木（后来的华表），让民众提意见，以改进工作。

尧帝出生在淮夷，从小就学会耕种。他把粮食种植方法推广到各个部落。湿地种植谷子和水稻，旱地种植粱菽和麦黍。他亲自示范，教民农耕。他还驯养鸡、羊、猪，改善膳食，驯养驴、牛，为人服务。他指导制造各种生活生产用具，发明了镐、锄、耒、犁等农具，提高了生产力。经过多年的努力，将游猎逐步转变为农耕，大力发展农业生产，人民的生活水平有了显著提高。尧帝为我国农业的兴起作出了巨大贡献，所以说他是农耕文明的创始人！

二、兴修水利　建立村镇

发展农业离不开水利建设。旱季的时候缺水，庄稼会干枯；雨季来临洪水泛滥，庄稼便会受淹。尧帝遇到这些灾害发生的时候，非常焦虑，常常日不思食夜不能寐。在他执政初期，连续三年大旱，不仅庄稼无水浇灌，连人畜的饮水都十分困难。他带领一帮人四处寻找水源，可是河湖干涸，水塘都见了底，哪里能有救旱的水源呢？他听说低洼的地方挖成坑塘，就能渗出水来，便带人凿井。可是挖了好多处，就是渗不出水来。虽然吃尽辛苦，但他毫不气馁。经过细心观察，他发现许多小昆虫都干死了，唯有蚂蚁聚集的地方，它们却能生存下来。扒开蚂蚁窝，下面的土湿漉漉的，他就叫人顺着蚂蚁窝往下挖。挖到一人深的时候，果然渗出水来。尧帝有了这个经验，就按照这种方法推广开去，抗旱终于取得了成功。这个故事现在被选入部编小学课本里，题目就叫《尧帝凿井》。

在尧帝之前，百姓大多都是洞穴而居，生活极不方便。尧帝号召百姓依山傍水，垒土造屋，逐步形成了村落和城镇。当时人少地广，到处都是荒芜的土地。尧帝派其外出四处察看，遇到适合开垦的地方，便动员百姓走出洞穴，建立村落，集体居住。人群聚集可以集中力量开垦荒地，开挖河渠，兴修水利，防旱防涝。生活和生产用水都能得以解决。居民集中后逐渐形成集市，便于粮食和货物的贸易、转运、储备，对人群交往、活跃经济也起到了促进作用。城镇的建立就是从尧帝时代开始的，这也是尧帝的一大功绩。

三、制定历法　敬授民时

传说在尧帝时代，首次制定了历法。这样，劳动人民就能够依时按节从事生产活动，不致耽误农时。汉民族是农业垦殖历史悠久的民族，对农时十分重视，故《尚书·尧典》对此有详细记载。

《尧典》上说，尧命令羲氏、和氏根据日月星辰的运行情况制定历法，然后颁布天下，使农业生产有所依循，叫"敬授民时"。他派羲仲住在东方海滨叫旸谷的地方，观察日出的情况，以昼夜平分的那天作为春分。派羲叔住在叫明都的地方，观察太阳由北向南移动的情况，以白昼时间最长的那天作为夏至。派和仲住在西方叫昧谷的地方，观察日落的情况，以昼夜平分的那天作为秋分。派和叔住在北方叫幽都的地方，观察太阳由南向北移动的情况，以白昼最短的那天作为冬至。

春分、秋分、夏至、冬至确定以后，便计算出366天为一年。后来尧发现有些年份一年之中月亮会出现十三次，这样推演下去季节就紊乱了。尧便发明在三年前后设置一个闰月，用闰月来调整历法和四季的关系。使每年的农时正确，不出差误。当时就有"春分种豆种瓜，秋分收谷收麻""夏至有雨好种田，冬至有雪是丰年"的农谚，一直流传至今。古镇塔集的土地庙前有一副砖刻对联："尧苗生九穗，汉麦结双枝"证明尧帝时期，农业生产已有了很大程度的发展。

尧帝是我国古代圣明的君主，二十岁被众部落奉为天子，在位七十年。晚年禅让于舜。有一次尧微服私访，听说有一位贤人，叫"舜"。他来到历山，见舜正在田间耕地。奇怪的是，这个青年不用鞭子赶牛，而是在犁辕上挂一面簸箕，隔一会敲一下吆喝一声。尧问："耕夫都用鞭子打牛，你为何只敲簸箕不打牛？"舜拱手答道："牛为人耕田出力流汗很辛苦，再用鞭打于心不忍！"尧听了觉得这个青年有智慧又有善心，对牛尚能如此，对百姓就更有爱心了。尧向舜征求治国之道，舜明事理晓大义，见识独具，非常人所及。尧又经过多方考察，先让舜在朝中做官。试舜三年后，尧便让舜代行天子之政。尧选贤任能，开创了禅让的先例，一直为后人所称颂。

汉王充《论衡》载：尧时有老人击壤曰："日出而作，日入而息，凿井而饮，耕田而食，尧晚年何等力！"击壤，古代舞蹈，边敲空木边唱歌。后以"击壤歌"为太平盛世之歌。尧帝为使百姓不再以狩猎为生，号召人民开荒种地，大地上从此有了五谷。他发动百姓种桑养蚕种棉织布，人类从此用布裹体装饰。尧凿井取水，成为利用地下水的先导。尧制定历法，教民农作不误农时，以农立国，开创了数千年的农耕文明。《史记》评价尧帝"其仁如天，其知如神，就之如日，望之如云"，可见尧帝在中国历史上是个多么伟大的圣君啊！

（作者单位：金湖县文化馆退休干部）

尧帝治水　传承千年

王作礼

古今一脉，治水为政之要。

水是生命之源，没有水就没有人类。让水为人类所用，为民造福，这是人类的期盼……

一、远古治水之说

尧帝"八大功绩"之一是治理水患，为后世百姓安居乐业开创了千秋功业。先后派出鲧、禹父子治水 21 年，终于将阻碍中华文明进步和发展的黄河、长江、弱水、黑水、潺水、沇水、淮河、渭水、洛水九大水系二十几条大的河流合理地进行了疏通，并通过长江、黄河、淮河汇入大海，让华夏民族后世子孙得以在这片沃土上继续生存繁衍。

大约公元前 22 世纪时，不到 30 岁的尧被四岳长老和族长推选为盟主。当尧之时"水逆行，泛滥于中国，蛇龙居之，民无所定，下者为巢，上者为营窟。"（《孟子·滕文公下》）远古的时候，洪水肆虐，中原地带洪水泛滥，无边无际，淹没了庄稼、房屋，人民流离失所、背井离乡，水患给人民带来了巨大灾难。在这种情况之下，尧决心要消除水患，于是访求治理洪水的能人，身边人介绍鲧是合适的人选，可尧知道鲧的脾气不好，当族长时不听长老们的劝告，被长老们罢免了，但有一个长老解释道："那也不全是鲧的错，可让鲧试着干。"尧帝从不主观臆断，十分尊重大家的意见，遂任鲧为治水官。

鲧是一个聪明能干、造福民众的英雄，他不但创制了农具耒耜，驯服驾驭了耕牛，同时教导人民播种五谷，创建城郭。鲧采取"水来土挡"的治水策略，带领人民筑堤防洪，因当时洪水实在太大，鲧填筑九年，依然是"滔滔洪水，无所止极"。鲧为了制服洪水，把自己的安危置之度外，不待天帝允许，私自取了"息壤"去治水，救黎民百姓。息壤是天庭中一种生长不息的土壤，取一点投向大地，就能积成山、堆成堤。鲧的行为触怒了天帝，被天帝殛杀于羽山之野。鲧死后尸体三年不腐，天帝命人剖开他的肚子，肚子里跳出一条虬龙，这就是鲧的儿子禹。大禹出生后，鲧的尸体化为一条黄龙，沉入了羽渊。

鲧死后由其子禹担当治水大任，大禹继承父亲的遗志，率领民众与洪水作斗争，他改变了父亲单纯堵截的治水方法，同时采取了疏导治水的新方法，疏通水道，使水顺利东流入海。大禹让黄龙帮助勘察地形，用尾巴划开地面，让洪水流向应当去的地方。大禹又让曾助鲧治水的玄龟，背着息壤，去填堵筑堤。大禹还与恶神进行了殊死的战斗，狂暴的共工，兴风作浪，禹在会稽山（在今浙江绍兴）大会诸神，与共工决一死战。首先擒杀了共工的主要助手相柳氏。相柳氏身为长蛇，有九个头，食于九座山，所到之处立即变为溪泽。然后与共工进行猛烈的决战，终于打败共工，获得胜利。

大禹根据山川地理情况，将中国分为九个州，把整个中国的山川大地当作一个整体来治理，先治理九州的土地，该疏通的疏通，该平整的平整，使得大量的地方变成肥沃的土地。然后治理山川，经他治理的有太行山、太华山、大别山等11处群山，使山水能够顺利下泄，不至于堵塞水路，下游理通水脉，长江以北的大多数河流都留下了他治理的痕迹。

大禹治水，不仅时间漫长，而且十分艰苦，然而，他以无私忘我的精神，奋斗不息。走路太多，脚指甲都磨光了，得了"偏枯"病，走路十分艰难。禹带领着伯益、后稷等一批助手，跋山涉水，风餐露宿，走遍了当时中原大地的山山水水，人迹罕至的地方都留下了他们的足迹，常常是"昼不暇食，夜不暇寝"。直到30岁还未成家。后来新婚只在家待了四天。为了治水，大禹三过家门而不入。第一次经过家门时，听到妻子分娩的呻吟声，助手劝他进去看看，他怕耽误治水，没有进去；第二次经过家门时，他的儿子正在他妻子的怀中向他招手，这正是工程紧张的时候，他只是挥手打了个招呼，就走过去了。第三次经过家门时，儿子已长到10多岁了，跑过来使劲把他往家里拉，大禹深情地抚摸着儿子的头，告诉他，水未治平，没空回家，又匆忙离开。

大禹治水13年，咆哮的河水被驯服，昔日被淹的农田变成了米粮仓，人民又能筑室而居，过上安定的生活。大禹治水有功，受舜禅让继帝位，是我国传说中与尧、舜齐名的贤圣帝王。

二、明清治水之举

金章宗明昌五年（1194），黄河于阳武决口夺淮，洪泽以下淮河入海水道渐淤，逐渐在盱眙和淮阴之间低洼地带形成洪泽湖；明永乐十三年（1415）增筑高家堰，洪泽湖大堤越筑越高，湖水越来越阔、越积越深。意欲靠拦截淮水抬高水位来冲刷淮河故道的泥沙，即"蓄清刷黄"，结果不成。明嘉靖年间（1522—1566），只有在洪泽湖大堤上筑滚水石坝，明万历十九年（1591年）拓浚草泽河，洪泽湖水始从草泽河泄洪白马湖，又通过老三河排放到宝应湖地区。万历二十四年（1596年）洪泽湖大堤上滚水石坝改建为闸，周桥闸以下洪水常态化进入白马湖与宝应湖地区。

此时，淮河洪水已经难以控制，可是封建帝王仍寄希望于神佑天护。康熙年间，洪泽湖成为"悬湖"。此时的洪泽湖大堤虽经历代修缮，仍发现有十二处重大险段，因"十二"之数顺应天数，既与十二个月相符，又与十二生肖相合，于是，康熙大帝便想在洪泽湖大堤险要处，以十二神兽镇水，祈求神灵保平安。因牛是神物，可取水牛为镇。且江淮之间，乃粮仓之地，水牛是重要的农耕牲畜，造九牛于大堤之上，意借九五至尊的力量，镇水必成。水官觉得，以水牛镇水甚妥。又因洪泽湖水患源于黄河和淮河，黄河的水怪是冯夷，淮河的水怪是巫支祁，于是，便再造二虎各降一怪。又传说当年庚辰奉大禹之命捉拿巫支祁，用的武器就是戟，便取"戟"的谐音"鸡"，再造公鸡一只，经朝廷文史官验证，以此三物作为镇水神兽，符合五行相生相克之理。牛、虎、鸡是一物降一物的关系，牛属土，土克水，用九头牛镇压水怪；虎属木，木克土，用二只虎监督牛不许偷懒；鸡属金，金克木，担心"老虎也有打盹的时候"，就又用最守时的鸡来提醒。这样，老虎打不了趵，牛也偷不了懒，洪泽湖大堤就平安了。

康熙辛巳年（1701），"九牛二虎一只鸡"铸造成功，安放于洪泽湖大堤沿线。铁牛肚内有金心银胆，昂首屈膝伏卧在铁板上面。腹部刻有铭文："维金克木，蛟龙远藏。土能制水，永镇此邦。康熙辛巳端午日铸。"

祈祷只是祈祷，清咸丰元年（1851），淮河特大洪水，洪泽湖大堤终因拦蓄不及在南端礼字坝决口，淮河洪水从此大量入境，形成白马湖、宝应湖、高邮湖"三湖"相连、汪洋一片，完全改变了金湖地区的地形地貌，打乱了原有的自然水系，也破坏了人们平静安澜的生活。

三、现代治水之策

黄河夺淮致淮水放荡不羁、肆虐为害。金湖地处淮河下游，沦为洪水走廊，泽国沧桑，灾害连年，民不聊生。新中国成立之初，百废待兴，国事、战事异常繁重。1950 年 7 月，淮河流域又发生特大洪涝灾害，造成 1300 多万人受灾，党中央、毛主席十分关注淮河汛情，8 月，政务院总理周恩来主持召开全国第一次治淮会议，统筹河南、安徽、江苏三省，听取各省水利专家的建议，制定了"蓄泄兼筹"的治淮方针和"三省共保"的团结治淮的原则，作出了《关于治理淮河的决定》。周总理根据毛主席批示，表示说："我们人民政府，不能再让淮河压迫我们的同胞了，国家困难再大，也要下决心把淮河治好。"

毛主席于 1951 年 5 月 15 日发出"一定要把淮河修好"的伟大号召，地处淮河上游的河南省拦河筑坝兴修水库，既减少洪水下泄流量，又可保非汛期蓄水灌溉。淮河中游的安徽省建设蓄滞洪区，应急滞洪，建闸调控淮河梯级水位。江苏省位于淮河下游，开辟行洪道，排泄淮河洪水入江、入海。

金湖人民受尧帝治水启发，早在 1944 年春，在中国共产党宝应县政府的领导下，组织民力在宝应湖人字头筑坝堵流，蓄水抗旱。1944 年冬，在中国共产党高邮县政府的领导下开辟农抗河（今利农河），疏导西部山丘的洪水入高邮湖。1961 年，金湖县刚建立不久，在官塘和黎城两个公社，筑坝建起新河水库、东海水库和西海水库，既防止水土流失、洪水成灾，又拦蓄水源，保证灌溉，为丘陵地区实现"旱改水"发挥了重要作用。

1969 年，全省 20.3 万人会战金湖，兴建淮河入江水道。民工靠手推车筑起了 4 公里长的三河拦河坝，使淮水不再绕道宝应湖。用小船运土筑成了大汕子隔堤，实现宝应湖和高邮湖分治。同时开辟金沟行洪道，使淮水直下高邮湖。治水需要继承、借鉴和创新，这种既筑堤拦截，又辟路导流的方式都是沿用和创新了尧帝时代的治水之路径，当今沿用这种方法建造的水工程随处可见。

治水既要治"表"，也要治"本"，新中国成立以来，一方面大力兴工，建造了亿万计的大中型水利工程，一方面加快水利建设创新发展步伐，全面统筹，综合治理。植树造林，涵养水源；加强生态环境保护，做到人水和谐；全面规划、合理调度；制定《水法》等法律法规，依法治水。水是宝贵资源，造福人类首先需要人类去呵护、调节和控制。自古以来历朝历代，由于社会、政治、制度、经济等多方面的原因难以实现。只有在中国共产党的领导下，才逐步实现了这个几千年来的梦想，让放荡无羁的洪水听从人的安排。

金湖人不愧为龙的传人、尧禹后裔，传承大禹治水精神，千千万万人为治水流血流汗，有人为抗洪抢险献出了生命，有人风里来雨里去积劳成疾。为了兴建水利工程蜗居乡野芦棚，为了子孙后代长年奋斗在工程工地，在水不言苦，在职不言累，为确保一方平安，默默奉献，辛劳一生。经过 70 多年的艰苦奋斗，金湖从"因水而灾、因水而贫"实现了"因水而富、因水而美"，金湖的明天更美好。

（作者单位：金湖县河湖管理所退休干部）

从击壤歌到金湖秧歌——尧帝与音乐

张来林

中华文化源远流长，在五千年的历史长河中创造了灿烂的文化。中国自古主张礼乐化民、以德治国，其源头要追溯到尧帝。

史书载，尧生三阿之南。据金湖县文史专家考证，三阿又称北阿，在今金湖县塔集镇一带，兹不赘述。

一、唐尧盛世

尧生活在原始社会向奴隶社会过渡阶段，尧帝实际上是横跨黄河与长江流域的超级联盟主。此时，社会生产力有了初步的发展，人与人之间已出现明显的贫富分化，私有制、阶级已客观存在，法律、监狱、军队等暴力工具已产生，阶级矛盾逐渐尖锐起来，原始的生产关系仍未变化。此时，生产力与生产关系、经济基础与上层建筑矛盾凸显，原始的集体主义、利他思想与奴隶主的利己主义思想激烈碰撞，社会处于即将分崩离析的解体状态。

民胞物与，伟大"宅"男。《琴史》曰："尧帝宅天下，其圣神之妙用，则荡荡乎民无能名者也；其事业之余迹，则巍巍乎其有成功者也。"原始社会末期的帝位，既要保护先进的生产力，又要维护旧的上层建筑和生产关系。尧帝解决问题，就是靠牺牲自我、无私奉献、枵腹从公。尧聪明睿智，富有财富，但他悲天悯人，粗衣粝食，夏葛冬裘，自奉甚俭；他怜贫恤寡，关爱弱者，功德巍巍，仍保留着原始共产主义的美好道德情操，以"仁"维系着部落联盟的凝聚力。尧帝之"宅天下"是胸怀天下，以天下为家，"达则兼济天下"，与后来帝王之"家天下"、今日之"宅男"皆不可同日而语。《史记》说尧帝"其仁如天，其知如神，富而不骄，贵而不舒"，具有强大的人格魅力。

关注民瘼，从谏如流。尧帝发扬民主，虚心纳谏。为体察民情，了解民意，尧帝立"诽谤之木"、进善之旌，敢谏之鼓，让下情能够畅达最高层，对民间疾苦有了充分了解，决策就能接地气，颇受民众欢迎。夏商周时期，谤木演变成木铎，谏鼓演变成肺石。在尧帝治理下，四夷宾服，炎黄部落联盟影响扩大到交趾，《淮南子·修务训》云："尧帝孝慈仁爱，使民如子弟，西教沃民，东至黑齿，南道交趾。"

战兢惕厉，居安思危。三皇五帝时期，各部落之间杀伐不断，冲突频起，尧帝见此，格外警醒。尧每天都过得提心吊胆，一天比一天谨慎，生怕乐极生悲、变生肘腋，尧告诫道：人们一般不会在大山上跌倒，却常常在小土堆前摔倒。《淮南子·人间训》收录了史上第一个座右铭《尧戒》："颤颤栗栗，日谨一日，人莫踬于山，而踬于垤。"

万民景仰，粉丝无数。除了鼓励民众上访，尧又主动下访，巡游各地。《列子·仲尼》说：尧治理天下五十年了，不知天下治理得如何，不知黎民拥戴不拥戴自己，于是他环顾寻问近臣，近臣说不知道；问庭外官员，也说不知道；再问民间贤士，也说不知道。于是尧微服私访，在四通八达的大路上听到了一首童谣："立我蒸民，莫匪尔极；不识不知，顺帝之则。"意即您让我们人人有饭吃，这都是您的功劳；我们什么也不用费心，只需遵守尧帝制定的规则。此时大路叫康衢，所以这首歌谣被称为《康衢谣》。

一天，尧在走访路上遇见一个白发老农击壤（据说是古代一种游戏）而歌："日出而作，日入而息；凿井而饮，耕田而食。帝力于我何有哉！"大意是：太阳出来就耕作田地，太阳落山就回家休息；凿一眼井就有水喝，种出庄稼就有饭吃。这样的日子逍遥自在，谁还羡慕帝王（吃苦在前、享乐在后）的权力！这就是著名的《击壤歌》。尧帝在巡游中听到很多类似的歌谣，一路上看见男女老少都笑逐颜开，无忧无虑，感恩尧帝，便知人民生活是快乐的，自己也很欣慰。《史记·帝王世纪》载："帝尧之世，天下太和，百姓无事，有老人击壤而歌。"

这两首歌是人民真心感激、膜拜尧帝而唱出的歌，也是华夏史上流传下来最古老的两首歌谣。《尚书·尧典》说尧帝"允恭允让，光被四表，格于上下，克明俊德：以亲九族，九族既睦；平章百姓，百姓昭明；协和万邦，黎民于变时雍"。尧帝大公无私、为民造福的丰功伟绩，通过《康衢谣》《击壤歌》等永远留在中华民族的美好记忆中，并将永远传唱下去。

二、礼乐化民

徒善不足以为政，徒法不能以自行。尧帝以德治国，又统一刑法，进而推行礼乐教化，使礼乐刑政相辅相成，相得益彰。《乐记》载："礼以导其志，乐以和其声，政以壹其行，刑以防其奸。礼乐刑政，其极一也，所以同民心而出治道也。"尧还建立学校（即庠），培养礼乐刑政人才，移风易俗，于是天下安定。

重视意识形态。尧帝实行礼乐教化制度，让音乐与礼制密切配合，约束、规范人们的言行举止，培养良好的政风、民风。《礼记》曰："乐在宗庙之中，君臣上下同听之，则莫不和敬；在族长乡里之中，长幼同听之，则莫不和顺；在闺门之内，父子兄弟同听之，则莫不和亲。故乐者，审一以定和，比物以饰节，节奏合以成文，所以合和父子君臣，附亲万民也，是先王立乐之方也。"

尧帝造琴。古琴被称为国乐之父、圣人之器，是中国最古老且最富有华夏民族色彩的弹拨乐器，据说是尧命人所造。《太平御览》引《通礼篆》云："尧使无勾作琴五弦。"尧为什么令人造琴呢，因为当时人们内心浮躁，高雅的琴音能遏制人的邪思邪念，提升修养，和谐、净化身心。南宋刘籍《琴议篇》云："琴者，禁也。禁邪归正，以和人心。"尧又发明围棋，让人学会冷静思考。

天赐神曲。《古今乐录》曰："尧郊天地，祭神，座上有响，诲尧曰，'水方至为害，命子救之'。尧乃作歌"。南朝谢庄《琴论》曰："神人赐尧帝所作，尧弹琴，感神人现，故制此弄也。"即尧正祭祀天地，天神被尧所感召，赐给他《神人畅》曲谱，尧传记了下来。此曲开始是一大段泛音（似有通神音效的天音），由远而近飘然而至，如天神对人的启示；接着是一段节奏起伏的散音（地音）、按音（人音），表现人毕恭毕敬膜拜天神之景；最后是神秘而恢宏的韵律，有神人合一之感。《神人畅》曲调古朴、粗犷，节奏铿锵悦耳。令人欣慰的是，此谱今仍传世。

尧创《咸池》。古代神话说，咸池是专供仙女洗澡的地方，咸池是一个神圣的、无忧无虑的美好家园。淮南子曰，日出扶桑，入于咸池。尧帝创作的《咸池》是一首娱神的颂歌，是集诗歌、舞蹈、音乐于一体的综合古典艺术。体现了他对事务缠身、危机四伏、身心俱疲生活的无奈与厌倦，表达了对日落之处"西方极乐世界"咸池的欣求，表现了对无忧无虑、逍遥自在神仙生活的向往，可惜此曲早已失传。

开发傩戏。《吕氏春秋》曰："帝尧立，乃命质为乐。质乃效山林溪谷之音以歌，乃以麇鞈置缶而鼓之，乃拊石击石以象上帝玉磬之音，以致舞百兽。"傩戏是百戏之祖，是"戏剧的活化石"。原始社会人们与水旱灾害、毒虫猛兽以及敌对部落斗争时，需要精神力量，音乐、傩戏等就诞生了。尧任帝位后，命乐官质造乐器、创音乐，鼓舞人们的斗志，焕发人们的激情。质模仿风吹树木声、流水叮咚声来谱曲；用鹿皮蒙在缶上敲击，这是史上最早的鼓（前述"敢谏之鼓"即其具体应用）；拍击石磬以模仿天乐，这是世界上最早的打击乐器。质组建的乐队，也是史上最早的打击乐队。实际上，质的乐队成员带着百兽的面具，鼓缶击磬而歌，进行着娱神表演，就是原始宗教——傩戏。尧帝出生地金湖至今仍留存着傩戏——香火戏，金湖香火戏具有原始活态文化特征和浓厚的尧文化意蕴，如香火戏祭祀的十期程序保留着《周礼大司乐》九变痕迹。

尧帝年老时想将帝位传给大贤许由，许由选择了推卸、逃脱，洗耳不听，并作古琴曲《遁世操》。歌中唱道："登彼箕山兮瞻望天下，山川丽崎，万物还普……叹彼唐尧，独自愁苦，劳心九州，忧勤后土。谓余钦明，传禅易祖。我乐如何，盖不盼顾。"许由知道此时的帝位意味着自我牺牲、无私奉献，身心俱疲，压力山大，不愿接帝位这个烫手的山芋。尧帝又想禅位于子州支父，同样遭拒。

舜德才兼备，喜爱弹琴，并创作了《思亲操》而名扬天下，并得到尧帝的赏识。尧帝经过长期的考察后最终将帝位传给了舜，舜继续为大众无私奉献，也备尝艰辛。劳作之余，舜创作了古琴曲《南风歌》，歌曲赞美了南风，也表达了他心忧黎民、为民谋福的思想。

礼乐化民，垂范后世。尧帝是史上首位重视意识形态工作的领袖，他开创了礼乐化民、以德治国的治理传统，并被舜、禹及继之夏商周奴隶社会乃至封建社会传承下来。为了纪念尧帝的丰功伟绩，舜创作了大型颂歌《韶》乐，集诗、乐、舞为一体，气势宏大。夏商周三代，均把《韶》作为国家大典用乐。此后一直到南梁，《韶》乐都是中国宫廷音乐中等级最高、运用最久的雅乐，由它所产生的思想道德典范和文化艺术形式，一直影响着中国古代文明，韶乐因而被誉为"中华第一乐章"。

舜又让乐官夔制定乐律，夔又创作《大章》歌颂尧帝的功德。《白虎通义·礼乐篇》云："尧曰《大章》，大明天地人之道也。"

洪水退后，船筏便搁在陆地上。耕作之暇，徙居北方的先民对这个从南方传来、有恩于自己的物件——船念念不忘，便经常在空地上推着玩，既锻炼了身体，也增进了感情，此即"跑旱船"。尧的儿子丹朱看到大家玩跑旱船的游戏，也兴高采烈参与其中。后来，丹朱发现将木船推着玩太笨重，就改用布帛或彩纸糊船。这种"撑旱船"的文娱形式一旦推出，广受喜爱，很快就风靡各地。

孔子追慕尧帝礼乐文化，如痴如醉。孔子追慕尧舜周公礼乐之道，念兹在兹，念念不忘，达到了超级忘我境界，恍惚中孔子在羹汤中见到了尧，在墙上见到了舜，此即《文昌帝君阴骘文》之"见先哲于羹墙"。《论语·述而》又载："子在齐闻《韶》，三月不知肉味，曰：'不图为乐之至于斯也！'"孔子闻赞美尧帝的古琴曲《韶》，大赞其"尽善尽美"，竟达到"三月不知肉味"地步，可见该音乐的伟大魅力。唐宋之后，《韶》乐也失传。

孔子开创了平民教育之先河，标志着儒家正式诞生，并逐渐成为中华民族的主流文化。孔子认为音乐能影响人们的情绪、心智。好的音乐使人远离恶趣，清静身心；坏的音乐毁人心智、败人品行。东周时期，礼崩乐坏，郑卫之声流行。郑声淫，乱雅乐，孔子痛心疾首，提出要用"风、雅、颂"等音乐教化人心，远离邪音乱乐。

孔子认为，音乐有好坏，政府应引导。《乐记》云："是故治世之音安以乐，其政和；乱世之音怨以怒，其政乖；亡国之音哀以思，其民困。声音之道，与政通矣。"古希腊认为 A 调高扬、B 调哀怨、C 调和爱、D 调热烈、E 调安定、F 淫荡、G 调浮躁。现代研究表明，狂躁的音乐使人心绪不宁，悲伤的音乐使人意志消沉，听完《黑色的星期五》的人会自杀，我们对音乐确实不能放任自流。

孔子主张恢复尧帝至夏商周之间一脉相传的礼乐制度。"四书五经六艺"是儒家思想的核心载体，是中国传统文化重要组成部分。六艺有"诗、书、礼、乐、易、春秋"和"礼、乐、射、御、书、数"两种说法，不管哪一种六艺，礼、乐都在内。从此，琴棋书画等礼乐文化遂成为儒生必修课程与技艺。

三、三阿古乐

从尧帝、周公到孔孟，儒家思想都一脉相承，都主张民为邦本、民贵君轻，必须要实行仁政，孟子更提出"君之视臣如手足，则臣视君如腹心；君之视臣如犬马，则臣视君如国人；君之视臣如土芥，则臣视君如寇雠"。这是朱元璋等封建统治者所不能接受的，反抗与镇压就反复上演。

汉代，尧帝故里三阿属东阳、广陵、江都等藩国的郡县，是汉王朝最富庶之地，先后出了刘濞、刘建、刘胥等多位反王，广陵城也被改设于多地。《史记·表》云："怀王十年（前319）城广陵。秦因之……汉因之，吴王濞都此。"梁朝刘昭考证后说，吴王刘濞广陵城不在原地，他重新选址筑城为都城："濞筑广陵城，周十四里半，后江都国及广陵国皆治焉。"《嘉靖天长县志》载："东北高邮、天长之界有三阿……西汉高祖刘邦于高邮三阿东建城郭置广陵县。"这说明，吴王刘濞的广陵县设在三阿。

在当时吴国，吴王刘濞深受民众爱戴，因为刘濞凿通邗沟支流，大力发展农业、煮盐业、纺织、漆器、竹器、造船、金属冶炼等行业，还下令减免农业税，救助困难群众。刘濞治理吴国四十多年，经济全国领先，人民安居乐业。史上著名的"文景之治"，经济方面主要得益于吴国的铸钱、煮盐和冶铁这三大支柱的支持，这也激发起刘濞的野心。

"糠箩跳到米箩里好受，米箩掉到糠箩里日子难挨。"吴王刘濞发动的

"七国之乱"被朝廷平定后，广陵民众比较后发现，还是原吴王刘濞待百姓最好，私下纷纷祭祀刘濞，把他当作财神供奉，北宋时期仍相沿成习，苏轼《于潜女》诗云："老濞宫妆传父祖，至今遗民悲故主。"《光绪三修高邮州志》载："寿佛寺，在塔儿集……供陈思王像。"并分析此像不是陈思王像，而应是汉高祖或更始帝像。《嘉庆高邮州志》云："汉高帝庙，在沛城村。汉诏天下诸侯王，各立高帝庙。今久废，基址尚存，约八尺有余。"据分析，此地即以假托供奉伪汉更始帝为名，行供奉伪帝刘濞之实。

聂政刺韩王，此事与广陵无涉，为啥此曲却叫《广陵散》？又名《广陵止息》，假托勇士聂政刺杀韩王的故事。全曲四十五个乐段，分开指、小序、大序、正声、乱声、后序六个部分，主要表现聂政从怨恨到愤慨的感情发展过程，展示了聂政不畏强暴、宁死不屈的顽强意志。据推测，刘濞败后，朝廷新派的吴王一个比一个贪婪残暴，中央政府加于百姓头上的赋税、徭役、兵役也越来越重，特别是汉代末期朝廷腐败堕落，民众苦不堪言，人们重念吴王刘濞的好处，于是有人在激愤中创作了《广陵散》，以表达对封建专制皇权的蔑视与愤慨，体现广陵民众除掉昏庸无能的皇帝、换上爱民惠民君王的美好愿望，也体现了对敢于反抗的广陵王（吴王刘濞）敬仰之情。

《晋书》载，《广陵散》是嵇康游洛西时得一古人所赠。细品此曲，似乎真的隐含着一股杀气。《广陵散》与《阳春白雪》《高山流水》等并称中国十大著名古琴曲，在中国音乐史上有着十分重要的地位。

《广陵散》属于高雅音乐，普通民众听不懂，此即曲高和寡也。尧帝故里也不乏"下里巴人"，一唱百和，此起彼伏，互动不断，此即民间通俗音乐。

四、尧乡诗经

《乐记》云："夫乐者，乐也，人情之所不能免也。"在长期的生产、生活中，古人早就发现音乐能给人们带来愉悦感，是人们日常生产、生活中必不可少的组成部分。近来，美国老年学研究中心研究发现，在20种健康长寿方法中唱歌排名第一，说明音乐对身心健康至关重要。

孔子虽反对邪恶淫荡的郑卫之声，却在《诗经》中收录风、雅、颂三种类型的曲调。"风"是在各国流行的地方音乐、土风歌谣，这说明孔子对健康的民间音乐"风"并不排斥，孔子说，"关雎，乐而不淫，哀而不伤"，与民无害，有何不可，何乐而不为？

三国时期，三阿所在的江淮地区成为南北纷争的战场，境内民众南迁北移、东奔西突，流离失所，境内逐渐荒芜。东晋、南朝时期，三阿侨置了大量北方流民，并设立多个侨县管理流民，给境内带来了不少优秀人才，农渔、桑麻、航运、工商等行业得以发展，逐步恢复了境内的生机与活力。

在生产劳动中，人们发现音乐能调节情绪，缓解疲劳，促进生产。唐代，三阿一代出现了万民传唱的唢啰曲。

中晚唐时期，淮甸出了才貌双全的民间女艺术家刘采春。她音质甜润，音域宽广，嗓音洪亮，"歌声彻云"，蜚声大江南北。更难能可贵的是，她会创作歌词、谱曲，也能即兴发挥，现编现唱，无不切题切景。她创作、演唱了多首《唢啰曲》（又名望夫歌），多反映中唐之后基层民众特别是妇女凄苦的内心世界，感人肺腑。刘采春的歌如诉如泣，扣人心弦，唱出了千百万基层民众的心声，所到之处追随者极多，只要刘采春的《唢啰曲》响起，"闺妇、行人莫不涟泣"。元稹《赠刘采春》赞道："新妆巧样画双蛾，谩里常州透额罗。正面偷匀光滑笏，缓行轻踏破纹波。言词雅措风流足，举止低回秀媚多。更有恼人断肠处，选词能唱望夫歌。"

明清时期，高邮西北乡"风"生水起，秧歌、船歌、渔歌等民歌传唱不衰。三阿一带民心淳朴，盛产民歌，经典之作当属《高邮西北乡》。二十世纪三四十年代，《高邮西北乡》传至水南、里下河地区，深受民众喜爱。后被高邮县文艺工作者索兴采风获得，经整理后传唱全国。作曲家张建华研究认为，唱响春晚、红遍全国的流行歌曲《常回家看看》包含《高邮西北乡》的曲式与诸多音乐元素，春晚及央视音乐频道常以《高邮西北乡》为背景音乐。以《高邮西北乡》《数鸭蛋》为代表的高邮民歌已入选国家级"非遗"名录。

在古代农业社会，插秧、薅秧等农业劳作繁重枯燥，极易疲劳。为了缓解疲劳，唱歌就成为解乏提神的重要手段，三阿地区也不例外，金湖秧歌悄悄诞生了。

金湖秧歌曲调节奏明快，清新悦耳，内容丰富，主要有情歌和生活歌两大类，其中情歌最优美动人。

金湖香火戏中最神圣的《黄河阵》也渗透到民歌中，形成了秧田赌歌小唱：在秧田鼓锣中双方摆下阵势，用"黄河十绝阵"的唱文进行赌歌，较量双方腹中墨水的多少。

金湖秧歌既有北方民歌的粗犷、质朴、豪放、激越，又有南方民歌的细腻、雅致、婉转、舒缓，既有现成词曲，也有即兴演唱。只要一声"格咚代"响起，应和者少则三五人，多则成百上千，气势恢宏，一幅幅火热的水乡劳动画卷仿佛就展现在我们面前。

金湖秧歌反映了金湖地区民众的日常所思所想，所念所盼，反映了社会底层民众的喜怒哀乐、酸甜苦辣，通俗易懂，形象生动，被誉为"秧田里的诗经"。

越是民族的，越是世界的。近年来，随着中外文化交流互鉴机会的增加，金湖秧歌没有停留在家门口，也逐渐走出国门：2010 年在上海世博会精彩亮相，又在韩国的第 25 届民俗音乐节上大放异彩，2011 年金湖秧歌《格咚代》在世界音乐之都维也纳金色大厅和肖邦音乐节上成功上演。2015 年，金湖秧歌被列入国家级非物质文化遗产保护名录。

（作者单位：金湖县委党校县情研究室主任）

尧文化与金湖秧歌渊源初探

王新葆

作为国家级非物质文化遗产项目的"金湖秧歌"与尧文化有很深的渊源。她虽非"阳春白雪"，但却是乡土文苑中的一枝奇葩，也是从乡土中发掘出的瑰宝，秧田里诞生的"诗经"。作为一名文学爱好者，一位新当选的县民间文艺家协会主席，对于金湖秧歌知之甚少，更谈不上研究，但非常喜欢欣赏秧歌声中那优美动听的旋律，也关注对金湖秧歌的保护与传承。为此从保护与传承的角度，进行了一些初探和思考。

思考及初探之一：秧歌是尧与农耕文明产物，对历史追溯应更久远

生活即文学，劳动即创作。劳动创造历史，劳动创造文明，劳动创造生活，劳动创造艺术。我国五千年的文明，大都是在劳动和生活中创造的，也是在认识自然、改造自然、战胜自然中创造的。就金湖秧歌而言，本人认为其历史可追溯到农耕文化的形成时期。当人类的先祖们开始手脚分开，并尝试使用劳动工具，特别是对于火的发现与运用，使人类的进化步伐加快。当先祖们发现植物种子可以食用，便开始了垦荒种植，由此农耕文化应运而生。因劳作而疲惫不堪的先民们，为减轻疲劳，只有用吼叫来发泄情绪，舒缓劳累，放松心情，激发干劲，因而有了劳动号子。后来又因为开始种植水稻，先人们在水田里播种插禾，便有了秧歌号子，成为秧歌的雏形。随着历史的不断发展，人类的文明进步，生产力和生产关系的不断提高，农耕文化的日渐成熟，也为秧歌号子提供了开花结果的土壤，创造了成长进步的先机。就金湖县秧歌的形成、发展及成熟而言，金湖县于1959年10月成立，虽建县较迟，但历史并不肤浅。有史料记载，本县曾先后隶属扬州地区的高

邮及宝应，后又划归天高县及六合专区。从历史上来说，本县有"尧帝故里"之称。李义海先生从"尧初生时其母在三阿之南"作了深入研究，认定"尧生三阿"。其中的"北阿镇"，即现在的塔集镇也。从距离和方位上，也验证了"距高邮西北约 90 里"之说。尧作为史前一代贤明君王，创造了灿烂的尧文明。其核心内容就是农耕文明和农耕文化，而秧歌号子又是农耕文化的重要组成部分。在塔集古镇一座千年遗存的土地庙前，有一副砖刻对联："尧苗生九穗，汉麦结双枝。"从中可以佐证本地农耕文化的历史。

从自然资源上来说，这里自古有"鱼米之乡"的美称。历史上有 99 个小湖泊，先民们以捕鱼和种植为生，下湖捕鱼摸虾，上岸开荒种粮。其中水稻是主要农作物，过着亦渔亦农的生活，为秧歌号子形成和发展创造了有利条件。建县后的面积 1300 平方公里，其中水面就达 420 平方公里。一县坐拥三湖，典型的"水乡湖城"。湖水孕育了人们，也孕育了水灵灵的秧歌号子，正可谓"湖水多长歌多长"。从地理位置上来看，金湖县南部地区有"高邮西北乡"之称，重点是闵桥、塔集、夹沟、银集、涂沟等古镇，被称为"下五镇"。这里是金湖秧歌最多、最集中的地方，流传也最广。从戴之尧先生收集的《金湖秧歌大观》上来看，其分布不均，重点集中在闵塔区 200 首，银涂区 130 首，"下五镇"共有 435 首，占总数的一半以上。如果以县城南北来划分，南片 7 镇有 600 余篇，北片 5 镇及农场仅 200 余篇。从数字上的差距可以看出本县南北文化的差异。高邮西北乡的"下五镇"，历史悠久，积淀较深，无不浸透着维扬文化乃至吴侬软语的苏南文化，以及南北交融的江淮文化的影响。加之受苏州民歌、扬州小调以及本土的《高邮西北乡》等民歌小唱的浸润，使秧歌号子的旋律更加悠扬动听，词曲更富艺术感染力和穿透力，以致历久弥新，传唱不衰。

思考及初探之二：秧歌词曲是爱情产物，对其内涵研究应更丰富

爱情是婚姻的基础，爱情是幸福的源泉。没有爱情的婚姻是不幸的，为追求自己的幸福，在我国悠久的历史长河中，才子佳人为冲破封建枷锁，追求爱情婚姻一直是舞台上的"重头戏"。从古至今上演了一幕幕生离死别的

人间悲喜剧，还有精彩的爱情神话故事。从秧歌号子的内容来看，其词曲无不与男欢女爱紧密相连。在那父母之命，媒妁之言，包办婚姻的时代，互相爱慕的男女难得相见，更难结为连理，唯一的办法只有私会和偷情，酿下了许多爱情悲剧。难怪女诗人朱淑真写下了"月上柳梢头，人约黄昏后，不见去年人，泪湿青衫袖"的千古绝唱。插秧是个辛苦的农活，也是个争季节、抢时间的农活儿，需要很多人来完成。尤其需要男人挑秧，妇女栽插，蓝天下的水田里，好一派鲜活的农耕景象。诗人笔下有精彩的描绘："一把青秧趁手青，轻烟漠漠雨冥冥。东风染尽三千顷，白鹭飞来无处停。"青年男女一起在秧田里劳作，为他们打情骂俏，谈情说爱提供了机会和舞台，青年男女通过秧歌形式表达心迹和爱慕，当然也有插科打诨，讽刺挖苦的内容。在那条件艰苦、劳动繁重的年代，识字不多的农民们大多口头即兴创作，口耳相传，带有很大的随意性。或表达情爱，或借题发挥，或指桑骂槐，嬉笑怒骂皆成歌词。一方面通过秧歌说唱，互诉衷肠，宣泄情绪；一方面可解乏鼓劲，提高工效，至于请锣鼓师傅专门表演应另当别论。

翻阅戴之尧先生的《金湖秧歌大观》，我们不难发现，他收录的800余首秧歌号子，其中情歌约占一半。从秧歌的曲调来看，无不受本地情歌《五更里》《手扶栏杆》《十二月相思》等韵律的影响；从情歌的歌词上看，充分利用比兴夸张等表现手法，想象丰富，奇特大胆，生动形象，令人拍案叫绝。无愧"秧田中的诗经"，不亚于"有位佳人，在水一方""窈窕淑女，君子好逑"等经典绝句，我们不妨一起来欣赏品味几首。如用荷藕（偶）表达爱情的："荷叶出水圆又圆，荷花爱藕藕爱莲，荷花爱藕身子白，藕爱荷花出水鲜。"用莲（怜）子表达相思的："姐在塘里采藕莲，掰一颗莲米子送到郎嘴边，七月十五尝一口，八月十五嘴还甜。"有表达爱慕追求的："想姐姐想得渴焦焦，四两灯草不能挑，那个大姐允了我，石磙子能挑好几条。"有体现男女偷情的：（女）"天上下雨烂坏坏，姐叫情哥莫要来，姐家没得砖天井，踩出个脚印子有人猜，无影子说出有影子来。"（男）"天上下雨烂坏坏，叫我不来我偏要来，我把鞋子倒着走，只见出去不见来，叫他神鬼也难猜。"

如此丰富的想象和对爱情的炽热追求，堪称石破天惊，空前绝后，怎不令人叹为观止！很多歌词中采用叠字手法，更加重了其艺术效果，配以悠长、委婉、哀怨的秧歌曲调，把情歌在秧田中表演得淋漓尽致。仿佛水田中弯腰栽秧的妇们纤纤玉指插下的不是秧苗，而是表达对爱的渴求和祈拜，是用心和情在编织爱的巨幅作品，向天地间表明对爱情忠贞不渝，用辛劳播种爱的幼苗，期待收获爱的果实。除了情歌之外，金湖秧歌中还有许多叙事怀古，以及日常生活的作品。在《朝代歌》中有一首云："自从盘古开天地，三皇五帝到如今，炎黄开国为华夏，尧舜自古是圣君。"说明百姓对尧舜的敬仰和颂扬。这些歌谣无不与本土的尧文化、水文化、荷文化、民俗文化，以及其他乡土文化有着密切的联系；也与本地历史上的苏州移民文化、扬州勾栏文化，以及里下河区域水乡文化相互关联。因而在研究金湖秧歌的特色及其规律中，思路应更加开阔，内涵和外延应更加丰富宽广。

思考及初探之三：金湖秧歌是历史产物，对其传承形态应更精准

"格咚哉，格咚哉！代你格咚哉！……"每当听到这动听悦耳的曲调，悠扬煽情的歌声，我们又回到了魂牵梦萦的家乡，回到了难忘的儿时的岁月，眼前就会浮现出那一幅幅栽秧插禾的场景。从阵阵秧歌声中，让我们听到了乡音，记住了乡愁，忆起了乡情。从秧田里飞出的那粗犷而不失优雅的歌声，好似天籁之音，飘洒田野，余音远播，正可谓"此曲只应天上有，人间能得几回闻"。每到麦黄秧绿的五月，正是农村最繁忙的季节，农民们采桑养蚕，收麦打场，接着就是耕田栽秧了。宋代诗人翁卷有诗曰："绿遍山原白满川，子规声里雨如烟。乡村四月闲人少，才了蚕桑又插田。"此时此刻，正是梅雨季节，天气多变，时而细雨蒙蒙，轻风阵阵，时而蓝天白云。艳阳大地，苍穹下，明镜般的水田里，有头戴斗笠的农夫在挥鞭驾牛耕田耙地，更多的是身穿各色衣裳的姑娘嫂子们在弯腰插秧。随着悠扬的秧歌声声，她们的动作好似天女穿梭，凤凰点头，瞬间水田中就是一片横竖成行的新绿。不远处有成群的白鹭上下纷飞觅食，好一派精美绝伦的《农家插禾图》画卷，人们无不惊叹大自然创造的杰作。

尽管有动听的秧歌，迷人的景色，但现实并不浪漫，甚至是残酷的。"面

朝黄土背朝天，十指抠泥苦连连"就是真实的写照。栽秧是个非常辛苦劳累的农活儿，过去妇女们在田里要栽插三四十天，最终手脚都烂了，腰也累弯了。秧歌中唱道："东方发白下秧田，面朝黄土背朝天，脚踩淤泥手抓水，黄秧插破水底天。"又有："黑咕隆咚下田庄，弯腰曲背插黄秧，十指抠泥生活苦，为的秋来稻花香。"唱词催人泪下，令人唏嘘，勾勒出妇女们起早贪黑的劳累之苦，经天累月重复劳作的枯燥和寂寞，因而就有了《不唱秧歌瞌睡多》："黑咕隆咚离被窝，鸡叫头遍去插禾，十指抠泥多辛苦，不唱秧歌瞌睡多。"这些哀婉的词曲，不是浪漫的表达，而是辛劳的宣泄。其曲调低沉而悠长，其形式有二人对唱，或一人领唱，众人和唱，或即兴发挥；现炒现卖，你一句我一句，又说又唱，长短不一，因而就有了"四句头""五句半""串十字""抢八句"等表现手法。值得注意的是，由于对秧歌的产生过程把握不够透彻，因而对秧歌保护和传承不够精准和严谨，出现了以下几方面的问题和不足并为此建议。

其一声调过高，应保持低沉委婉。由于现代秧歌手没有经过那个年代，那种场景，那种辛劳，那种亲身体验，因此他们在演唱时声调高昂，甚至于引吭高歌，这是一种错解的表演。试想一下当年的那景那情，妇女们弯腰插禾，劳累异常，哪能放声高歌？当然其中也不乏有人直起腰来，舒展身体，高唱一两句，但总体上是曲调低沉而舒缓，否则就失去了原汁原味。

其二变调过偏，应保持原汁原味。秧歌的传唱应忠于历史，提倡原汁原味原生态。而现在的表演则注重于变调、变奏、变声，并增加了很多现代音乐的元素及乐器，这不利于对秧歌号子的准确传承，以致以讹传讹，长此以往的变调变味，最终导致真品失传或误传。当然有些用现代音乐元素，以纯娱乐的形式进行表演，增强效果未尝不可，但保护性传承应严肃严谨。过去秧歌大都是清唱，无音乐伴奏（秧田锣鼓另当别论）。如为提高其演唱效果，配乐也应以二胡、笛子等简易古朴的民族乐器为主，拒绝西洋乐器。对于服饰也有讲究，并不是现代的大红大绿，浓妆艳抹，而是身着青蓝衣衫，头扎黑布巾，不施粉黛，方能体现地方特色和风土人情。

其三传承较难，应保持久盛不衰。秧歌号子的兴衰无不打上时代的烙印，它和生产力的发展、生产关系的形成，以及社会的变革、时代的发展、科学技术的进步不无关系。从秧歌号子的形成发展来看，在封建社会，农民们为地主家栽插，为消除疲劳，他们除自发哼唱外，为提高工效，雇主会请来锣鼓师傅下田表演节目，用于催工赶趟。此时的秧田锣鼓较为盛行，解放后农民翻身做主人，分得了土地，以家庭为单位的生产关系，邻里亲友相互帮工，不便催工赶趟，就自发唱秧歌解乏。随着互助组、合作社，乃至人民公社的成立，生产关系和生产力发生了改变，人们相聚在一起劳作。最多时，每个生产队有四五十名妇女一起栽秧，欢歌笑语飘洒秧田，是秧歌发展的鼎盛时期。而唱词也随着时代的变化，不断注入新的内容。20 世纪 80 年代初，改革开放的春风吹拂乡村田野，以家庭联产承包为主体的经营形式，替代了昔日的"大集体"，人们仿佛又回到解放初期。一方面大包干使农村生产力得到释放，另一方面新型生产关系又使秧歌逐步消失。特别是农业机械化和科学种田水平的提高，加之以土地流转形成的规模农业，人工插秧面积逐年减少。与人工栽秧共生共存的秧歌文化，受到前所未有的挑战。可以预测，不久的将来，那历经农耕文化而产生的秧歌号子将远离田野，成为昨日黄花。唯一能做的就是挖掘保护这笔弥足珍贵的文化遗产，坚持以老带新，精准培育一支秧歌号子传承人队伍。

保护传承秧歌号子是一个系统工程，是一项价值不菲的文化事业，并非只是文化部门的责任，而是全社会的义务，需要各方面的关心和支持。挖掘是基础，保护是职责，传承是根本，精准是保证，因而我们要以神圣的使命感、责任感和严谨认真的态度，保护传承好先辈留给我们的宝贵财富。使金湖秧歌这一乡土文化瑰宝、秧田里的"诗经"代代相传，生生不息，永远充满生机和活力，并在精准传承中大放异彩，魅力永恒！

（作者单位：金湖县政协文化文史委原主任）

走进金湖，感知"外化于形，内化于心"的尧文化

李义海

一

尧是中国古代父系氏族社会后期部落联盟的领袖，是三皇五帝中之一帝，是中华民族的先祖。他仁如天，知如神，就之如日，望之如云，富而不骄，贵而不舒；他睦部落以诚赢四岳，恤百姓以德聚民心，制历法以农兴天下，择贤良以公行禅让，为中华民族的形成发展作出卓越贡献，是晓喻海内外的伟大人物。金湖是尧帝的生身之地，是尧帝故里。数千年来，尧帝的美事圣德在金湖大地广泛传承，深深印烙于心、融化于脉，历久弥新，潜移默化地影响着金湖人。

金湖人感谢司马迁，感谢皇甫谧。是司马迁的《史记·五帝本纪》记载了帝尧，详述了帝尧的身世；是皇甫谧为《五帝本纪》作注，明确帝尧生于三阿。

现代有关史地学者根据这些记载，引经据典，实地探访，证明三阿即今金湖县塔集。1998年商务印书馆出版的《中华人民共和国地名大词典》收录了尧帝生于金湖县塔集的成果，使这一模糊了几千年的帝尧的生身之地得以昭白天下。获知这一信息，金湖人高兴异常，奔走相告，充满骄傲与自豪。金湖县委、县政府，塔集镇党委、镇政府更是欣喜不已、倍感振奋，倾心为传承、光大这份厚重的历史文化策马扬鞭、奋力运作。

尧生金湖的文章见报仅两个多月的1995年春节，县水利局河湖管理所所长王作礼先生就在其单位的大门上贴出"尧乡水色秀，禹裔俊杰多"的楹

联，吸引诸多过客驻足品味。塔集镇在外地人频频光顾的长毛兔养殖场处的公路旁竖起 5 米多高的告示牌，上书"尧乡兔苑"，向世人昭示，这里是尧帝的生身之地。县广播电台在有关节目的开头增加"传承尧乡千年文化"的导语。《金湖报》在第三版新辟《尧园》专栏。1997 年 6 月，县政府将县城繁华地段的街心市民休闲广场命名为"尧园"。2003 年 8 月 9 日至 11 月 8 日，《新金湖》在 3 个月内分 13 期连续刊载"尧与塔集——为了荒疏的记忆"文章。拨打金湖县机关单位电话，在等待时会听到伴有悦耳音乐的"尧帝故里、荷乡金湖欢迎您"的亲切软语。2003 年 9 月，塔集镇人民政府编印的《尧乡塔集》发行。2019 年春节前夕，金湖尧帝古城城门首次张挂由项光来撰文、张国擎书写的楹联："尧泽遗玉宇，雨露同沾，一脉人文追远古""帝业起金湖，风骚独领，千秋气象壮新城"。2021 年 7 月，中国先秦史学会在金湖县举办"中国·金湖首届尧文化高峰论坛"，金湖县人民政府、淮安市政协文化文史委承办。等等，从不同角度、不同层面，为宣传金湖是尧乡，弘扬尧文化起到积极作用。

中国·金湖首届尧文化高峰论坛部分场景

2006年5月30日，金湖县委书记赵洪权在县政协第18期"尧乡要重视尧的宣传"的《社情民意》中批示宣传部部长李春英：要高度重视、关注此事，加大宣传，务必将这一宝贵遗产留存。2009年7月，由政协副主席聂杭军主编的《尧乡古今》出版发行。2010年7月，县在县城西部投资3000多万元兴建的尧帝公园开园。2011年，由云南恒业集团、江苏恒业古镇文化旅游开发有限公司投资32亿多元，集吃、住、游、购等为一体的尧帝古城开始建设。2019年10月，由东方园林总投资10.28亿元、占地1150亩的塔集"尧想国"一期建成开园。2019年，在县城中心区域的最繁华地段的集店铺、住宅楼为一体的"庆都广场"开建。等等。以尧命名的宾馆、饭店、商店企业、住宅小区等更是数不胜数、遍及全县城乡……

以尧冠名的部分宾馆、饭店、住宅小区实体照

二

尧帝公园位于县城健康西路北侧、环城西路东侧，南北长 380 多米，东西宽 110 米，占地 4.2 万平方米，投资 3000 多万元。尧帝公园本着"以尧为魂，生态优先"的理念规划、设计、建造。花岗岩雕塑的 11.8 米高（喻尧帝 118 岁）的尧帝像是尧帝公园的主体和标志性建筑。尧帝像与主入口（南门）一线为公园的中轴线，围绕该中轴线分设墙体浮雕群、忆尧廊、陶艺林、尧帝陈列室、休闲长廊、游人活动区、亲水娱乐区等。尧帝公园为敞开式市民广场公园，市民、游人随时可以进出。园内高丘、水塘、曲桥错置，起伏深邃；花草、树木搭配，生态氛围浓厚；造型雕塑、抽象浮雕、文字简介与陈列室图、文等互相映衬，将尧帝的生平与功德跃然于园。尧帝像设中轴线中段北部，置身于雕有中华九州和山川河流、神鸟瑞兽的花岗岩底座之上，面南而立，居高临下，端庄慈祥，双手呈接纳状，海纳百川、协和万邦、四方归服的帝王之气尽显其中。在尧帝像南侧的中轴线两侧相对而立八面花岗岩浮雕墙，一墙一个主题，分别是感龙生尧、后羿射日、协和万邦、曦和制历、凿井惠民、任贤图治、谏鼓谤木、禅让帝位，给人以尧帝文化的脉络与知识。点缀在公园内的制陶、猎鱼、井中汲水等表现尧帝时代先民生活场景的组雕，造型典雅，古朴生动，将今人带进 4000 多年前的先民生活圈。陈列室内 20 多块图文并茂的大小图板，从远古时期的人类足迹、金湖地域，金湖新石器时期的聚落遗址、出土文物，尧母的部族、生活，尧帝的孕育、降生、成长、继位、安邦、治天下、禅让，以及著名历史学家谭其骧教授编著的《中国历史地图集》中"三阿""北阿"的位置图，商务印书馆出版的载有"尧生金湖"内容的《中华人民共和国地名大词典》等，将尧帝与金湖的关系进行全面、系统、详尽、完整地铺呈。园内大理石铺就的能容纳上千人的广场、4 座遮阴蔽日的长廊、一泓塘水之上的曲桥、满园的绿地大树等，让人在感受尧文化熏陶的同时尽享大自然的清新与愉悦。

在金湖县城南部、县行政大楼南约 2 千米的地方有一块占地 1000 多亩，建筑古色古香，店铺鳞次栉比，溪水蜿蜒曲折，人气鼎旺，那就是金湖又一处彰显尧文化的仿古建筑群——尧帝古城。

尧帝公园

尧帝公园浮雕墙、陈列室

　　尧帝古城位人民路南段东侧、清河路南侧。由恒业集团·江苏恒业古镇文化旅游开发有限公司投资开发，是省发改委、省旅游局《江苏省"十二五"旅游业发展规划》25 个重点旅游项目之一，2012—2016 年度省、市重点旅游项目。尧帝古城投资 30 多亿元，以中国古建筑为特色，以尧文化为灵魂，按照国家 AAAAA 级景区标准打造。古城内有城门楼、迎宾亭、圣德广场、城隍庙、文庙、庙会广场、上古文化园、尧王殿、受禅广场、受禅台、北阿塔、尧母祠、古戏台、过街楼、寻梦河、荷花溪等20多个文化旅游景点，按吃、住、行、游、购、娱等旅游6大要素及大型旅游集散地要求，布置配套完善的旅游服务设施。古城核心区占地727亩，建筑面积37万平方米，呈东西向布局。在众多商店、酒店、四合院中分布着"一园（上古文化园）、两线（永圣路、寻梦河）、三高点（城门楼、望福塔、五星级大酒店）、四广场（圣德广场、庙会广场、民俗广场、受禅广场）"等特色建筑，使古城点线有致、水陆相间、高低错落、古今同现、中外共处、浑然一体。永圣路是古城的中轴线，横贯东西。由其串联的圣德广场、庙会广场、民俗广场、受禅广场自西至东依序而列。城门楼高大庄重，气势恢宏，位于尧帝古城西首中部，面西而立，长64米、宽16.8米、高21米，为内四外三层式结构。一楼中部为拱形楼门，中轴线永圣路由门下通过，是举办活动的主要通道。城门楼前占地6000多平方米的圣德广场，是金湖县举办大型文艺活动的重要场所。广场建有迎宾亭，在迎宾亭游人可领略中国古往今来的迎送礼节文化。城门楼常有开关城门仪式表演，以展示、传承中国古代的城防文化。

圣德广场、上古文化园、尧王殿、受禅广场、受禅台、北阿塔、尧母祠是分别集中展示尧文化的场所。置身于这些地方，浓浓的尧文化氛围，就像人要呼吸空气一样，让人在潜移默化中接受尧文化熏陶。

尧帝古城鸟瞰

尧帝古城城门楼、上古文化园、尧帝庙及设于尧帝古城的家风家规教育馆内的尧母教子雕塑

尧想国位淮河入江水道东侧的塔集集镇（塔集为晋之三阿，是尧帝的生身之地），由北京东方园林投资，美国 FS 公司、北京利禾公司设计，总占地面积 1050 亩，总投资 10.28 亿元。景区以尧文化、尧母文化为核心，以尧帝生平为主线，以塔集古八景为载体，彰尧母（庆都）之名，言母爱大德，倡家教之功。共建有尧帝广场、上古尧村体验区、尧文化展示馆，塔集八景体验区、庆都育尧体验区、洞房花烛婚庆体验区、上古儿童乐园等数十个片区，以及祭天台、古观象台、赤龙湖、百乐园、沧海桑田展示馆、《少年尧帝》演艺剧场、7D 影院、丛林奇兵、上古魔窟、恐龙乐园等项目，是国内首个沉浸式尧文化体验区。

尧想国景区，2019 年 10 月开园试运营，2022 年 12 月被江苏省文旅厅评定为国家 AAAA 级旅游景区。

尧文化展示馆以尧帝生平为主线，通过场景还原、雕塑模型、图文展陈、3D 环幕影片、互动投影、box 影院等多媒体展项，全方位诠释尧帝文化。

尧想国鸟瞰

尧想国大门

尧想国尧文化展示馆、尧时代生活场景

庆都陶艺馆展示制陶艺术。尧母庆都是一名制陶高手。庆都善于总结、研究、创新，受母亲捻线、麻丝随线砣旋转能捻出匀称细线的启示，发明了旋盘拉坯方法，既提高了制作陶器的速度，又使拉出的陶坯圆润有形，使制陶技艺跃上一个新水平。

二十四节气广场是为纪念尧帝创立历法而设。在那个蛮荒时代，为了掌握大自然冷暖气候变化、季节更替规律，尧帝派人在不同的地方，专门对日出日落位置、时间，太阳南北移动起止点、时间，风霜雨雪生成气象等进行观察、记录、总结，得出366天为一个周期的年和一年分为春夏秋冬四个季节的概念，并用闰月调整、解决季节失衡问题。要求人们按季节适时从事农业生产，进行种、长、管、收、藏，提高了农业生产水平，增加了粮食产量，为人类的繁衍生息提供了物质基础。

塔集八景体验区设城头桃花、古寺钟声、乱山草药、九山观渡、尧墩晓月、古井闻天、品石观风、湖光塔影等尧乡八景。内容丰富多彩、趣味浓厚。

景区内步道采用仿生态型，路面采用木质等材料，注重人与自然的融合，环保美观，兼顾和周围生态环境协调，给游人创造了宁静优美回归自然的环境。

尧想国还设有游客中心、停车场、会议中心、潜龙湾、红梅阁、听竹轩等精品酒店。在尧想国，游客玩得开心、住得舒心、吃得醉心。让人流连忘返、乐不思归。

三

外化于形的尧帝公园、尧帝古城、尧想国、庆都广场等是看得见、摸得着的实体，给人以壮观、实在的感觉。而铭烙于心、融化于血的尧帝的品行、操守等圣德，则是内化于心的无形的、延绵的道德和精神，体现在人的言行、谈吐、作为等方方面面。

远古先人在这片缓坡丘陵与泻湖接合部地域落脚图存、繁衍生息，尽显与恶劣自然环境斗争的勇气和智慧。尧母庆都及尧帝时代已经做到能生产粮食、织麻制衣、烧制陶器、凿井取水、造房聚居等，创造了先人新的生存、生活条件。秉承先人的智慧和精神，东阳少年陈婴不忍秦政权暴政，为黎民图生存，杀县令，聚众 2 万反秦，并遵母嘱不树旗，隐于项梁起义军。夹沟武进士杨大鹏，嘉庆二年（1797）从军，尽忠职守，官从四品，58 岁时逝于军营任上。白水庄（今金北街道境内）葛节支爱民爱乡，一身正气，人称"葛大先生"。1931 年夏，葛所乘官船在湖中遇土匪拦劫，葛见其堂弟葛永新亦在其内，遂厉声斥责："我绝没有你这个当土匪的兄弟"，下令将包括他堂弟在内的土匪全部击毙。1954 年大水，振兴圩（今属银涂镇）被洪水冲决，农会主任张太成让奋战一夜堵决得疲惫不堪的群众离船，独自驾船堵决，船翻，张被洪水卷走牺牲。1968 年 12 月 28 日夜，红旗大队第三生产队（今属塔集镇）牛房失火，饲养员何寿才不顾子女安危，在大火中奋力抢救集体耕牛，耕牛保住了，3 个小孩均被大火烧死，何本人也因烧伤过重不治死亡。梁圩村（今属金北街道）朱国信，大学毕业生，中原石油勘探开发研究院计算机技术人员，1985 年 10 月 10 日下午，在由车上搬卸进口的中央处理器和内存主机时，用身体抵扛歪斜欲倒的仪器箱遭压，仪器安全了，朱被压身亡。新生村（今属黎城街道）杨金付，部队战士，2000 年 5 月 31 日，在西藏易贡河地区抢险救灾返回营房途中发生车祸，身负重伤，忍剧痛救战友，失血过多、体力耗尽牺牲，等等。这种为国、为民、为他人的壮举数不胜数。

历朝历代中，金湖人在天灾、人祸面前不屈不挠、前仆后继，英勇顽强。宋朝以后，黄河夺淮，金湖地区成了洪水走廊，十年九淹，灾难深重。金湖人为生存，千百年以来与水作殊死、顽强的斗争。房屋被水冲毁了，水退后再建；田地被水淹没了，就开河凿港输水、建筑圩堤挡水……构建了欣欣向荣的美丽家园。

金湖县第一任县委书记赵柏生说：我在金湖工作只有 7 个月（1959 年 10 月至 1960 年 5 月），虽然时间十分短暂，但是金湖给我留下的印象却是深刻难忘。这里，水好，地好，人更好。人民群众待人很热情，也非常支持我们的工作。如兴修水利，我们县委一声号令，全县人民一呼而上，那种声势，那种场景，真是感人至深！到农户家走访，家家户户热情接待，即使他家里再穷，也非得留你吃饭不可。如不吃饭，就不准你走。以致我在农户家常常

"说谎"，明明没有吃过饭，我总说吃过了。我心里有底，他们还很困难。

进入新时代，金湖人将先人禀赋、圣德进一步发扬光大，涌现了诸多创新创业、攻坚克难、孝老爱亲、助人为乐等创业、道德模范。2020 年，金湖县荣获江苏省道德模范及提名奖 4 人，入选"中国好人"7 人组、"江苏好人"30 人组。

1984 年 10 月出生的王红，女，为金北街道新港社区副主任。她数年如一日用爱心暖孤心，照顾区内一对随爷爷奶奶生活的姐妹俩（其父早年病故，母亲出走）。节假日常将她们带到自己家吃饭、辅导作业，带她们到景区游玩，给她们买学习用品、电脑、衣服等。温暖了这一对小姊妹的心。先后被评为"金湖好人""新时代淮安好人"等。

金湖县小水滴志愿者协会会长的陈菲，女，1991 年 11 月出生，兼职金湖县妇联副主席。自 2012 年成立小水滴志愿者协会起，她不断探索、积极实践，扎实开展多种形式的公益活动，为传播正能量、弘扬社会主义核心价值观发挥积极作用。多年来，她带领 720 多名青年志愿者走遍全县城乡，组织开展 290 多场"助残、助困、助学、文明推广"等社会公益活动，累计 32000 多人从中直接受益。先后荣获"全国优秀共青团干部""江苏省优秀共青团员""江苏省最美基层妇联干部""淮安市优秀志愿者""淮安市青年五四奖章""金湖县十大杰出好青年"等。

施红宝，男，1968 年 12 月出生，金湖县银涂镇湖滨村三组村民。施以渔业为生，平时与人为善，热心助人，外号"老实头"。在突发火灾时，他不顾危险，奋力救火，两次冲进火海，抢救出 3 名被火烧伤的渔民，被评为"新时代淮安好人"。

金湖县人民医院消化内科副主任医师杨志，男，1982 年出生。杨志工作认真负责，待病人情重义深，经常加班加点抢救病人、守候重症病人。2020 年 2 月 9 日，应急出征武汉方舱医院，热情、耐心对待每一位新冠病毒患者，赢得患者一致认可，被评为"新时代淮安好人"。

1968 出生的刘雪珍，女，金北街道陈渡村村民。23 年前，其婆婆因白内障双目失明；13 年前，丈夫患肌肉萎缩症瘫痪在床。刘雪珍用脆弱的肩膀挑起家庭重担，干农活儿、打零工、家里家外，挣得为婆婆、丈夫治病医药费和两个女儿的抚养费，支撑这个霜雪浸染的家，诠释了患难与共的人间真情，被评为"新时代淮安好人"。

於如桂，男，1964年出生，中共党员，江苏爱邦钢铁有限公司董事长。退伍后始终保持革命军人本色，创办江苏爱邦钢铁有限公司、江苏爱邦酒业有限公司等多家企业，取得骄人业绩，为广大退役军人树立了榜样。创业成功拥有财富后，心系人民、服务社会、无私奉献，为家乡建设贡献力量，出资建桥、修路。他的企业设置慰问烈士亲属的专项经费，每年都慰问烈士亲属。向慈善机构、希望工程和红十字会慷慨捐资，帮助战友创业致富等。累计为各类公益事业捐款捐物千万元以上。2019年7月，被中共中央组织部、中央军委政治工作部、退役军人事务部、人力资源和社会保障部联合表彰为"全国模范退役军人"。2019年10月，在金湖建县60周年之际，被金湖县委、县政府表彰为"金湖建县60周年先进人物"。

......

在金湖工作过的外地人或是来过金湖的外地人，他们和金湖县第一任县委书记赵柏生一样，对金湖有一个共同的发自肺腑的感叹："金湖好，金湖人更好"。这是外地人对金湖人的肯定、褒扬和鼓励。金湖人心里暖暖的、美美的、甜甜的，更增添了自信、志气和豪气。金湖人也必将"守身如玉"，以更加美好的风姿立身、处事、待客、创业，将尧帝圣德进一步传承光大，创造更加美好的金湖。

（作者单位：金湖县地名委员会地名办公室原主任）

尧乡金湖

荷花天下

尧舜禹传说映射华夏民族精神

唐尧文化内涵的再思考
——读《尚书·尧典》篇札记

《论语》中尧帝为政之道

尧舜禹传说映射华夏民族精神

杜　勇

中华民族五千多年的文明历史所孕育的优秀传统文化，源远流长，异彩纷呈。早在炎黄五帝时代，黄河流域已出现带有早期国家雏形的部落联合体。尧、舜、禹作为部落联合体的首领，对中国早期文明的形成与发展发挥过重要作用。历史上有关他们的传说，虽然只是后世的一种选择性历史记忆，也不免掺杂某些想象成分，但这种历史记忆所注入的价值取向，却成为中国优秀传统文化的重要组成部分。尧德、舜孝、禹功，其卓然高标的精神品格，极具跨越时空的普遍价值和恒久魅力，对于加强社会主义精神文明建设，增强文化自信，有着不容轻忽的积极意义。

一、尧之德：天下为公

帝尧被推崇为"修己以安百姓"的古代圣人，孔子曾给予很高的评价："大哉尧之为君也。巍巍乎！唯天为大，唯尧则之。"（《论语·泰伯》）认为尧是伟大的君王，他的功德像天一样巍然高大。他的德行最为闪光之处，是其政治理念和实践上的"天下为公"。

《礼记·礼运》篇谓孔子曰："大道之行也，天下为公，选贤与能，讲信修睦。故人不独亲其亲，不独子其子，使老有所终，壮有所用，幼有所长，矜寡孤独废疾者皆有所养……是故谋闭而不兴，盗窃乱贼而不作，故外户而不闭。是谓大同。"此以尧舜时代为"天下为公"的大同社会，是相对于夏商周三代"天下为家"的小康社会而言的。所谓"天下为公"，是说尧舜不把君位看作一家一姓的私有物，而是选贤举能，掌治天下。《说苑·至公》说："古有行大公者，帝尧是也。贵为天子，富有天下，得舜而传之，不私于其子孙也。"尧舜时代，众多部落围绕一个中心部落国结成联盟，已初具早期国家形态。在这个部落联合体中，尧、舜、四岳、鲧、禹、契、弃、皋陶、伯益等人，既是联合体的重要成员，又是自身部落国的首领。帝尧年老之后，并未把部落联合体首领的职位传给自己的嗣子丹朱，而是听取四岳等人的意见，选贤举能，推举虞舜作为部落联合体的领导人，多少带有天下为天下人共有共享的原始民主意蕴。

"天下为公"的国家认同理念，必然要求部落联合体的领导者把天下民众的利益放在首位。帝尧曾对舜说："天之历数在尔躬，允执其中。四海困穷，天禄永终。"（《论语·尧曰》）是说上天把统治国家的大命托付给你了，一定要真诚地坚守中道。如果天下的百姓都陷于困苦贫穷，上天给你的禄位也就永远终止了。这个中道就是，要治理国家的万民之主，不是以个人私利为先，也不能只考虑少数特权阶层的利益，而是立政为民，关心人民疾苦，追求社会公平公正。帝尧观象制历，敬授民时，殚精竭虑，消除水患，即是心系天下、关怀民生的表现。这种以民为本的伦理价值和道德风范，正是至真至善的华夏民族精神的写照。

二、舜之孝：寸草春晖

舜是继帝尧之后的又一位古帝。他出身微贱，谨持孝道，名闻遐迩，成为帝尧考察接班人的重要条件。《尚书·尧典》说：舜为"瞽子，父顽，母嚚（yín愚蠢而顽固），象傲，克谐。以孝烝烝，乂不格奸。"是说舜的父亲鼓瞍不辨善恶，后母不讲忠信，异母弟象傲慢而不友善，但舜还是能用孝行和美德感化他们，与他们和谐相处。"以孝烝烝，乂不格奸"，谓其孝行美善，治事不致流于邪恶。这是从个人伦理进而推断其政治伦理可以信赖，适合担任部落联合体的首领。

在舜主持联合体政务之前，家庭环境异常恶劣，生命屡遭威胁，妻室财产险被霸占，生活的艰辛与委曲是异乎常人的。但他对父母及弟兄的种种不良行径，并不记恨在心，而是以智慧化解矛盾，以包容增进和睦。自己年已五十，对父母的孝敬和爱慕依然未减。孟子称之为"大孝"。即使后来贵为天子，舜仍不忘对父亲执子之礼，未曾稍懈。对成天只想谋害他的弟弟，也念及亲情，授予封地。舜不只以天下尊亲养亲，而且能以孝治天下，把家庭伦理上升为治国方略。《左传》文公十八年载，帝舜"举八元，使布五教于四方，父义、母慈、兄友、弟共（恭）、子孝，内平外成。"即是运用政治力量，大力营造家庭和睦、社会和谐的时代氛围。

《孝经·圣治章》云："天地之性人为贵，人之行莫大于孝。"一个人对生养自己的父母没有寸草春晖的感恩意识，没有包容善待他人的博爱精神，自然不能希冀其具有推己及人、兼济天下的家国情怀。故孝为德之本，上至天子，下至庶人，尊卑虽殊，孝道同致。在儒家看来，善事父母者不仅关切其生之赡养，死之葬祭，而且要遵循"不孝有三""不孝者五"等行为规范。这些人伦纲常随着时代的变迁，有些内容尚须扬弃，但总体上仍不失为做人的基本准则，有助于推进社会的文明和进步。

三、禹之功：泽及万民

传说尧舜之时，洪水泛滥，大灾连年，人命危浅，朝不保夕。《尚书·尧典》云："汤汤洪水方割（害），荡荡怀山襄陵，浩浩滔天，下民其咨（嗟）。"洪水肆虐，五谷不登，大地成了鸟兽的活动场所，民众的生存受到严重威胁。帝尧派鲧治水，九年功用不成，反而带来以邻为壑的祸害，故被处罚而殛死于羽山。帝舜继位后，又派禹平水土，以解民于倒悬。大禹出身治水世家，感伤先父鲧治水未就，决定不走筑堤堵水的老路，变堵为疏，开通河道，引水入流，引流入海，从根本上消除水患。同时带领民众治理沟洫，以兴农作，调剂余缺，互通有无，解决难乎为继的生产生活问题。大禹治水不像鲧那样只考虑个别部落的局部利益，而是胸怀天下，心系众邦，以万民为念，以四海为壑，终于战胜多年的洪水灾害，使人民可以安居乐业了。

大禹治水，受命于危难之际，奔波于千里之外，栉风沐雨，历尽艰辛。《韩非子·五蠹》谓其"身执耒臿以为民先，股无胈（肉），胫不生毛，虽臣虏之劳不苦于此矣。"禹娶涂山之女，婚后四天即行离去，继续奔忙于他的治水事业。后来儿子启呱呱坠地，亦无工夫抚养。人称"禹八年于外，三过其门而不入"，或谓 "劳身焦思，居外十三年，过家门不敢入"，充分表现出一种"不以私害公"的高尚情操。

凡是对国家和民族有卓越贡献的人物，人们是不会忘记的。春秋时期，刘定公来到洛水之滨，看到奔腾不息的河水，不禁感叹道："美哉禹功！明德远矣。微禹，吾其鱼乎！"认为大禹的功业令人赞美，大禹的品德千古流芳！如果不是他治水成功，也许我们都成了水中之鱼！孔子也曾对弟子说，禹没有什么可批评的。他不讲究饮食丰盛，力求祭物充裕；不讲究衣着华丽，力求祭服美备；不讲究宫室高大，力求物阜民丰。后人对于公而忘私、造福于民的大禹，除了敬仰还有什么可说的呢！

（作者单位：天津师范大学历史文化学院教授）

唐尧文化内涵的再思考

——读《尚书·尧典》篇札记

宫长为

大家知道，当年孔子论及《诗》《书》之时，《尚书》以《尧典》为开篇，而司马迁作《史记·五帝本纪》之时，《五帝本纪》则以《黄帝本纪》为书首，由于他们的取舍不同，往往导致我们的不同理解和认识。

实际上，我们通过对《五帝本纪》的进一步翔实梳理和深入讨论，不仅发现司马迁正是秉承孔子的历史观，"予观《春秋》《国语》，其发明《五帝德》《帝系姓》章矣"，而且更加明确了。孔子论及《诗》《书》，《尚书》以《尧典》为开篇，司马迁著《史记·五帝本纪》，《五帝本纪》则以《黄帝本纪》为书首，它本是有着极其深刻的历史含义的，标志着中国早期国家的发轫和发展两个不同历史阶段。

显然，我们这里所说的中国早期国家阶段，从公元前 30 世纪到公元前 221 年，即从五帝时代到三王时代，前后约有三千年的历史。其间的五帝时代是三王时代的前奏，三王时代是五帝时代的发展，若作具体的划分，我们似乎可以划分为五个时期：

第一个时期：黄帝、颛顼、帝喾时期，处于中国早期国家的发轫期；

第二个时期：尧、舜时期，处于中国早期国家的发展期；

第三个时期：夏商周三代时期，处于中国早期国家的鼎盛期；

第四个时期：春秋时期，处于中国早期国家的衰落期；

第五个时期：战国时期，处于中国早期国家的转变期。

自 20 世纪 90 年代中后期以来，随着国家夏商周断代工程的成功实施，极大地推动了中国古代文明研究工作的展开。继之中华文明探源工程，在夏商周断代工程的基础上，把中华文明又向前推进五百年，也就是尧、舜时期，即处于中国早期国家的发展期。

那么，我们如何探讨唐尧文化内涵，不妨翻开《尚书·尧典》篇，有如下记载：

……

我们按照《书序》的说法，"昔在帝尧，聪明文思，光宅天下，将逊于位，让于虞舜——作《尧典》。"它主要包括了两个方面的内容：

第一个方面，制定历法，"敬授人时"；

第二个方面，选贤任能，"将逊于位"。

我们似乎可以这样分析，制定历法，"敬授人时"，可谓人类社会生产方面；选贤任能，"将逊于位"，可谓人类自身生产方面，两种生产相辅相成，相得益彰，完全可以反映唐尧文化内涵世界。

近年出土的清华简《保训》篇，记载周文王临终遗言，告诫太子发即后来的周武王，主要讲了两个历史传说。为了便于讨论，我们不妨也把它移录如下：

其一，有关虞舜的历史传说：

"昔舜旧作小人，亲耕于历丘，恐求中，自稽厥志，不违于庶万姓之多欲。厥有施于上下远迩，乃易位迩稽，测阴阳之物，咸顺不逆。舜既得中，言不易实变名，身兹备惟允，翼翼不懈，用作三降之德。帝尧嘉之，用受厥绪。"

其二，有关上甲微的历史传说：

"昔微假中于河，以复有易，有易服厥罪，微无害，乃归中于河。微志弗忘，传贻子孙，至于成唐，祇备不懈，用受大命。"

尽管有关清华简《保训》篇"中"的问题还在讨论之中，但是，我们有一点是十分清楚，正如李学勤先生所指出的那样："文王对太子发讲了两件上古的史事传说，用这两种史事说明他要求太子遵行的一个思想观念——'中'，也就是后来说的中道。"

毫无疑问，有关虞舜的历史传说，"求中""得中"的过程，正好印证了《尚书·尧典》《舜典》篇等文献记载的相关内容，也就是修身、齐家、治国之事。当然，在这个过程中，也包含着唐尧对虞舜的培养和教诲，我们按照《论语·尧曰》篇的记载："咨！尔舜！天之历数在尔躬，允执其中。四海困穷，天禄永终。"似乎更加明确这样的传授过程，而且"舜亦以命禹"一语，也似乎更加明确这样的传授系统，唐尧、虞舜和大禹之间的传授关系，朱熹作《中庸章句》已有说明，《尚书·大禹谟》篇的记载，也需要我们重新审视。

我们从这一意义上讲，有关上甲微的历史传说，"假中""归中"的过程，也正好印证了《周易》《山海经》《竹书纪年》等文献记载的相关史事。这个"假中""归中"之"中"，亦如"求中""得中"之"中"，按照这一特定的语境分析，所谓的"假中"，也就是"求中"的过程，只是获取的方式不同；所谓的"归中"，也就是"得中"的过程，只是认知的方法不同，所以，下云：

"微志弗忘，传贻子孙，至于成唐，祗备不懈，用受大命。"

如果我们脱离这一特定的语境分析，必然对"假中""归中"产生歧义，导致错误的理解和认知的偏颇，也有悖于周文王临终遗言之宗旨。其云：

"昔前人传宝，必受之以誷，今朕疾允病，恐弗念终，汝以书受之。钦哉，勿淫！"

我们以为，"昔前人传宝，必受之以誷"，这种传授方式，当可追溯唐尧虞舜时代，下及上甲微"传贻子孙，至于成唐"，乃至周文王由于"今朕疾允病，恐弗念终"，才要求太子发"汝以书受之。"冀望太子发"钦哉，勿淫！"

我们从目前的历史研究和考古成果来看，这个时期最大的特点，处于中国早期国家的发轫期向中国早期国家的鼎盛期过渡，换句话说，由黄帝、颛顼、帝喾时期，经尧、舜时期，向夏商周三代时期过渡。在这个重要的历史时刻，虞舜秉承唐尧遗志，"帝尧嘉之，用受厥绪"，通过"求中""得中"的过程，传授"宝训"，所谓"舜亦以命禹"，这个意义重大非凡，不仅继承和发展了中华优秀传统文化的基因根脉，而且奠定了后世中华文明繁荣昌盛的基石。

（作者单位：中国社会科学院古代史研究所研究员）

《论语》中尧帝为政之道

廖名春

中国的道统号称"尧舜禹汤文武周公"，其中尧帝是开山。这一定位，是孔子的发明。

孔子编《尚书》，不仅不言"三皇"，也不言黄帝，表面上看来，是"其文不雅驯，荐绅先生难言之"（《史记·五帝本纪》），其实并非如此。孔子编《尚书》"独载尧以来"，以《尧典》为《尚书》之首，是因为尧帝是"天下为公"政治的开创者；尧帝的为政之道，是政治文明的典范和代表。

孔子的这一精神，从《论语》一书中也可得到印证。

《论语》一书对尧帝的记载共有五处，从四个方面体现和赞扬了尧帝为政之道。

一、赞美尧帝的治国之道和功绩

子曰："大哉尧之为君也！巍巍乎！唯天为大，唯尧则之。荡荡乎，民无能名焉。巍巍乎其有成功也，焕乎其有文章！"（《泰伯》）

"唯天为大，唯尧则之"，是说大自然的规则，只有尧帝能够效法。实质是赞扬尧帝的为政之道不是师心自用，主观武断，而是神道设教，以人法天。比如，天有四季轮换，人事就应有更替兴废。因此，就不能世卿世禄，应该世官世守。农事春种秋收，君主届时就不能大兴土木，妄动兵戈，以免耽误农时。这一道理并不难懂，但遍数天下诸君，真正能做到的就只有尧帝。

"巍巍乎其有成功也，焕乎其有文章！"是赞美尧帝的功绩。"文章"，指的是礼仪制度，其代表就是大同社会、禅让制度。《礼记·礼运》所谓"天下为公"，"选贤与能，讲信修睦，故人不独亲其亲，不独子其子，使老有所终，壮有所用，幼有所长，矜寡孤独废疾者，皆有所养。男有分，女有归。货恶其弃于地也，不必藏于己；力恶其不出于身也，不必为己"就是其具体内容。因此，"尧之为君也"，怎能不谓之"大哉"？

二、称赞尧帝为政人才济济

舜有臣五人而天下治。武王曰："予有乱臣十人。"孔子曰："才难，不其然乎！唐虞之际，于斯为盛。有妇人焉，九人而已。三分天下有其二，以服事殷。周之德，其可谓至德也已矣。"（《泰伯》）

这一段历来的释读都有问题。杨伯峻译为：

舜有五位贤臣，天下便太平。武王也说过，"我有十位能治理天下的臣子。"孔子因此说道："（常言道：）'人才不易得。'不是这样吗？唐尧和虞舜之间以及周武王说那话的时候，人才最兴盛。然而武王十位人才之中还有一位妇女，实际上只是九位罢了。周文王得了天下的三分之二，仍然向商纣称臣，周朝的道德，可以说是最高的了。"

将"唐虞之际，于斯为盛"译为"唐尧和虞舜之间以及周武王说那话的时候，人才最兴盛"，实在是不得已。清人刘宝楠说："际，犹下也，后也。"但"际"哪能有"下也，后也"的解释，文献里没有根据。其实，这一段话既有错简，也有假借，当作：

舜有臣五人而天下治。武王曰："予有乱臣十人。"孔子曰："有妇人焉，九人而已。才难，不其然乎！唐虞之察，于斯为盛。三分天下有其二，以服事殷。周之德，其可谓至德也已矣。"

舜有五位贤臣，天下便太平。武王也说过，"我有十位能治理天下的臣子。"孔子说："十位人才之中还有一位妇女，实际上只是九位罢了。（常言道：）'人才不易得'，不是这样吗？从唐尧和虞舜不拘一格选拔人才以来，周人在这方面做得最好。而且武王周文王得了天下的三分之二，仍然向商纣称臣。周朝的道德，可以说是最高的了。"

"有妇人焉，九人而已"是紧接"予有乱臣十人"而来，所以当前置。放在"唐虞之际，于斯为盛"后面，这种解释关系就被打乱了，应该是错简造成的。"唐虞之际"是说时间，而言"于斯为盛"，明显不通。所以杨伯峻译文不得不说"唐尧和虞舜之间以及周武王说那话的时候，人才最兴盛"，补上"人才"做主语。

笔者以为这里的"际"当读为"察"。《广雅·释诂一》："察，至也。"王念孙疏证："'际'与'察'古亦同声。"《淮南子·原道》："施四海，际天地。"《文子·道原》作"施于四海，察于天地"。长沙马王堆汉墓帛书《十六经·成法》："一之解，察于天地。"《管子·心术》："圣人一言之解，上察于天，下察于地。"郭沫若等集校引许维遹曰："'察'于'际'声同而义通。"所以，"唐虞之际"即"唐虞之察"。"察"有选拔义。《史记·刺客列传》："严仲子乃察举吾弟困污之中而交之。"司马贞索隐："刘氏云：'察，犹选也。'"《后汉书·班彪传》："后察司徒廉为望都长，吏民爱之。"李贤注："察，举也。"所谓"唐虞之察"，是说唐尧和虞舜不拘一格选拔人才。所谓"于斯为盛"，即"于此为盛"。"斯"，指周，也就是周文王周武王。为什么？"唐虞之察"，"有臣五人而"已，而"武王"则"曰：予有乱臣十人"，所以说"为盛"。

"唐虞之际（察）"，虽不及后来周文周武，但却开创了用人唯贤的先河，成为了周文周武学习的榜样。具体可见《尚书·尧典》《史记·五帝本纪》的记载。

尧帝本来有儿子，名曰丹朱。按照家天下的传统，他应该传位给丹朱。事实上，大臣们推荐的就是丹朱。但尧帝知道丹朱不贤，"顽凶"，不能用。因而要求四岳群臣"悉举贵戚及疏远隐匿者"，不拘一格，从所有同姓异姓远近大臣及隐居者当中广泛推举。"众皆言于尧曰：有矜在民间，曰虞舜。"四岳群臣都向尧推荐了流寓"在民间"的贤人虞舜。

虞舜虽然也出自黄帝一系，但与尧帝关系疏远。自从穷蝉为帝之后一直到舜帝，中间几代地位低微，都是平民。而且虞舜是个盲人的儿子，父亲愚昧，母亲顽固，弟弟傲慢。就是这么一个家庭出身的人，经过一系列的考验，尧帝"卒授舜以天下"，最终还是把天下传给了舜。这是任人唯贤而不任人唯亲，不拘一格降人才的典范。

"舜有臣五人"，即"宅百揆"的禹、"为稷"的弃、"作司徒"的契、

"作士"的皋陶、"为虞"的益。这些英才，号称舜臣，事实上从尧帝时就已选拔出来，是"唐虞之察"的结果。所以，孔子说舜帝手下人才济济，实质也是在表彰尧帝用人的功劳。

三、暗指尧帝为政以身作则，由己及人

子贡曰："如有博施于民而能济众，何如？可谓仁乎？"子曰："何事于仁！必也圣乎！尧舜其犹病诸！夫仁者，己欲立而立人，己欲达而达人。能近取譬，可谓仁之方也已。"（《雍也》）

子路问君子。子曰："修己以敬。"曰："如斯而已乎？"曰："修己以安人。"曰："如斯而已乎？"曰："修己以安百姓。修己以安百姓，尧舜其犹病诸？"（《宪问》）

"尧舜其犹病诸"两见，表面是说尧舜大概还没有完全做到，实质是以尧舜为最高标准，是肯定尧舜在"修己以安百姓""博施于民而能济众"是做得最好的。换言之，是最好的君主，是最好的政治家。

四、记载了尧帝为政的原则：
执政要公平公正，要正确地行使手中的权力

尧曰："咨！尔舜！天之历数在尔躬，允执其中；四海困穷，天禄永终。"舜亦以命禹。（《尧曰》）

包咸《注》以"中"为"正"。皇侃《疏》："中，谓中正之道也。"朱熹《集注》则以为："中者，无过不及之名。"但从古文字所提供的信息来看，"中"本义为"表"，即"标杆"，既可观测日影，也常用于军中，用于合军聚众，教练士卒。因此，可引申为指挥权。

此从"历数"而言"中"，而且"中"又是可"执"的，说它本为"表旗"而代表指挥权，非常自然。

这是说尧帝禅让的时候，嘱咐舜帝：上天的大命已经落到你的身上了，你要"允执其中"，公平、公正地执政治国！假若为政不治国公平、不公正，

天下的百姓都会陷于困苦贫穷，上天给你的禄位也就会永远地终止。"执其中"，就是执政治国。"执其中"，要"允"，就是要公允，也就是要公平、公正，这既是尧帝对舜帝的告诫，也是尧帝为政的经验总结，可以说是尧帝的"夫子自道"。《尚书·洪范》箕子所谓"无偏无党，王道荡荡"，发扬的就是这一精神。

《论语》这五处记载从四个方面揭示了尧帝的为政之道，就是要审道设教，要选拔人才，要以身作则，要公平公正。这些精神，代表了古代的政治文明，是优秀的治国智慧，今天仍有强烈的现实意义。

（作者单位：清华大学历史系、出土文献研究与保护中心教授）

尧乡金湖
荷花天下

金湖尧文化研究与开发

以数字赋能为抓手以尧文化为核心
创新金湖全域旅游新格局

金湖尧文化研究与开发

张广志

说来惭愧，作为一名史学工作者，特别还是搞先秦史的，我虽曾关注过尧，亦曾写过《尧舜禅让之再认识》《"尧天舜日"与"尧幽囚，舜野死"浅析》之类的文字，但那大都是立足一般传统文献作所议论的泛泛之作，在史料的发掘和议论深度方面均有不足。2007年5月，我曾应邀出席了在高邮举办的"'07'高邮：尧文化发祥地"高层论坛，作了"尧生江淮，可备一说，继续探索，暂勿定论"的一般性表态。对尧与金湖的干系，就更所知甚少了。近因金湖之会，初步接触了一下这方面的材料，始觉眼前一亮，茅塞顿开。因时间、精力、学养的限制，无从做系统之论述，下面，仅谈点自己的感想，不当之处，请大家批评指正。

第一，前此，我并不怎么了解金湖与尧的干系，近浏览相关资料，始知早在二十世纪末，时任金湖县地名办公室主任的李义海先生、淮阴市（今淮安市）地名办公室主任的邱振兴先生、金湖县地方志办公室主任的马国顺先生，就撰有《尧与塔集》《尧帝出生地考》《考帝尧之生地》《尧出生在"三阿"——即今金湖县塔集镇》《尧出生在"三阿"考》等文及《历史上的金湖》一书。上述论著，以晋皇甫谧《帝王世纪》"尧初生时，其母在三阿之南"的记载为出发、立足点，参以《舆地纪胜》《高邮州志》臧励和《中国古今地名大辞典》等地志、方志、古今地名工具书，复辅之地方民间传说立论为文，其用心之专，用力之勤，令人感佩。今天，金湖的尧文化能做到这个程度、规模，影响远及海内外，无疑是与县委、县政府的领导、重视，相关部门的配合、支持，以及地方学者多年来的辛勤耕耘分不开。

第二，历史和文化的界分和互补。地方的历史文化建设，离不开历史学，也离不开文化学。但史学工作者与文化工作者又常常谈不大拢，前者每谓后者信口开河，不重证据。后者则又觉前者拘泥守旧、食古不化。尧舜传说研究专家陈泳超教授有谓："历史与文化的不同。历史总以客观真实性为终极追求；而文化更注重人为创设的意义、情感和功能。""考虑到先秦以儒家、墨家、道家为代表的'显学'都喜欢将社会理想投射到远古社会的退化论思维习惯，可以从学术上假设，春秋战国陆续出现的尧和舜传说，不排除是先秦人的一种历史建构，我们应更注重去理解和阐释历代流传下来的尧与舜的传说的文化符号价值。"①历史与文化，二者立足点、关注点不同，各有其介入社会、服务社会的功能、价值，既不能互相取代，亦无由对立。比如，《帝王世纪》的"尧以甲申岁生"（《史记·五帝本纪》《集解》引），"尧初生时，其母在三阿之南，寄于伊长孺之家"（《史记·五帝本纪》《索隐》引）这条史料，从一个方面说，虽不是皇甫谧的向壁虚造，而是有所本的，一如华东师范大学教授丁季华、高邮学者张愈都曾指出的，稍前于皇甫谧的曹魏时人王象等纂集的《皇览》已有"尧甲申岁生于三阿南，寄伊长孺家"的记述，但从另一个方面说，这类材料毕竟晚出，就史的角度言，使用这类材料时务必当心、谨慎，据此立论持说，需留有余地，不要把话说得太死。目前，已有山西、河北、山东、浙江、湖南、安徽、江苏等省的十几个地方提出自己家乡是尧的出生地，而且一个省还不止一个，如咱们江苏就有金湖、宝应、高邮三种说法。谁是谁非？一时还真不好说。正如有研究者所论："在当时的社会背景和历史条件下，由于未形成规范的区划建置，又无地理经纬度可标；文字记载资料不足、多半采用口头传说的因素；以及历史地理变迁等原因，尧的出生地——三阿之南，今在何方？成为中国历史上一个千古之谜。""若要真正弄清尧的出生地具体在何处，还有待于相关专家、学者们作进一步考证。"②但从文化的角度言，则尽可抓住这点史影，结合其他资料，如民间传说等，大做文章。因为，民间传说本身往往包含有历史的影子，富有浓重的感情色彩和教化之功，在群众中有强大的生命力、影响力，充分利用民间传说资料为地方文化建设服务，自情理中事，无可厚非。

---

① 陈泳超：《文化视角下，尧舜传说的田野民俗》，《光明日报》2018年7月22日6版。
② 孙铎：《关于尧出生地——"三阿之南"的探索与争鸣》，《中国地方志》2007年第11期。

故历史和文化，既有分野，又可互补，共同为地方历史文化建设和旅游开发服务、助力。

第三，互相补台，形成合力，共同做好尧文化研究开发这篇具有全国乃至世界意义的大文章。如前所述，各地自称为尧出生地的地方有十好几处，但一个人的出生地只能是一个，于是，争论难免，也十分正常。但有些地方的研究者，乡土观念过重，一味彰显自己，贬斥别人，这是要不得的。为学之道，贵在谦谨，切忌互相贬斥，唯我独尊。须知，在目前的资料条件和认知水平下，任何地方，包括目前被认为相关史料记载和遗迹、地面文物都比较多的河北唐县，谁也没有一举掀翻对方、力排众说的资本、把握。因为，目前各地举证的有关尧出生地的材料，大都出自晚后文献记载和民间传说，缺乏考古发掘和早期可靠文献的支撑，十多处出生地并存局面这件事本身一方面说明这个问题一直为大家关注，充满学术魅力，但也适足以说明这个问题的随意性、不确定性，甚至无解性。文献言"尧初生时其母在三阿之南"（《史记·五帝本纪》《索隐》引《帝王世纪》），复言"帝尧之母曰庆都……孕十四月而生尧于丹陵"（《宋书·符瑞志》），"三阿"与"丹陵"这两个作为考察尧出生处的至关重要的地点，究竟是指同一个所在还是两个不同的地方？它们又相当于今天的什么地方？都是一时难以厘清的。若此，与其在那里从史的角度作无休止的论争——恕我直言，这个问题怕是一时半会争不出什么结果来的，不如从文化建设上多做些实事，互相补台，形成合力，共同做好尧文化研究开发这篇具有全国乃至世界意义的大文章更有意义些。在这方面，近年来金湖县做了不少工作，如尧帝公园、尧帝古城、尧想国文化旅游区的打造等，都是很不错的举措。

（作者单位：青海师范大学教授）

以数字赋能为抓手以尧文化为核心
创新金湖全域旅游新格局

徐日辉

江苏历来以鱼米之乡著称于世，而金湖则是不折不扣的佼佼者，历史文化悠久自然资源禀赋优越。文化资源以尧文化为代表，自然资源以荷花荡、白马湖、宝应湖、高邮湖、水上森林公园、柳树湾湿地公园等为代表，是发展文旅产业的富矿区，并且取得了显著的经济效益。作为淮安市率先成为国家全域旅游示范区，在后疫情时代，如何遵循"绿水青山就是金山银山"的发展理念，高效节能开拓进取，我认为：以数字赋能为抓手，以尧文化为核心，创新金湖全域旅游新格局，提高旅游经济效益是今后工作的重点之一。

一、数字经济是全域旅游提升发展的大趋势

打造数字化城市，拓展数字经济，不是虚无缥缈的虚拟空间，而是实实在在的经济发展模式、城市管理模式和文旅产业发展的必然趋势。2020年11月18日文化和旅游部发布《关于推动数字文化产业高质量发展的意见》，分为五大部分，二十五个方面，既具有全面指导的高度，同时又兼备可操作性，非常务实。作为国家"'十四五'规划"的有机构成和纲领性文件，凡从事文旅产业的人员都应该认真学习，结合本地区的文旅发展与景区景点建设的实际状况因地实施，稳步推进。

数字经济在过去的一年由于突如其来的疫情冲击，人们在沉浸的思考中汲取经验教训，意识到数字化生活就在我们身旁。就此，文旅部的指导思想

是："以推动高质量发展为主题，以深化供给侧结构性改革为主线，以改革创新为根本动力，以满足人民日益增长的美好生活需要为根本目的，顺应数字产业化和产业数字化发展趋势，实施文化产业数字化战略。"就旅游的本质讲，最高境界是美化生活，尤其是为人们提供高品质的文化生活，而数字化则是最强劲的助力。

事实上，伴随着人工智能的加速发展，在大数据的现状下，一切皆有可能。数字化的渗入业已促使旅游形式发生了重大的变化，有部分可以说是机构性的变化，也可以认为是创新性变化（如景区执法部门，从巡街到监控、防范等）。

从技术层面讲，数据库的建设，云计算，运行系统、网络服务器、托管服务。以杭州的阿里巴巴的收入为例，广告和佣金是该公司最大的收入来源，其中包括云计算和数字娱乐。2019 年全球电商市场的规模突破 2 万亿美元，同年阿里在全球电商市场中的份额达到 16.2%，位列全球第一，成为中国乃至全世界最成功的案例。事实上数字经济已经成为浙江省新一轮的经济增长点，其中成功的经验正逐步向全国推广。

金湖作为全国科技创新百强县之一，发展数字经济大有可为，并且有着中国经济最发达的省区的支撑，文旅产业发展前景一片光明。2021 年金湖县为进一步提升全域旅游产业发展，特地委托南京师范大学所属企业汉图信息技术有限公司编制《金湖县全域旅游发展规划》，我们相信一定能够指导金湖县全域旅游事业的进一步提升。

从规划的角度考察，数字经济融入全域旅游的空间非常之大。众所周知，自 2016 年国家旅游局决定旅游业由"景区旅游"向"全域旅游"发展模式转变开始，2017 年国家旅游局发布《全域旅游示范区创建工作导则》（旅发〔2017〕79 号），则从战略高度提出：全域旅游是我国经济社会发展到一定阶段的必然产物，是我国旅游需求发展到一定阶段的必然产物和旅游发展改革创新、转型提质的必然趋势。

过去认为，全域旅游是指将一定区域作为完整旅游目的地进行打造，以旅游业为优势产业，进行统一规划布局，从封闭的旅游自循环向开放的"旅游+"转变，从企业单打独享向社会共建共享转变，从围墙内民团式治安管理向全面依法治理转变，从部门行为向党政统筹推进转变，努力实现旅游业现代化、集约化、品质化、国际化，最大限度满足大众旅游时代民众消费需求的发展新模式。

现在看来，应该更多地融入文化元素与科技因素，包括数字化施，只有这样才能将旅游产业全面融入国家战略体系，走向国民经济建设的前沿，成为国民经济战略性支柱产业。

《国务院关于促进旅游业改革发展的若干意见》中明确表示，推动旅游业发展与新型工业化、信息化、城镇化和农业现代化相结合；推动旅游产品向观光、休闲、度假并重转变，满足多样化、多层次的旅游消费需求。旅游作为发展区域经济、富民于地方的发展战略，在我国经济社会快速深入发展的背景下，无论是旅游消费的规模，还是旅游消费的质量；无论是旅游消费的理念，还是旅游消费的形式；无论是旅游消费的广度，还是旅游消费的深度都发生了迅速而巨大的变化。为了满足这种消费需求变化，适应这种经济社会发展趋势，目前具有新文化内涵的全域旅游以一种更深内涵、更高质量、更远目标的模式来统领未来旅游业的发展。

二、尧文化是金湖县创新型全域旅游的文化核心

金湖是尧母之乡、尧帝故里。

尧母是金湖的老祖母，尧文化是金湖的金名片，是这座城市的文化支撑。城市是文化的产品，作为我提出的观点，对于我们今天所探讨的《以数字赋能为抓手以尧文化为核心创新金湖全域旅游新格局》而言，是一个绕不过去的话题。

考量一座城市的标准说到底就是文化的延伸，城市的终极发展在于文化，文化与经济，文化与城市的发展是"同频共振"。因此上讲，能提升金湖县文化的品牌，应该是华夏民族优秀的尧文化。

古老而又年轻的尧文化是金湖传统文化坚守和传承的记忆，事实上我们从城市文化中感受到的不仅仅是文化的本身，还应该包括背后的文化故事。其实，当我们抛开专业知识的时候，对大多数人，尤其是旅游者而言，历史

也是故事，并且是充满传奇色彩的地方故事。

在中国，县是最悠久地方基层政权，从公元前688年开始，已经有2700多年的历史。经过漫长岁月的洗礼和积淀，绝大多数县域都已经形成特色鲜明的地方文化，包括金湖县在内，具有不同程度的"文"的优势，但是，最令游客不满意的是"融"不到位。问题的症结在那里，值得认真思考。

文化作为县域全域旅游的核心，业界有一句口头禅：文化是旅游的灵魂，旅游是文化的载体。其实，只说对了一半，完整的表述应该是：

文化是旅游的灵魂，旅游是文化的载体、延伸和扩容。

对于金湖县发展全域旅游而言，提升文旅产业主打品牌，是进入市场的硬通货，尤为重要。金湖县历史悠久文化底蕴深厚，其中五帝之一的尧帝就诞生在金湖。

《史记·索隐》注《史记·五帝本纪》"帝尧者，放勋。""案：皇普谧云'尧初生时，其母在三阿之南，寄于伊长孺之家，故从母居为姓也。'"此文献取自《帝王世纪》的记载，是小司马经过考察后认同的结论。具体所在，据考察古"三阿"的位置就是现在的江苏省金湖县塔集镇。不过，经过实地考察，三阿古城已经沉入高邮湖，十分可惜。分析对照山西陶寺的考古发现，可证金湖至少有4200年的城市文明史。

尧，亦称帝尧，是中国古代最具有代表性的帝王之一，《尚书·尧典》："曰若稽古，帝尧曰放勋，钦明文思安安，允恭克让，光被四表，格子上下。克明俊德，以亲九族。九族既睦，平章百姓，百姓昭明，协和万邦，黎民于变时雍。"司马迁在《五帝本纪》中亦称："帝喾娶陈锋氏女，生放勋。娶娵訾氏女，生挚。帝喾崩，而挚代立。帝挚立，不善，而弟放勋立，是为帝尧。帝尧者，放勋。其仁如天，其知如神。就之如日，望之如云。富而不骄，贵而不舒。黄收纯衣，彤车乘白马。能明驯德，以亲九族。九族既睦，便章百姓。百姓昭明，合和万国。"帝尧因功德之巨，遂与中国封建和帝王时期相始终。另外，值得关注的是，司马迁写中国历史，叙事正是从尧开始。

司马迁在《自序》中有一句话很有意思，他说："卒述陶唐以来，至于麟止，自黄帝始。"陶唐，正是帝尧。既然历史是从黄帝开始，为什么叙事却要从帝尧开始。原来在司马迁时代，对于黄帝的真实状态已经不甚了了。司马迁是极负历史责任感的历史学家，本着实事求是秉笔直书的史家良知，在《史记·五帝本纪》道出原因所在："学者多称五帝，尚矣。然《尚书》独载尧以来；而《百家》言黄帝，其文不雅驯，荐绅先生难言之。孔子所传《宰予问五帝德》及《帝系姓》，儒者或不传。余尝西至空桐，北过涿鹿，东渐于海，南浮江淮矣，至长老皆各往往称黄帝、尧、舜之处，风教固殊焉，总之不离古文者近是。"司马迁记录历史，叙事从帝尧开始，独具慧眼，尤其与我们金湖关系重大。尧都城在山西襄汾县陶寺一带，已经被考古发现所证实，这是一件大好事，完全可以佐证尧帝诞生于金湖，是讲好金湖故事的完美素材。

建议：金湖应该主动与在山西襄汾县互认，确定母与子的关系。只要山西襄汾县承认金湖是尧的诞生地，其他地方还有什么好说的呢。关键要快，要尽快落实，因为时不我待。

帝尧功高日月彪炳千古，德流苗裔泽被后代。周初周武王在克商之后，曾经大封包括帝尧在内有功于世的伟人后裔，《史记·周本纪》记载："武王追思先圣王，乃褒封神农之后于焦，黄帝之后于祝，帝尧之后于蓟，帝舜之后于陈，大禹之后于杞。"周武王分封帝尧之后裔，应与帝尧发现并且重用周人的先祖弃相关。《周本纪》曰："周后稷，名弃。……弃为儿时，屹如巨人之志。其游戏，好种树麻、菽，麻、菽美。及为成人，遂好耕农，相地之宜，宜谷者稼穑焉，民皆法则之。帝尧闻之，举弃为农师，天下得其利，有功。"中国是传统的农业大国，以农立国以农兴国，历史上所谓的"社稷"，其内涵正是农业经济。

尧文化是中国传统文化当中最具影响力的文化之一，至今不乏众多的研究者，并且能够与现实紧密结合。金湖创新全域旅游，根脉文化的核心毋庸置疑是尧文化，而且只有尧文化才能统领其他文化。必须牢牢树立起尧文化是金湖传统文化根脉的全民理念，因为离开尧文化，不排除出外强中空的尴尬局面。值得庆贺的是金湖以尧帝古城为载体的尧想国 AAA 景区已经初见成效，真正是来之不易，可喜可贺。

三、数字经济引领金湖文旅产业的未来

今天的全域旅游，实质上是创新性全域旅游，是文旅融合，其核心仍然是文化，比拼的依旧是软实力。党的十九届五中全会把"繁荣文化事业和文化产业"作为国家未来发展的战略之一，与正在实施的"十四五"规划，是开启全面建设社会主义现代化新征程。因此，作为国家未来发展的战略之一，全域旅游对于提质提升金湖县旅游业的发展，无疑具有前瞻性的战略举措。

从国内全域旅游发展的态势分析，自实施五年来，已向全社会交出了一份满意的答卷，毫不夸张地说，全域旅游已经走向国民经济建设的前沿，并且成为国民经济战略性支柱产业，产业经济发展，贡献巨大，成绩显著，可圈可点。以 2018 年和 2019 年的数据为例：2018 年全年国内旅游人数达 55.39 亿人次，同比增长 10.8%；出入境旅游总人数达 2.91 亿人次，同比增长 7.8%；全年实现旅游总收入 5.97 万亿元，同比增长 10.5%；旅游直接和间接就业 7991 万人，占全国就业总人口的 10.29%。经测算，2018 年全国旅游业对 GDP 的综合贡献为 9.94 万亿元，占 GDP 总量的 11.04%。

中国旅游经济持续高速地发展，产业经济直线向好，已经引起全世界的瞩目，在 2018 年的基础之上，2019 年又向前迈出了一大步。数据表明：2019 年全年国内旅游人数达 60.06 亿人次，同比增长 8.4%；出入境旅游总人数达 1.45 亿人次，同比增长 2.9%；全年实现旅游总收入 6.63 万亿元，同比增长 11%；旅游直接就业 2825 万人，直接和间接就业 7987 万人，占全国就业总人口的 10.31%。2019 年全国旅游业对 GDP 的综合贡献为 10.94 万亿元，占 GDP 总量的 11.05%。就地方而言，一些发展好的旅游城市，其综合经济对社会的贡献甚至超过了三分之一。

金湖是旅游资源富集的县域，在县委、县政府的坚强领导下文旅产业已经取得了令人瞩目的成果。下边以数据为例：

2019 年实现国民生产总值 325.12 亿元，同比增长 6.7%；

2019 年全县接待游客约 350.5 万人次，同比增长 20.1%，旅游收入 42 亿元，同比增长 28.5%，增幅位列全市第一。

2019 年金湖县旅游收入占国民生产总值的 13.84%，占比还是相当之高，值得点赞。

我们高兴地看到：金湖除尧想国景区、荷花荡景区、森林公园之外，白马湖村和高桥村分别获批全国和省乡村旅游重点村；智慧旅游入选文旅部文化和旅游信息化发展典型案例。我相信这仅仅是良好的开端，大量丰硕的成果还在前行的路上。

当我们分享过成绩之后，反思过去回头看看，发现全域旅游在发展的过程中确实存在着相差比较大的不平衡。一方面，全域旅游是我国经济社会发展到一定阶段的必然产物，是我国旅游需求上升期理论与体制机制的创新，确实取得了很大的成就；另一方面，有些地方仍在完善过程中，有的甚至连全域旅游的规划还在修改当中，问题比较突出。

实践经验表明：发展全域旅游，首先要从规划抓住起，关键是坚持"多规合一"的原则，形成"一本规划，一张蓝图"，通过《金湖县全域旅游发展规划》协调好部门利益，力争达到事半功倍的效果。真正做到全域旅游是"文旅产业"的大融合，是文化引领旅游的实践，是民族自信心的具体表现，更是金湖县委、县政府主管部门在新环境下旅游经济发展的新起点。

创新型的全域旅游是大势所趋、赶早不赶晚，只有融合到位，才能实现全新的高质量文旅提升，尤其是接地气的规划。依照文旅部下发的〔文旅政发〔2019〕60 号〕《文化和旅游规划管理办法》文件当中指出的"突出功能、找准目标、远近结合、务实管用、可操作、可检查、易评估"。其实，我们以往都在做，但现在是标准，切不可掉以轻心。

坚持一张蓝图绘到底，以高品质的旅游项目助力县域全域旅游的打造，依规划、按计划分步步骤，有效投入，进行文创产品的开发与生产，将县域旅游与文化创新有机融合，全面推进县域文创、旅游产业的更新与升级。

我反复强调：作为硬核，全域旅游是战略目标；基础是市场，作为检验，是实实在在的消费。没有消费，不仅都等于零，而且还浪费资源，引起非议，类似于这样的案例不在少数。所以，金湖在实施创新型全域旅游的过程中应该有足够的思考和科学的布局，让专业人做专业事，特别是市场营销。

文旅部《关于推动数字文化产业高质量发展的意见》指出：从"加快发

展新型文化企业、文化业态、文化消费模式，改造提升传统业态，提高质量效益和核心竞争力，健全现代文化产业体系，围绕产业链部署创新链、围绕创新链布局产业链，促进产业链和创新链精准对接，推进文化产业'上云用数赋智'，推动线上线下融合，扩大优质数字文化产品供给，促进消费升级。"

对标国际旅游业的发展趋势，文旅部还要求"深刻把握数字文化内容属性，加强原创能力建设，创造更多既能满足人民文化需求，又能增强人民精神力量的数字文化产品。培育和塑造一批具有鲜明中国文化特色的原创IP，加强IP开发和转化，充分运用动漫游戏、网络文学、网络音乐、网络表演、网络视频、数字艺术、创意设计等产业形态，推动中华优秀传统文化创造性转化、创新性发展，继承革命文化，发展社会主义先进文化，打造更多具有广泛影响力的数字文化品牌。强化文化对旅游的内容支撑、创意提升和价值挖掘作用，提升旅游的文化内涵。以优质数字文化产品引领青年文化消费，创作满足年轻用户多样化、个性化需求的产品与服务，增强青年民族自豪感和文化自信心。"客观地说，这是今后文旅产业发展的趋势，不是你愿意不愿意的问题，而是你能不能够跟得上社会发展的速度问题，也就是说能否被时代淘汰的问题。

以数字赋能为抓手以尧文化为核心创新金湖全域旅游新格局，必须改变思维模式，在数字旅游方面有所突破，优先实施文旅部提出的"引导和支持虚拟现实、增强现实、5G+4K/8K超高清、无人机等技术在文化领域应用，发展全息互动投影、无人机表演、夜间光影秀等产品，推动现有文化内容向沉浸式内容移植转化，丰富虚拟体验内容。支持文化文物单位、景区景点、主题公园、园区街区等运用文化资源开发沉浸式体验项目，开展数字展馆、虚拟景区等服务。推动沉浸式业态与城市公共空间、特色小镇等相结合"。金湖的关键在于争取建设一批数字文化产业集群，围绕长三角一体化发展、长江经济带协调发展，融入其中，推动数字文化产业纳入地方国民经济和社会发展规划、重点专项规划，提升全域旅游的经济效益。

从路径讲，金湖县需要注意的步骤是，理论先导、建制创新、标准规范等，结合"'十四五'规划"的编制，认真调研，深入研究，确实要具有战略眼光、勇立潮头的气魄，才能有所创新突破。作为新路径的文旅融合，不是简单的文化＋旅游，而是相互依托共同发展。具体有以下资源配置、业态布局、市场开发、主体培育、驱动要素、价值导向等六个方面。通过文化＋旅游＋互联网＋大数据＋人工智能＋5G，创意产业和科技创新将推动新一轮文化和旅游产业的转型升级。

发展金湖全域旅游，工作难度之大，必须认真落实、稳步推进，关键在党委、政府的领导。因此，我们反复强调：高位统筹，一把手工程，原因即此。

以创新型全域旅游为主线，以新型生活为主导基础，以大数据为平台，以数字化为引导，采用城镇化与产业的多元结合方式，充分利用金湖县生态景观与人文环境优势，融合新型产业元素，形成金湖县旅游特色产品，在民生、公益、公共文化和旅游服务项目中积极选用数字化成果赋能的新解决方案。要正确树立价值取向，真正做到文化和历史的真实＋旅游＋数字的演绎，与时俱进，砥砺前行。

作为战略目标，我们相信：在金湖中共县委、县政府的坚强领导下，在全县人民齐心合力的支持下，在旅游部门的努力工作下，按照旅游收入同比增长 28.5% 的发展速度，金湖县在 3—5 年之内旅游总收入超百亿元，指日可待。

（作者单位：浙江工商大学中国旅游文献研究所所长、教授）

尧乡金湖
荷花天下

（一）江苏金湖县人民政府县长万旭东女士致欢迎辞

各位领导、各位专家、各位嘉宾：

大家下午好！

七月的金湖，尧风习习，荷叶田田。在举国上下庆祝中国共产党百年华诞喜庆氛围之中，在第21届中国·金湖荷花节顺利开幕之际，今天，中国·金湖首届尧文化高峰论坛拉开帷幕，各位新老朋友欢聚尧帝故里、荷花之都，探究尧帝起源，传承尧帝文化，增强文化自信，促进文旅融合。首先，我谨代表中共金湖县委、金湖县人民政府，向论坛的开幕，表示热烈的祝贺；向出席论坛的各位领导、专家、嘉宾，表示诚挚的欢迎；向长期以来关心支持金湖经济社会发展的各界人士，表示衷心的感谢！

金湖位于江苏省中部，地处淮安、扬州和安徽滁州两省三市交界处，高邮湖、宝应湖、白马湖三湖环绕，淮河入江水道横贯全境，境内物产丰饶，百姓生活富裕，民风质朴淳厚，是一片古老却又年轻的土地，是一片饱受洪殇却又生机勃发的土地。新石器时期，有先民在此生活；约4000年前，尧帝出生于三阿之南、即今天的金湖县塔集镇；1959年，中共中央批准建县，周恩来总理亲自定名"金湖"，寓意"日出斗金"。60年，为一甲子，在历史长河中是短暂的一瞬，但金湖和全国一起，抢抓机遇、全力发展，县情县貌发生了翻天覆地的变化。建县以来，金湖发扬尧文化顺应自然的精神，秉持人与自然和谐共生的理念，科学实施淮河入江水道利民工程，根治了淮河千年水患，从此淮水安澜，里下河地区2000万人民迎来了今天的幸福生活；坚持在保护好"绿水青山"的基础上，积极探索"金山银山"实践路径，荣获国家首批生态文明建设示范县、国家全域旅游示范县。建县以来，金湖发扬尧文化立志图强的精神，坚定不移贯彻新发展理念，全力推动高质量发展，获评最具投资潜力、科技创新、绿色发展三个全国"百强县"，2020年，蝉联淮安市高质量跨越发展考核第一名，连续两年荣获江苏省推进高质量发展先进县。建县以来，金湖发扬尧文化"和""合"精神，坚持以人民为中心，注重民生优先，构建和谐社会，连续16年获评江苏省社会治安先进县，在历次的全省公共安全感测评中，群众满意度均居全省前列。2020年，人均地区生产总值突破10万元，全面小康综合实现度达92.8%，位居淮安市前列。

各位领导、各位专家，本届尧文化高峰论坛以"传承尧帝文化 建好尧帝故里"为主题，旨在深入研究探讨蕴含尧文化其间的精神基因、人文内涵、价值追求，凝练尧文化独特标识和鲜明特色，提升尧帝故里、荷花之都、全域旅游的品牌知名度和影响力，在迈步第二个百年奋斗目标的新征程中，具有很强的现实意义和鲜明的时代特征。我们将以举办此次论坛为契机，积极借鉴应用各位专家、嘉宾的真知灼见，进一步挖掘好尧文化历史、传承好尧文化精神、讲述好尧文化故事、书写好尧文化篇章，为全域旅游赋魂，为经济发展赋能。

各位领导，女士们、先生们，我们深知，践行新发展理念，推动高质量发展，必须具有长远眼光，凝聚多方智慧。借此机会，真诚邀请各位领导、专家、嘉宾常来金湖走一走、看一看，欣赏尧风荷韵、品尝湖鲜美食、感受水乡风情，多关心金湖、支持金湖、宣传金湖。

最后，衷心祝愿，中国·金湖首届尧文化高峰论坛取得圆满成功！祝各位领导、专家、嘉宾，身体健康、工作顺利、家庭幸福、万事如意！

谢谢大家！

（二）江苏淮安市政协副主席范更生先生讲话

各位专家、同志们：

大家下午好！

七月金湖，荷花竞放，群贤荟萃。今天，"中国·金湖首届尧文化高峰论坛"举行隆重的开幕仪式，在此，我谨代表淮安市人民政府对论坛的顺利召开表示热烈的祝贺，向与会的各位专家、学者和同志们致以诚挚的问候。

尧是三皇五帝之一，是中华民族几千年来共同崇奉的人文先祖。尧德如天，尧爱如日，尧风长传，挖掘、传承、弘扬尧文化，让尧文化在时代演进中历久弥新，是我们炎黄子孙不容推卸的共同责任。金湖作为《中国地名大辞典》确认的尧帝故里，在尧文化的研究、宣传、阐扬以及尧文化在经济社会发展成果转化方面，具有独特的先天优势。通过持之以恒的不懈努力，金湖不仅在物质层面建成了尧帝古城、尧想国、尧帝公园等风格鲜明的尧文化建筑群，而且在精神层面让尧文化逐步深入人心，成为推动地方经济社会发展的强大精神动力。

中国·金湖首届尧文化高峰论坛的胜利召开，正是探究、光大尧文化的又一生动实践。感谢中国先秦史学界的各位专家学者冒着酷暑莅临金湖，期待在场的史学界巨擘深入研究、探讨，以权威的学术成果为"尧生金湖"发声，进一步增强金湖作为尧帝故里的公信力和影响力。

金湖作为尧的出生地、成长地，要用足用好尧文化资源。要持续举办中国·金湖尧文化高峰论坛，在坚持本土研究的基础上，延请业内著名专家学者多角度、宽视野地进行发掘、交流和探究，让中国·金湖尧文化高峰论坛成为尧文化研究的权威平台。要广泛深入持久地宣传金湖尧文化，加强与山西临汾尧都等地的联系与互动，擦亮尧文化的金字品牌，让尧帝故里成为金湖声名远播的闪光名片。要加强尧文化与全域旅游的深度融合，加强规划设计，注重环节细节，让尧文化的元素融入城市乡村、景区景点以及老百姓的日常生活，丰富尧文化的现实内涵，增强全域旅游的文化底蕴，让尧文化成为拓展金湖旅游内容、提升金湖旅游层次令人向往的亮点。

各位专家、同志们，尧文化是我们华夏子孙共同的精神源头，挖掘好、传承好、宣传好、弘扬好尧文化，并实现尧文化的时代性、创造性转化，具有丰富而又实在的实践意义和时代意义。相信通过尧文化高峰论坛的顺利举办，通过专家们专业化的深入研讨，尧文化研究一定会取得丰硕的研究成果，尧文化一定会在新的时代绽放更为夺目的光彩。

祝中国·金湖首届尧文化高峰论坛取得圆满成功！

现在，我宣布中国·金湖首届尧文化高峰论坛开幕！

（三）清华大学历史系教授廖名春先生宣读《金湖宣言》

中国·金湖首届尧文化高峰论坛
金湖宣言

2021 年 7 月 15 日至 16 日，由中国先秦史学会主办，金湖县人民政府、淮安市政协文化文史委承办的"中国·金湖首届尧文化高峰论坛"，在山青水秀、尧风荷韵的美丽金湖胜利召开，中国社会科学院原副秘书长、科研局局长、中国城市经济学会会长晋保平先生、中国先秦史学会顾问组组长、青海师范大学原校长张广志先生、淮安市政协副主席范更生先生、金湖县人民政府县长万旭东女士、淮安市政协文化文史委主任季祥猛先生、金湖县政协主席、党组书记何如进先生等亲自莅临大会，来自中国社会科学院、清华大学、四川大学、青海师范大学、天津师范大学、浙江工商大学、湖州师范学院、河南省社会科学院、江苏省社会科学院、南京博物院、江苏省文物考古研究所等国内著名高等院校、科研院所近三十位专家学者，紧紧围绕着尧文化与金湖研究这一主题，深化尧文化研究，推动中国古代文明研究，取得了积极可喜的学术成果。会议认为，根据现有的文献资料和考古材料研究，金湖历史上有着尧出生时的记载，有重要的历史依据和考古印证，达成如下共识。

一、要进一步加强尧文化传承与创新，以习近平新时代中国特色社会主义思想为指导，努力做到"两个结合"，统筹规划、科学设计，加大扶持力度，调动各方面积极性，深入挖掘尧文化的丰富内涵，进一步探索尧文化精神实质，以史为鉴，开创未来。

二、要进一步加强尧文化资料收集与整理工作，尧文化作为中华优秀传统文化的重要组成部分，在中国古代文明形成和发展中，占有极其重要的历史地位，梳理传世文献，包括民间传说，展开田野调查，从而为深化尧文化研究打下坚实的基础。

三、要进一步加强尧文化研究的队伍建设与组织建设，以中国先秦史学会尧文化研究基地、金湖尧文化研究会成立为契机，整合高等院校、科研院所各方面研究力量，努力打造成为中国南方尧文化辐射中心、中国南方尧文化祭祀中心和中国南方尧文化研究中心。

四、要进一步加强尧文化保护与开发，充分利用金湖生态景观和人文环境优势，以数字赋能为抓手，以尧文化为核心，创新金湖全域旅游新格局，提高旅游经济效益和社会效益，与时俱进，砥砺前行，创造金湖美好明天。

中国先秦史学会

出席中国·金湖首届尧文化高峰论坛全体代表

2021 年 7 月 16 日

（四）江苏金湖县政协主席、党组书记何如进先生致答谢辞

尊敬的各位领导，各位专家，各位来宾：

大家上午好！

"中国·金湖首届尧文化高峰论坛"就要闭幕了。论坛期间，各位专家学者共聚一堂，围绕"尧文化"这一主题，溯文明之源、寻华夏之根，围绕"尧文化"的精神内涵、时代价值和传承延续等方面进行了广泛而深入的阐述与研讨，为"尧文化"的研究与传承提供了丰富的理论指导和可供参考的实践经验。论坛取得了圆满成功。在此，我代表金湖县政协，对论坛的成功举办表示热烈祝贺，向为本届论坛做出积极贡献的各级领导、各位专家学者，向付出辛勤劳动的工作人员和新闻媒体朋友们表示衷心的感谢！

本届论坛时间虽短，议程紧凑，但主题鲜明，内容充实，成果显著。各位专家、学者通过高层次、高水准的学术研讨，深入挖掘"尧文化"丰富内涵，探讨"尧文化"研究成果转化，为"尧文化"与时俱进提供理论支持。把"尧文化"研究与弘扬提高到了一个新水平，推上了一个新高度，必将在"尧文化"研究史上留下浓墨重彩的一笔。

知史鉴今，观照未来。"尧文化"博大精深，历久弥新。金湖作为尧帝故里，挖掘、传承、弘扬"尧文化"责无旁贷。我们要认真学习吸纳各位专家学者的研究成果，深入挖掘"尧文化"历史渊源、准确把握"尧文化"历史价值、全面打响尧帝故里品牌。让古老的"尧文化"在传承中发展，在发展中光大。

深入挖掘"尧文化"内涵。尧帝的政治德行素来被尊崇，个人品行为世人所景仰。尧帝既有道德，又能躬行实践，德行合一，其精神内涵在中国社会的历史进程中起到巨大作用。我们要把"尧文化"的核心要素和社会主义核心价值观结合起来，把传统文化中崇德向善的思想发扬光大。人人争做合格公民，个个争当道德模范，让尧帝毕生倡导的善心、善行、善举在荷都金

湖蔚然成风。

大力弘扬"尧文化"精髓。尧帝"天下为公"的家国观、"德惟善政"的德政观、"政在养民"的社会治理理念，闪烁着求大同、讲仁爱、重民本等时代价值，已成为中国社会治理文化的基础元素，是留给后继者的宝贵财富。我们要以先贤为镜，牢记"江山就是人民，人民就是江山"，坚持"立党为公""执政为民"，为人民谋幸福，为中华谋复兴。

精心打造"尧文化"品牌。我们将以本届论坛的成功举办为契机，以改革创新为动力，以项目建设为支撑，坚持以文促旅、以旅彰文，着力在"深入挖掘、大力弘扬、打造品牌、扩大影响"上下功夫，进一步做好"尧文化"传承与弘扬这两篇文章，充分挖掘"尧文化"的时代价值、历史价值、旅游价值、经济价值，不断激发"尧文化"的生命力、影响力、创造力。

最后，祝各位领导，各位专家，各位来宾身体健康、工作顺利、万事如意！尧帝故里，荷花之都，美丽金湖，期待您再次莅临！

谢谢大家！